Opera Quae Supersunt Omnia: In Verrem Actionis Ii, Lib. V : Oratio Pro M. Fontejo ...

Marcus Tullius Cicero, Aegid Verhelst

M. TVLLII
CICERONIS
OPERA OMNIA.

TOMVS SEXTVS.

M. TVLLII
CICERONIS
OPERA
QVAE SVPERSVNT
OMNIA
SECVNDVM OPTIMAS NOVISSIMASQVE
EDITIONES.

VOLVMEN SEXTVM.

MANNHEMII,
Cura & Sumptibus Societatis literatae
MDCCLXXXIII.

ACCVSATIONIS

IN

C. VERREM

LIBER QVINTVS

DE

SVPPLICIIS.

ORATIO DECIMA.

Nemini video dubium esse, judices, quin apertissime C. Verres in Sicilia, sacra, profanaque omnia, & privatim & publice spoliarit, versatusque sit, sine ulla, non modo religione, verum etiam dissimulatione, in omni genere furandi atque praedandi. Sed quaedam mihi magnifica & praeclara ejus defensio ostenditur; cui quemadmodum resistam, multo mihi ante, judices, est providendum. Ita enim causa constituitur, provinciam Siciliam virtute ejus & vigilantia singulari, dubiis formidolosisque temporibus, a fugitivis atque a belli periculis tutam esse servatam. Quid agam, judices? quo accusationis meae rationem conferam? quo me vertam? ad omnes enim meos impetus, quasi murus quidam,

A 3

boni nomen imperatoris opponitur. Novi
locum: video, ubi se jactaturus sit Hortensius.
belli pericula, tempora reipublicæ, imperatorum penuriam commemorabit: tum depre-
cabitur a vobis, tum etiam pro suo jure con-
tendet, ne patiamini, talem imperatorem
populo Romano Siculorum testimoniis eripi;
neve obteri laudem imperatoriam criminibus
3 avaritiæ velitis. Non possum diffimulare, judices: timeo, ne C. Verres propter hanc
virtutem eximiam in re militari, omnia, quæ
fecit, impune fecerit. Venit enim mihi in
mentem, in judicio M'. Aquillii quantum auctoritatis, quantum momenti oratio M. An-
tonii habuisse existimata sit: qui, ut erat in
dicendo non solum sapiens, sed etiam fortis,
causa prope perorata, ipse arripuit M'. Aquillium, constituitque in conspectu omnium,
tunicamque ejus a pectore abscidit, ut cica-
trices populus Romanus, judicesque adspice-
rent, adversa corpore exceptas. simul & de
illo vulnere, quod ille in capite ab hostium
duce acceperat, multa dixit, eoque adduxit
eos, qui erant judicaturi, vehementer ut ve-
rerentur, ne, quem virum fortuna ex hostium telis eripuisset, cum sibi ipse non pe-
perciffet, hic non ad populi Romani laudem,

fed ad judicum crudelitatem videretur effe
fervatus. Hæc eadem nunc ab illis defenfio- 4
nis ratio, viaque tentatur: idem quæritur.
Sit fur, fit facrilegus, fit flagitiorum omnium,
vitiorumque princeps: at eft bonus imperator, & felix, & ad dubia reipublicæ tempora
refervandus. Non agam fummo jure tecum: 2
non dicam id, quod debeam forfitan obtinere; cum judicium certa lege fit, non quid in
re militari fortiter feceris, fed, quemadmodum manus ab alienis pecuniis abftinueris,
abs te doceri oportere: non, inquam, fic
agam, fed ita quæram, quemadmodum te
velle intelligo, quæ tua opera, & quanta
fuerit in bello.

Quid dices? an bello fugitivorum Sici- 5
liam virtute tua liberatam? magna laus, honefta oratio; fed tamen quo bello? Nos enim
poft id bellum, quod M'. Aquillius confecit,
fic accepimus, nullum in Sicilia fugitivorum
bellum fuiffe. At in Italia fuit. fateor, &
magnum quidem ac vehemens. Num igitur
ex eo bello partem aliquam laudis appetere
conaris? num tibi illius victoriæ gloriam
cum M. Craffo aut Cn. Pompejo communi-
candam putas? non arbitror hoc etiam deeffe tuæ impudentiæ, ut quidquam ejusmodi

dicere audeas. Obftitifti videlicet, ne ex Italia tranfire in Siciliam fugitivorum copiae poffent. Ubi? quando? qua ex parte? cum aut navibus, aut ratibus conarentur accedere? Nos enim nihil umquam prorfus audivimus: & illud audivimus, M. Craffi, fortiffimi viri, virtute, confilioque factum, ne ratibus conjunctis, freto fugitivi ad Meffanam tranfire poffent; a quo illi conatu non tantopere prohibendi fuiffent, fi ulla in Sicilia praefidia ad illorum adventum oppofita puta-

6 rentur. At tum in Italia bellum tam prope a Sicilia, tamen in Sicilia non fuit? Quid mirum? ne cum in Sicilia quidem fuit, eodem intervallo pars ejus belli in Italiam ulla

3 pervafit. Etenim propinquitas ad utram partem hoc loco profertur? utrum aditum facilem hoftibus, an contagionem imitandi ejus belli periculofam fuiffe? Aditus omnis hominibus fine ulla facultate navium, non modo disjunctus, fed etiam claufus fuit: ut illis, quibus Siciliam propinquam fuiffe dicis, facilius fuerit ad oceanum pervenire, quam ad

7 Peloridem accedere. Contagio autem ifta fervilis belli, cur abs te potius, quam ab iis omnibus, qui ceteras provincias obtinuerunt, praedicatur? an quod in Sicilia jam ante

bella fugitivorum fuerunt? At ea ipfa caufa
eft, cur ifta provincia minimo in periculo fit
& fuerit. Nam pofteaquam illinc M'. Aquillius deceffit, omnium inftituta atque edicta
praetorum fuerunt ejusmodi, ut ne quis cum
telo fervus effet. Vetus eft, quod dicam, &
propter feveritatem exempli nemini fortaffe
veftrûm inauditum: L. Domitium, praetorem
in Sicilia, cum aper ingens ad eum allatus
effet, admiratum requififfe, quis eum percuffiffet. cum andiffet, paftorem cujusdam
fuiffe, eum ad fe vocari juffiffe: illum cupide
ad praetorem, quafi ad laudem & ad prae-
mium, accurriffe: quaefiffe Domitium, qui
tantam beftiam percuffiffet: illum refpondif-
fe, venabulo. ftatim deinde juffu praetoris in
crucem effe fublatum. Durum hoc fortaffe
videatur: neque ego ullam in partem difputo.
tantum intelligo, maluiffe Domitium crude-
lem in animadvertendo, quam in praetermit-
tendo diffolutum videri. Ergo his inftitutis 4
provinciae, jam tum, cum bello fugitivorum 8
tota Italia arderet, homo non acerrimus,
nec fortiffimus, C. Norbanus, in fummo otio
fuit. perfacile enim fefe Sicilia tuebatur, ne
quod in ipfa bellum poffet exiftere. Etenim cum
nihil tam conjunctum fit, quam negotiatores

noftri cûm Siculis, ufu, re, ratione, concordia: & cum ipfi Siculi res fuas ita conftitutas habeant, ut his pacem expediat effe: imperium autem populi Romani fic diligant, ut id imminui aut commutari minime velint: cumque hæc ab fervorum bello pericula, & prætorum inftitutis, & dominorum difciplina provifa fint: nullum eft malum domefticum, 9 quod ex ipfa provincia nafci poffit. Quid igitur? nulline motus in Sicilia fervorûm, Verre prætore? nullæne confenfiones faɛtæ effe dicuntur? nihil fane, qûod ad fenatum, populumque Romanum pervenerit: nihil, qûod ifte Romam publice confcripferit: & tamen cœptum effe in Sicilia moveri aliquot locis fervitium fufpicor. Id adeo non tam ex re, quam ex iftius faɛtis, decretisque cognofco. Ac videte, quam non inimico animo fim aɛturus. ego ipfe hæc, quæ ille quærit, quæ adhuc numquam audiftis, commemorabo & 10 proferam. In Triocalino, quem locum fugitivi jam ante tenuerant, Leonidæ cujusdam Siculi familia in fufpicionem vocata eft conjurationis. res delata ad iftum. ftatim (ut par fuit) juffu ejus homines, qui nominati erant, comprehenfi funt, adduɛtique Lilybæum. domino denuntiatum, ut adeffet:

caufa dicta damnati funt. Quid deinde? quid 5
cenfetis? Furtum fortaffe aut praedam ex-
fpectatis aliquam. Nolite ufquequaque eadem quaerere. In metu belli, furandi qui locus poteft effe? etiam fi qua fuit in hac re
occafio, praetermiffa eft. Tum potuit a Leo-
nida nummorum aliquid auferre, cum de-
nuntiavit, ut adeffet. fuit nundinatio aliqua,
& ifti non nova, ne caufam diceret. etiam
alter locus, ut abfolverentur. Damnatis quidem fervis, quae praedandi poteft effe ratio?
produci ad fupplicium neceffe eft. teftes enim
funt, qui in confilio fuerunt: teftes, publi-
cae tabulae: teftis, fplendidiffima civitas Li-
lybaetana: teftis, honeftiffimus, maximusque
conventus civium Romanorum. nihil poteft:
producendi funt. itaque producuntur, & ad
palum alligantur. Etiam nunc mihi exfpecta- 11
re videmini, judices, quid deinde factum
fit: quod ifte nihil umquam fecit fine aliquo
quaeftu atque praeda. Quid in ejusmodi re
fieri potuit? quod commodum eft? Exfpe-
ctate facinus, quam vultis improbum: vin-
cam tamen exfpectationem omnium. nomine
fceleris, conjurationisque damnati, ad fupplicium traditi, ad palum alligati, repente,
multis millibus hominum infpectantibus,

soluti sunt, & Leonidæ illi domino redditi.
Quid hoc loco potes dicere, homo amentiffime? nifi id, quod ego non quæro: quod
denique in re tam nefaria, tametfi dubitari
non poteft, tamen, ne fi dubitetur quidem,
quæri opporteat: quid, aut quantum, aut
quomodo acceperis. remitto tibi hoc totum,
atque ifta te cura libero. neque enim metuo,
ne hoc cuiquam perfuadeatur, ut, ad quod
facinus nemo, præter te, ulla pecunia ad-
duci potuerit, id tu gratis fufcipere conatus
fis. Verum de ifta furandi, prædandique ratione nihil dico: de hac imperatoria jam tua
6 laude difputo. Quid ais, bone cuftos, defen-
12 forque provinciæ? tu, quos fervos arma capere, ac bellum facere in Sicilia voluiffe
cognoras, & de confilii fententia judicaras,
hos ad fupplicium jam more majorum tradi-
tos, & ad palum alligatos, ex media morte
eripere ac liberare aufus es? ut, quam damnatis fervis crucem fixeras, hanc indemnatis
civibus Romanis refervares? Perditæ civitates, defperatis omnibus rebus, hos folent
exitus exitiales habere, ut damnati in integrum reftituantur, vincti folvantur, exules
reducantur, res judicatæ refcindantur. quæ
cum accidunt, nemo eft, quin intelligat,

ruere illam rempublicam. hæc ubi veniunt,
nemo eſt, qui ullam ſpem ſalutis reliquam
eſſe arbitretur. Atque hæc ſicubi facta ſunt, 13
facta ſunt, ut homines populares aut nobiles
ſupplicio aut exſilio levarentur; at non ab
his ipſis, qui judicaſſent; at non ſtatim; at
non eorum facinorum damnati, quæ ad vitam & omnium fortunas pertinerent. Hoc
vero novum & ejusmodi eſt, ut magis propter
reum, quam propter rem ipſam credibile videatur; ut homines ſervos; ut ipſe, qui ju-
dicarat; ut ſtatim e medio ſupplicio dimiſe-
rit; ut ejus facinoris damnatos ſervos, quod
ad omnium liberorum caput & ſanguinem
pertineret. O præclarum imperatorem, nec 14
jam cum M'. Aquillio, fortiſſimo viro, ſed
vero cum Paullis, Scipionibus, Mariis con-
ferendum! Tantumne vidiſſe in metu, periculoque provinciæ? cum ſervitiorum animos
in Sicilia ſuſpenſos propter bellum Italiæ fugitivorum videret: ne quis ſe commovere
auderet, quantum terroris injecit? Comprehendi juſſit. quis non pertimeſcat? cauſam
dicere dominos. quid ſervis tam formidolo-
ſum? FECISSE VIDERI pronuntiavit.
exortam videtur flammam paucorum dolore
ac morte reſtinxiſſe. Quid deinde ſequitur?

verbera atque ignes, & illa extrema ad fupplicium damnatorum, metum ceterorum,
cruciatus & crux. hifce omnibus fuppliciis
funt liberati Quis dubitet, quin fervorum
animos fumma formidine oppreſſerit, cum
viderent ea facilitate prætorem, ut ab eo
ſceleris, conjurationisque damnatorum vita,
vel ipſo carnifice internuntio, redimeretur?

15   Quid? hoc in Apollonienſi Ariſtodamo?
7 quid? in Leonte Megarenſi non idem feciſti?
Quid? iſte motus fervorum, bellique fubita
fuſpicio, utrum tibi tandem diligentiam cu-
ſtodiendæ provinciæ, an novam rationem
improbiſſimi quæſtus attulit? Halicyenſis
Eumenidæ, nobilis hominis & honeſti, &
magnæ pecuniæ, villicus cum impulſu tuo
infimulatus eſſet, H-S LX a domino acce-
piſti: quod nuper ipſe juratus docuit, quemadmodum geſtum eſſet. Ab equite Romano
C. Matrinio abſente, cum is eſſet Romæ,
quod ejus villicos, paſtoresque tibi in fuſpi-
cionem veniſſe dixeras, H-S centum abſtuliſti.
Dixit hoc L. Flavius, qui tibi eam pecuniam
numeravit, procurator C. Matrinii: dixit ipſe
C. Matrinius: dicet vir clariſſimus Cn. Lentulus cenſor, qui Matrinii honoris cauſa, recenti negotio, ad te litteras miſit, mittendasque

curavit. Quid? de Apollonio, Diocli filio, 16
Panormitano, cui Gemino cognomen eft,
præteriri poteft? ecquid hoc tota Sicilia clarius? ecquid indignius? ecquid manifeftius
proferri poteft? quem ifte, ut Panormum
venit, ad fe vocari, & de tribunali citari
juffit, concurfu magno, frequentiaque conventus. Homines ftatim loqui: mirari, quo
Apollonius, homo pecuniofus, tamdiu ab
ifto maneret integer: excogitavit: nefcio quid
attulit: profecto homo dives repente a Verre
non fine caufa citatur. Exfpectatio fumma
omnium, quidnam id effet: cum exanimatus
fubito ipfe accurrit cum adolefcente filio.
nam pater, grandis natu, jam diu lecto tenebatur. Nominat ifte fervum, quem magiftrum 17
pecoris effe diceret: eum dicit conjuraffe, &
alias familias concitaffe. Is omnino fervus
in familia non erat. eum ftatim exhibere jubet. Apollonius affirmare, fervum fe omnino
illo nomine habere neminem. Ifte hominem
abripi a tribunali, & in carcerem conjici jubet. clamare ille, cum raperetur, nihil fe
miferum feciffe, nihil commififfe: pecuniam
fibi effe in nominibus, numeratam in præfentia non habere. Hæc cum maxime fumma hominum frequentia teftificaretur, ut

quivis intelligere poffet , eum , quod pecuniam non dediffet, idcirco illa tam acerba
injuria affici: cum maxime, ut dico, hoc de
pecunia clamaret , in vincla conjectus eft.
8 Videte conftantiam prætoris , & ejus præto-
18 ris, qui nunc reus non ita defendatur, ut
mediocris prætor, fed ita laudetur, ut optimus imperator. Cum fervorum bellum me-
tueretur, quo fupplicio dominos indemnatos
afficiebat, hoc fervos damnatos liberabat:
Apollonium, locupletiffimum hominem, qui,
fi fugitivi bellum in Sicilia facerent, amplif-
fimas fortunas amitteret, belli fugitivorum
nomine, indicta caufa, in vincla conjecit:
fervos, quos ipfe cum confilio, belli faciendi
caufa confenfiffe judicavit, eos fine confilii
fententia, fua fponte, omni fupplicio libera-
19 vit. Quid? fi ab Apollonio aliquid commiffum eft, quamobrem jure in eum animadverteretur: tamenne hanc rem fic agemus,
ut crimini aut invidiæ reo putemus effe oportere, fi quo de homine feverius judicavit?
Non agam tam acerbe: non utar ifta accu-
fatoria confuetudine, fi quid eft factum cle-
menter, ut diffolute factum criminer: fi quid
vindicatum fevere eft, ut ex eo crudelitatis
invidiam colligam. non agam ifta ratione:

tua

tua fequar judicia: tuam defendam auctoritatem, quoad tu voles: fimul ac tute cœpe-
ris tua judicia refcindere, mihi fuccenfere
definito. meo enim jure contendam, eum,
qui fuo judicio condemnatus fit, juratorum
judicum fententiis damnari oportere. Non 20
defendam Apollonii caufam, amici atque ho-
fpitis mei, ne tuum judicium videar refcindere: nihil de hominis frugalitate, virtute,
diligentia dicam: prætermittam illud etiam,
de quo antea dixi, fortunas ejus ita conftitutas fuiffe, familia, pecore, villis, pecuniis
creditis, ut nemini minus expediret, ullum
in Sicilia tumultum aut bellum commoveri:
non dicam ne illud quidem, fi maxime in
culpa fuerit Apollonius, tamen in hominem
honeftiffimum, civitatis honeftiffimæ, tam
graviter animadverti, caufa indicta, non opor-
tuiffe. Nullam invidiam in te, ne ex illis qui-21
dem rebus concitabo, cum effet talis vir in
carcere, in tenebris, in fqualore, in fordibus, tyrannicis interdictis tuis, patri exacta
ætate, & adolefcenti filio, adeundi ad illum
miferum poteftatem numquam effe factam.
etiam illud præteribo, quotiescunque Panormum veneris illo anno, & fex menfibus,
(nam tamdiu fuit in carcere Apollonius,)

Cicero. T. VI.   B

toties ad te senatum Panormitanum adiisse
supplicem cum magistratibus, sacerdotibus-
que publicis, orantem atque obsecrantem,
ut aliquando ille miser atque innocens calamitate illa liberaretur. Relinquam hæc omnia:
quæ si velim persequi, facile ostendam, tua
crudelitate in alios, omnes tibi aditus mise-
ricordiæ judicum jampridem esse præclusos.
9 Omnia igitur ista concedam atque remittam.
22 prævideo enim, quid sit defensurus Hortensius. fatebitur, apud istum neque senectu-
tem patris, neque adolescentiam filii, neque
lachrymas utriusque plus valuisse, quam utilitatem, salutemque provinciæ: dicet, rempublicam administrari sine metu ac severitate
non posse : quæret, quamobrem fasces præ-
toribus præferantur, cur secures datæ, cur
carcer ædificatus, cur tot supplicia sint in
improbos more majorum constituta? quæ
cum omnia graviter, severeque dixerit: quæram, cur hunc eundem Apollonium Verres
idem, repente, nulla nova re allata, nulla
defensione, sine causa de carcere emitti jus-
serit? tantumque in hoc crimine suspicionis
esse affirmabo, ut jam ipsis judicibus, sine
mea argumentatione, conjecturam facere per-
mittam, quod hoc genus prædandi, quam

improbum , quàm indignum , quamque ad
magnitudinem quæstus immensum , infini-
tumque esse videatur. Nam quæ iste in Apol- 23
lonio fecit , ea primum breviter cognoscite,
quot & quanta sint: deinde hæc expendite
atque æstimate pecunia. reperietis, idcirco
hæc in uno homine pecunioso tot constituta,
ut ceteris formidines similium incommodo-
rum atque exempla periculorum proponeren-
tur. Primum insimulatio est repentina capitalis atque invidiosi criminis: (statuite,
quanti hoc putetis, & quam multos rede-
misse!) deinde crimen sine accusatore, sententia sine consilio, damnatio sine defensione.
(æstimate harum rerum omnium pretia, &
cogitate, in his iniquitatibus unum hæsisse
Apollonium; ceteros profecto multos ex his
incommodis pecunia se liberasse.) postremo
tenebræ, vincula, carcer, inclusum supplicium, atque a conspectu parentum ac liberûm, denique a libero spiritu & communi
luce seclusum. Hæc vero, quæ vel vita redi- 24
mi recte possunt, æstimare pecunia non queo.
Hæc omnia sero redemit Apollonius , jam
mœrore ac miseriis perditus: sed tamen ceteros docuit, ante istius avaritiæ ac sceleri
occurrere. Nisi vero existimatis, hominem

pecuniofiſſimum ſine aliqua cauſa quæſtus electum ad tam incredibile crimen, aut ſine eadem cauſa repente e carcere emiſſum; aut hoc prædandi genus ab iſto in illo uno adhi- bitum ac tentatum, & non per illum omni- bus pecunioſis Siculis metum propoſitum & injectum.

10 Cupio mihi, judices, ab illo ſubjici, quo- **25** niam de militari ejus gloria dico, ſi quid forte prætereo. Nam mihi videor de omni- bus jam rebus ejus geſtis dixiſſe, quæ qui- dem ad belli fugitivorum pertinerent ſuſpi- cionem: certe nihil ſciens prætermiſi. Ha- betis hominis conſilia, diligentiam, vigilan- tiam, cuſtodiam, defenſionemque provinciæ. Summa illuc pertinet, ut ſciatis, quoniam plura genera ſunt imperatorum, ex quo ge- nere iſte ſit. Ne diutius in tanta penuria vi- rorum fortium talem imperatorem ignorare poſſitis: non ad Q. Maximi ſapientiam, ne- que ad illius ſuperioris Africani in re gerun- da celeritatem, neque ad hujus, qui poſtea fuit, ſingulare conſilium, neque ad Paulli ra- tionem ac diſciplinam, neque ad C. Marii vim atque virtutem, ſed ad aliud genus impera- torem ſane diligenter retinendum & conſer- **26** vandum, quæſo, cognoſcite. Itinerum primum

laborem, qui vel maximus eft in re militari,
judices, & in Sicilia maxime neceffarius,
accipite, quam facilem fibi ifte & jucundum
ratione, confilioque reddiderit. Primum temporibus hibernis, ad magnitudinem frigorum
& ad tempeftatum vim ac fluminum præclarum fibi hoc remedium compararat. Urbem Syracufas elegerat; cujus hic fitus, atque hæc natura effe loci, cæliqùe dicitur,
ut nullus umquam dies tam magna, turbu-
lentaque tempeftate fuerit, quin aliquo tempore ejus diei folem homines viderent. Hic
ita vivebat ifte bonus imperator hibernis
menfibus, ut eum non facile, non modo extra tectum, fed ne extra lectum quidem quifquam videret. ita diei brevitas conviviis,
noctis longitudo ftupris & flagitiis contere-
batur. Cum autem ver effe cœperat, cujus 27
initium ifte non a Favonio, neque ab alio
aftro notabat; fed, cum rofam viderat, tunc
incipere ver arbitrabatur: dabat fe labori atque itineribus: in quibus ufque eo fe præ-
bebat patientem atque impigrum, ut eum
nemo umquam in equo fedentem videret.
Nam, ut mos fuit Bithyniæ regibus, lectica II
octophoro ferebatur, in qua pulvinus erat
perlucidus, Melitenfis, rofa farctus: ipfe

autem coronam habebat unam in capite, alteram in collo, reticulumque ad nares fibi
admovebat, tenuiffimo lino, minutis maculis,
plenum rofæ. Sic confecto itinere, cum ad
aliquod oppidum venerat, eadem lectica
ufque in cubiculum deferebatur. Eo veniebant Siculorum magiftratus, veniebant equites Romani; id quod ex multis juratis audiftis: controverfiæ fecreto deferebantur: paulo poft palam decreta auferebantur. Deinde,
ubi paulifper in cubiculo, pretio, non æquitate jura defcripferat; Veneri jam & Libero
23 reliquum tempus deberi arbitrabatur. Quo
loco mihi non prætermittenda videtur præclari imperatoris egregia ac fingularis diligentia. Nam fcitote effe oppidum in Sicilia
nullum ex iis oppidis, in quibus confiftere
prætores, & conventum agere folent, quo in
oppido non ifti ex aliqua familia, non ignobili, delecta ad libidinem mulier effet. Itaque nonnullæ ex eo numero in convivium
adhibebantur palam. fi quæ caftiores erant,
ad tempus veniebant; lucem, conventumque
vitabant. Erant autem convivia non illo filentio prætorum populi Romani, atque imperatorum, neque eo pudore, qui in magiftra-
tuum conviviis verfari folet, fed cum maxima

clamore atque convicio. nonnumquam etiam
res ad manus, atque ad pugnam veniebat.
Iste enim prætor feverus ac diligens, qui populi Romani legibus numquam paruiffet; illis diligenter legibus, quæ in poculis pone-
bantur, obtemperabat. Itaque erant exitus
ejusmodi, ut alius inter manus e convivio,
tamquam e prœlio, auferretur: alius, tamquam occifus, relinqueretur: plerique fufi
fine mente ac fine ullo fenfu jacerent, quivis
ut, cum adfpexiffet, non fe prætoris convivium, fed ut Cannenfem pugnam nequitiæ
videre arbitraretur. Cum vero æftas fumma 12
effe jam cœperat, quod tempus omnes Sici- 29
liæ femper prætores in itineribus confumere
confueverunt, propterea, quod tum putant
obeundam effe maxime provinciam, cum in
areis frumenta funt, quod & familiæ con-
gregantur, & magnitudo fervitii perfpicitur,
& labor operis maxime offenditur, & frumenti copia commonet, tempus anni non im-
pedit: tum, inquam, cum concurfant ceteri
prætores, ifte novo quodam ex genere imperator, pulcherrimo Syracufarum loco fta-
tiva fibi caftra faciebat. Nam in ipfo aditu 30
atque ore portus, ubi primum ex alto finus
ad urbem ab litore inflectitur, tabernacula

carbafeis intenta velis collocabat. huc ex illa
domo prætoria, quæ regis Hieronis fuit, fic
emigrabat, ut per eos dies nemo iftum extra
illum locum videre poffet. In eum autem
ipfum locum aditus erat nemini, nifi qui
aut focius, aut minifter libidinis effe poffet.
Huc omnes mulieres, quibuscum ifte confueverat, conveniebant; quarum incredibile
eft, quanta multitudo fuerit Syracufis. huc
homines digni iftius amicitia, digni vita illa,
conviviisque veniebant. Inter ejusmodi viros
ac mulieres, adulta ætate filius verfabatur:
ut eum, etiamfi natura a parentis fimilitu-
dine abriperet, confuetudo tamen ac difci-
31 plina patri fimilem effe cogeret. Huc Tertia
illa perducta per dolum atque infidias ab
Rhodio tibicine, maximas in iftius caftris ef-
feciffe turbas dicitur, cum indigne pateretur
uxor Cleomenis Syracufani, nobilis mulier,
itemque Aefchrionis, honefto loco nata, in
conventum fuum mimi Ifidori filiam veniffe.
Ifte autem Hannibal, qui in fuis caftris virtute putaret oportere, non genere certari,
fic hanc Tertiam dilexit, ut eam fecum ex
13 provincia deportaret. Ac per eos dies, cum
ifte cum pallio purpureo, talarique tunica verfaretur in conviviis muliebribus, non

offendebantur homines in eo; neque molefte
ferebant, abeffe a foro magiftratum, non jus
dici, non judicia fieri: locum illum litoris
percrepare totum mulierum vocibus, cantu-
que fymphoniæ, in foro filentium effe fummum caufarum atque juris, non ferebant
homines molefte. non enim jus abeffe videbatur a foro, neque judicia, fed vis, & crudelitas, & bonorum acerba atque indigna
direptio. Hunc tu igitur imperatorem effe 32
defendis, Hortenfi? hujus furta, rapinas,
cupiditatem, crudelitatem, fuperbiam, fcelus, audaciam, rerum geftarum magnitudine
atque imperatoriis laudibus tegere conaris?
Hic fcilicet eft metuendum, ne ad exitum
defenfionis tuæ vetus illa Antoniana dicendi
ratio atque auctoritas proferatur: ne excite-
tur Verres, ne denudetur a pectore, ne ci-
catrices populus Romanus adfpiciat, ex mulierum morfu veftigia libidinis atque nequitiæ. Dii faciant, ut rei militaris, ut belli 33
mentionem facere audeas. Cognofcentur enim
omnia iftius æra illa vetera, ut, non folum
in imperio, verum etiam in ftipendiis qualis
fuerit, intelligatis. Renovabitur prima illa
militia, cum ifte e foro abduci, non, ut
ipfe prædicat, perduci folebat. aleatoria

Placentini caftra commemorabuntur: in quibus cum frequens fuiffet, tamen ære dirutus eft. multa ejus in ftipendiis damna proferentur, quæ ab ifto, ætatis fructu diffoluta & compenfata funt. Jam vero, cum in ejusmodi patientia turpitudinis, aliena, non fua fatietate obduruiffet : qui vir fuerit, quot præfidia, quam munita pudoris & pudicitiæ, vi & audacia ceperit, quid me attinet dicere, aut conjungere cum iftius flagitio cujufquam præterea dedecus ? Non faciam, judices : omnia vetera prætermittam : duo fola recentia fine cujufquam infamia ponam ; ex quibus conjecturam facere de omnibus poffitis : unum illud, quod ita fuit illuftre, notumque omnibus, ut nemo tam rufticanus homo, L. Lucullo & M. Cotta confulibus, Romam ex ullo municipio vadimonii caufa venerit, quin fciret, jura omnia prætoris urbani, nutu atque arbitrio Chelidonis meretriculæ gubernari : alterum, quod, cum paludatus exiffet, votaque pro imperio fuo communique populi Romani nuncupaffet, noctu, ftupri caufa, lectica in urbem introferri folitus eft ad mulierem, nuptam uni, propofitam omnibus, contra fas, contra aufpicia, contra omnes divinas atque humanas religiones.

O dii immortales! Quid intereſt inter 14.
mentes hominum, & cogitationes? Ita mihi 35
meam voluntatem, ſpemque reliquæ vitæ,
veſtra, populique Romani exiſtimatio com-
probet, ut ego, quos adhuc mihi magiſtratus
populus Romanus mandavit, ſic eos accepi,
ut me omnium officiorum obſtringi religione
arbitrarer. Ita quæſtor ſum factus, ut mihi
honorem illum tum non ſolum datum, ſed
etiam creditum ac commiſſum putarem. Sic
obtinui quæſturam in provincia, ut omnium
oculos in me unum conjectos arbitrarer: ut
me, quæſturamque meam quaſi in aliquo orbis terræ theatro verſari exiſtimarem: ut
omnia ſemper, quæ jucunda videntur eſſe,
non modo his extraordinariis cupiditatibus,
ſed etiam ipſi naturæ ac neceſſitati denega-
rem. Nunc ſum deſignatus ædilis: habeo ra- 36
tionem, quid a populo Romano acceperim:
mihi ludos ſanctiſſimos maxima cum cære-
monia Cereri, Libero, Liberæque faciundos:
mihi Floram matrem populo, plebique Romanæ ludorum celebritate placandam: mihi
ludos antiquiſſimos, qui primi Romani ſunt
nominati, maxima cum dignitate ac religione
Jovi, Junoni, Minervæque eſſe faciundos:
mihi ſacrarum ædium procurationem: mihi

totam urbem tuendam effe commiffam : ob
earum rerum laborem & follicitudinem fructus illos datos, antiquiorem in fenatu fententiæ dicendæ locum, togam prætextam,
fellam curulem, jus imaginis ad memoriam,
37 pofteritatemque prodendæ. Ex his ego rebus
omnibus, judices, ita mihi deos omnes pro-
pitios effe velim, ut, tametfi mihi jucundiffimus eft honos populi, tamen nequaquam
tantum capio voluptatis, quantum follicitudinis & laboris, ut hæc ipfa ædilitas, non
quia neceffe fuerit, alicui candidato data,
fed, quia fic oportuerit, recte collocata, &
judicio populi in loco pofita effe videatur.
15 Tu, cum effes prætor renuntiatus, quoquo
38 modo; (mitto enim & prætereo, quid tum
fit actum;) fed cum effes renuntiatus, ut
dixi, non ipfa præconis voce excitatus es,
qui te toties SENIORVM, JVNIO-
RVMQVE CENTVRIIS ILLO HONORE
AFFICI pronuntiavit, ut hoc putares, aliquam reipublicæ partem tibi creditam? annum tibi illum unum domo carendum effe
meretricis? cum tibi forte obtigiffet, ut jus
diceres, quantum negotii, quid oneris haberes, numquam cogitafti : neque illud rationis habuifti, fi forte expergefacere te poffes,

eam provinciam, quam tueri fingulari fapientia atque integritate difficile effet, ad fummam ftultitiam, nequitiamque veniffe? Ita- 39
que non modo domo tua Chelidonem in prae-
tura extrudere noluifti, fed in Chelidonis domum praeturam tuam totam detulifti. Secuta
provincia eft: in qua tibi numquam venit in
mentem, non tibi idcirco fafces & fecures,
& tantam imperii vim, tantamque ornamen-
torum omnium dignitatem datam, ut earum
rerum vi & auctoritate omnia repagula juris,
pudoris & officii perfringeres: ut omnium
bona praedam tuam duceres, nullius res tuta, nullius domus claufa, nullius vita fepta,
nullius pudicitia munita, contra tuam cupiditatem & audaciam poffet effe: in qua tu
te ita geffifti, ut, cum omnibus teneare rebus, ad bellum fugitivorum confugias. Ex
quo jam intelligis, non modo tibi nullam
defenfionem, fed maximam vim criminum
exortam: nifi forte Italici belli fugitivorum
reliquias, atque illud Temfanum incommodum proferes; ad quod recens cum te per-
opportune fortuna obtuliffet, fi quid in te
virtutis atque induftriae fuiffet; idem, qui
femper fueras, inventus es. Cum ad te Va- 16
lentini veniffent, & pro his homo difertus & 40

nobilis, M. Marius, loqueretur, ut negotium
fufciperes, ut, cum penes te prætorium imperium ac nomen effet, ad illam parvam manum exftinguendam, ducem te, principem-
que præberes: non modo id refugifti, fed eo
ipfo tempore, cum effes in litōre, Tertia illa
tua, quam tecum deportabas, erat in omnium
confpectu: ipfis autem Valentinis, ex tam
illuftri, nobilique municipio, tantis de rebus
refponfum nullum dedifti, cum effes cum tunica pulla & pallio. Quid hunc proficifcen-
tem, quid in ipfa provincia feciffe exiftimatis, qui cum jam ex provincia, non ad triumphum, fed ad judicium decederet, ne illam
quidem infamiam fugerit, quam fine ulla vo-
41 luptate capiebat? O divina fenatus frequen-
tis in æde Bellonæ admurmuratio! Memoria
tenetis, judices, cum advefperafceret, & paulo
ante effet de hoc Temfano incommodo nuntiatum, cum inveniretur nemo, qui in illa
loca cum imperio mitteretur, dixiffe quendam, Verrem effe non longe a Temfa; quam
valde univerfi admurmurarint, quam palam
principes contradixerint. Et is tot criminibus,
teftimoniisque convictus, in eorum tabellis
fpem fibi aliquam ponit, quorum omnium palam, caufa incognita, voce damnatus eft?

Efto : nihil ex fugitivorum bello, aut fufpi- 17
cione belli, laudis adeptus eft, quod neque 42
bellum ejusmodi, neque belli periculum fuit
in Sicilia, neque ab ifto provifum eft, ne
quod effet. at vero contra bellum prædonum
claffem habuit ornatam, diligentiamque in
eo fingularem. itaque, ifto prætore, præclare
defenfa provincia eft. Sic de bello prædonum, fic de claffe Silienfi, judices, dicam,
ut hoc jam ante confirmem, in hoc uno genere omnes ineffe culpas iftius maximas,
avaritiæ, majeftatis, dementiæ, libidinis,
crudelitatis. Hæc dum breviter expono, quæfo, ut feciftis adhuc, diligenter attendite.

Rem navalem primum ita dico effe admi- 43
niftratam, non uti provincia defenderetur,
fed ut claffis nomine pecunia quæreretur.
Superiorum prætorum confuetudo cum hæc
fuiffet, ut naves civitatibus, certusque numerus nautarum, militumque imperaretur,
maximæ & locupletiffimæ civitati Mamertinæ
nihil horum imperavifti: ob quam rem quid
tibi Mamertini clam dederint pecuniæ, poft
videbitur : ex ipforum litteris & teftibus
quæremus. Navem vero Cybeam maximam, 44
triremis inftar, pulcherrimam atque ornatiffimam, palam ædificatam fumtu publico,

sciente Sicilia , per magiftratumque Mamertinum tibi datam, donatamque effe dico. Hæc
navis, onufta præda Silicienfi, cum ipfa quoque effet ex præda, fimul cum ifte decederet, appulfa Veliam eft, cum plurimis rebus,
& iis, quas ante Romam mittere cum ceteris furtis noluit, quod erant cariffimæ , maximeque eum delectabant. Eam navem nuper
egomet vidi Veliæ , multique alii viderunt,
[pulcherrimam atque ornatiffimam,] judices.
quæ quidem omnibus, qui eam adfpexerant,
profpectare jam exfilium , atque explorare
18 fugam domini videbatur. Quid mihi hoc lo-
45 co refpondebis ? nifi forte id, quod, tametfi
probari nullo modo poteft, tamen dici quidem in judicio de pecuniis repetundis neceffe
eft, de tua pecunia ædificatam effe eam navem. Aude hoc faltem dicere , quod neceffe
eft. Noli metuere, Hortenfi , ne quæram,
qui licuerit ædificare navem fenatori. Antiquæ funt iftæ leges , & mortuæ , quemadmodum tu foles dicere , quæ vetant. Fuit
ifta respublica quondam , fuit ifta feveritas
in judiciis, ut iftam rem accufator in magnis
criminibus objiciendam putaret. Quid enim
tibi nave opus fuit? qui, fi quo publice pro-
ficifcereris , & præfidii , & vecturæ caufa,

fumtu

fumtu publico navigia præberentur: privatim
autem nec proficifci quoquam poffes, nec ar-
ceffere res transmarinas ex jis locis, in quibus tibi habere, mercari nihil liceret. Dein-46
de cur quidquam contra leges parafti? Valeret hoc crimen in illa veteri feveritate ac
dignitate reipublicæ. Nunc non modo te hoc
crimine non arguo: fed ne illa quidem communi vituperatione reprehendo. Poftremo tu
tibi hoc numquam turpe, numquam crimi-
nofum, numquam invidiofum fore putafti,
celeberrimo loco palam tibi ædificari onerariam navem in ea provincia, quam tu cum
imperio obtinebas? Quid eos loqui, qui videbant: quid exiftimare eos, qui audiebant,
arbitrabare? inanem te navem effe in Italiam
deducturum? naviculariam te, cum Romam
veniffes, effe facturum? Ne illud quidem
quifquam poterat fufpicari, te habere in Italia maritimum fundum, & ad fructus depor-
tandos onerariam navem comparare? Ejusmodi de te voluifti fermonem effe omnium,
palam ut loquerentur, te illam navem para-
re, quæ prædam ex Sicilia deportaret, &
quæ ad ea furta, quæ reliquiffes, commearet?
Verum hæc omnia, fi doces, navem de tua 47
pecunia ædificatam, remitto atque concedo.

Cicero T. VI. C

Sed hoc, homo amentiffime, non intelligis
priore actione ab ipfis iftis tuis Mamertinis
laudatoribus effe fublatum? Nam dixit Hejus,
princeps civitatis, princeps iftius legationis,
quæ ad tuam laudationem miffa eft, navem
tibi operis publicis Mamertinorum effe ædificatam, eique faciendæ fenatorem Mamertinum publice præfuiffe. Reliqua eft materies.
Hanc Rheginis, ut ipfi dicunt (tametfi tu
negare non potes) publice, quod Mamertini
19 materiem non habent, imperavifti. Si & ex
quo fit navis, & qui faciunt, imperio tibi
tuo, non pretio, præfto fuerunt; ubi tandem
iftuc latet, quod tu de tua pecunia dicis im-
48 penfum? At Mamertini in tabulis nihil habent. Primum video, potuiffe fieri, ut ex
ærario nihil darent. Etenim vel Capitolium,
ficut apud majores noftros factum eft, publice, gratis, coactis fabris, operisque impera-
tis, exædificari atque effici potuit: deinde,
id quod perfpicio (quod & oftendam, cum
iftos produxero,) ipforum ex litteris, multas pecunias ifti erogatas, in operum loca-
tiones falfas atque inanes effe perfcriptas.
Nam illud minime mirum eft, Mamertinos, a quo fummum beneficium acceperant,
quem fibi amiciorem, quam populo Romano

esse cognoverant, ejus capiti litteris suis pe-
percisse. Sed si argumento est, Mamertinos
pecunias tibi non dedisse, quia scriptum non
habent : sic argumento, tibi gratis constare
navem, quia, quid emeris, aut quid locave-
ris, scriptum proferre non potes.

At enim idcirco navem Mamertinis non 49
imperasti, quod sunt fœderati. Dii appro-
bent. habemus hominem in fetialium manibus educatum : unum, præter ceteros, in
publicis religionibus fœderum sanctum & di-
ligentem. omnes, qui ante te prætores fuerunt, dedantur Mamertinis, quod iis navem
contra pactionem fœderis imperarint. Sed
tamen tu, sancte homo ac religiose, cur Taurominitanis item fœderatis navem imperasti?
an hoc probabis, in æqua causa populorum,
sine pretio varium jus & disparem conditionem fuisse? Quid, si ejusmodi esse hæc duo 50
fœdera duorum populorum, judices, doceo,
ut Taurominitanis nominatim cautum & exceptum sit fœdere, NE NAVEM DARE
DEBEANT : Mamertinis, in ipso fœdere
sanctum atque perscriptum sit, VTI NA-
VEM DARE NECESSE SIT: istum au-
tem contra fœdus & Taurominitanis imperas-
se, & Mamertinis remisisse? num cui dubium

poterit effe, quin, Verre prætore, plus Mamertinis Cybea, quam Taurominitanis fœdus opitulatum fit? Recitentur fœdera. MA-
MERTINORVM ET TAVROMINITA-
NORVM CVM POPVLO ROMANO
20 FOEDERA. Ifto igitur tuo, quemadmodum
ipfe prædicas, beneficio; ut res indicat, pretio, atque mercede, minuifti majeftatem reipublicæ, minuifti auxilia populi Romani, minuifti copias, majorum virtute ac fapientia
comparatas: fuftulifti jus imperii, conditionem fociorum, memoriam fœderis. Qui ex
fœdere ipfo navem vel ufque ad oceanum,
fi imperaffemus, fumtu, periculoque fuo armatam atque ornatam mittere debuerunt:
hi, ne in freto ante fua tecta & domos navigarent: ne fua mœnia, portusque defenderent, pretio abs te jus fœderis & imperii con-
51 ditionem emerunt. Quid cenfetis in hoc fœdere faciundo voluiffe Mamertinos impendere
laboris, operæ, pecuniæ, ne hæc biremis
adfcriberetur, fi id ullo modo poffent a noftris
majoribus impetrare? Nam cum hoc munus
imperaretur tam grave civitati, inerat, nefcio quo modo, in illo fœdere focietatis, quafi
quædam nota fervitutis. Quod tum recen-
tibus fuis officiis, integra re, nullis populi

Romani difficultatibus , a majoribus noftris
foedere affequi non potuerunt: id nunc, nullo
novo officio fuo, tot annis poft, jure imperii
noftri quotannis ufurpatum, ac femper reten-
tum , fumma in difficultate navium, a C. Verre
pretio affecuti funt.

At hoc folum funt affecuti, ne navem da- 52
rent ? Ecquem nautam, ecquem militem,
qui aut in claffe, aut in præfidio effet, te
prætore, per triennium Mamertini dederunt?
Denique cum ex fenatusconfulto, itemque 21
ex lege Terentia & Caffia frumentum æqua-
biliter emi ab omnibus Siciliæ civitatibus
oporteret: id quoque munus leve atque commune Mamertinis remififti. Dices, frumentum Mamertinos non debere. Quomodo non
debere ? an , ut ne venderent ? non enim
erat hoc genus frumenti ex eo genere, quod
exigeretur, fed ex eo, quod emeretur. Te
igitur auctore & interprete, ne foro quidem
& commeatu Mamertini populum Romanum
juvare debuerunt. Quæ tandem civitas fuit, 53
quæ deberet ? Qui publicos agros arant, certum eft, quid ex lege cenforia dare debeant.
cur iis quidquam præterea ex alio genere
imperavifti ? Quid ? decumani num quid
præter fingulas decumas ex lege Hieronica

C 3

debent? cur iis quoque ftatuifti, quantum
ex hoc genere frumenti emti darent? Qui
funt immunes, ii certe nihil debent. at his
non modo imperafti: verum etiam, quo plus
darent, quàm poterant, hæc fexagena millia
modiûm, quæ Mamertinis remiferas, addi-
difti. Neque hoc dico: ceteris non recte imperatum effe. Mamertinis, qui erant in eadem caufa, quibus fuperiores omnes prætores item, ut ceteris, imperarant, pecu-
niamque ex fenatus confultu & ex lege dif-
folverant, his dico non recte remiffum. Et,
ut hoc beneficium, quemadmodum dicitur,
trabali clavo figeret, cum confilio caufam
Mamertinorum cognofcit, & de confilii fententia Mamertinis fe frumentum non imperare pronuntiat. Audite decretum mercenarii prætoris ex ipfius commentario: cognofcite, quanta in fcribendo gravitas, quanta
in conftituendo jure fit auctoritas. Recita
commentarium. DECRETVM EX COM-
MENTARIO. *Libenter* ait fe *facere:* itaque
perfcribit. Quid, fi hoc verbo non effes ufus,
Libenter? nos videlicet invitum te quæftum
facere putaremus? *ac de confilii fententia.*
præclarum recitari confilium, judices, audiftis. Utrum vobis confilium recitari tandem

prætoris videbatur, cum audiebatis nomina,
an prædonis improbiſſimi ſocietas atque co-
mitatus? En fœderum interpretes, ſocieta- 55
tis pactores, religionis auctores. numquam
in Sicilia frumentum publice eſt emtum, quin
Mamertinis pro portione imperaretur, antequam hoc delectum, præclarumque conſilium
iſte dedit, ut ab his nummos acciperet, ac
ſui ſimilis eſſet. Itaque tantum valuit iſtius
decreti auctoritas, quantum debuit ejus hominis, qui, a quibus frumentum emere de-
buiſſet, iis decretum vendidiſſet. Nam ſtatim
L. Metellus, ut iſti ſucceſſit, ex C. Sacerdo-
tis, & Sex. Peducæi inſtituto ac litteris, frumentum Mamertinis imperavit. Tum illi in- 22,
tellexerunt, ſe id, quod a malo auctore emiſ- 56
ſent, diutius obtinere non poſſe. Age porro,
tu, qui te tam religioſum exiſtimari voluiſti
interpretem fœderum, cur Taurominitanis
frumentum, cur Netinis imperaſti? quarum
civitatum utraque fœderata eſt. Ac Netini
quidem ſibi non defuerunt. nam ſimul ac
pronuntiaſti, libenter te Mamertinis quiddam
remittere: te adierunt, & eandem ſuam cauſam fœderis eſſe docuerunt. tu aliter decer-
nere in eadem cauſa non potuiſti. Pronun-
tias, Netinos frumentum dare non oportere:

& ab his tamen exigis. Cedo mihi ejusdem
prætoris litteras & rerum decretarum, &
frumenti imperati, & tritici emti. LITTE-
RAE PRAETORIS RERVM DECRETA-
RVM, FRVMENTI IMPERATI, ET
FRVMENTI EMTI. Quid potius in hac
tanta ac tam turpi inconstantia suspicari possumus, judices, quam id, quod necesse est,
aut isti a Netinis pecuniam, cum posceret,
non datam: aut id esse actum, ut intelligerent Mamertini, bene se apud istum tam multa pretia ac munera collocasse, cum idem alii
juris ex eadem causa non obtinerent?

57 Hic mihi etiam audebit mentionem facere
Mamertinæ laudationis? in qua quam multa
fint vulnera, quis est vestrûm, judices, quin
intelligat? Primum, in judiciis, qui decem
laudatores dare non potest, honestius est ei,
nullum dare, quam illum quasi legitimum
numerum consuetudinis non explere. Tot in
Sicilia civitates sunt, quibus tu per triennium præfuisti: arguunt ceteræ: paucæ &
parvæ, metu repressæ, silent: una laudat.
Hoc quid est, nisi intelligere, quid habeat
utilitatis vera laudatio; sed tamen ita provinciæ præfuisse, ut hac utilitate necessario
58 fit carendum? Deinde, id quod alio loco

ante dixi, quæ est ista tandem laudatio, cujus
laudationis legati principes, & publice tibi
navem ædificatam, & privatim se ipsos abs
té spoliatos, expilatosque esse dixerunt?
Postremo quid aliud isti faciunt, cum te soli
ex Sicilia laudant, nisi testimonio nobis sunt,
te omnia sibi esse largitum, quæ tu de republica nostra detraxeris? Quæ colonia est
in Italia tam bono jure, quod tam immune
municipium, quod per hosce annos tam commoda vacatione sit usum omnium rerum,
quam Mamertina civitas per triennium? soli,
ex fœdere quod debuerunt, non dederunt:
soli, isto prætore, omnium rerum immunes
fuerunt: soli in istius imperio ea conditione
vitæ fuerunt, ut populo Romano nihil darent,
Verri nihil denegarent.

Verum, ut ad classem, quo ex loco sum 23
digressus, revertar: accepisti a Mamertinis 59
navem contra leges: remisisti contra fœdera.
ita in una civitate bis improbus fuisti: cum
& remisisti, quod non oportebat, & accepisti, quod non licebat. Exigere te oportuit
navem, quæ contra prædones; non quæ cum
præda navigaret: quæ defenderet, ne provincia spoliaretur; non quæ nova provinciæ
spolia portaret. Mamertini tibi & urbem,

quo furta undique deportares, & navem, qua exportares, præbuerunt. illud tibi oppidum receptaculum prædæ fuit: illi homines teftes, cuftodesque furtorum: illi tibi & locum furtis & furtorum vehiculum comparaverunt. Itaque ne tum quidem, cum claffem avaritia ac nequitia tua perdidifti, navem Mamertinis imperare aufus es: quo tempore in tanta inopia navium, tantaque calamitate provinciæ, etiamfi [precario] effent rogandi, tamen ab his impetraretur. reprimebat enim tibi & imperandi vim, & rogandi conatum præclara illa, non populo Romano reddita biremis, fed prætori donata Cybea. ea fuit merces imperii, auxilii, juris, confuetudinis, fœderis.

60   Habetis unius civitatis firmum auxilium amiffum ac venditum pretio. cognofcite nunc novam prædandi rationem, ab hoc primum 24 excogitatam. Sumtum omnem in claffem frumento, ftipendio; ceterisque rebus navarcho fuo quæque civitas femper dare folebat. Is neque, ut accufaretur a nautis, committere audebat, & civibus fuis rationem referre debebat: in illo omni negotio, non modo labore, fed etiam periculo fuo verfabatur. Erat hoc, ut dico, factitatum femper, nec

folum in Sicilia, fed in omnibus provinciis;
etiam in fociorum Latinorum ftipendio ac
fumtu, tum cum illorum auxiliis uti foleba-
mus. Verres poft-imperium conftitutum primus imperavit, ut ea pecunia omnis a civitatibus fibi adnumeraretur, ut is pecuniam
tractaret, quem ipfe præfeciffet. Cui poteft 61
effe dubium, quamobrem & omnium confuetudinem veterem primus immutaris, &
tantam utilitatem per alios tractandæ pecuniæ neglexeris, & tantam difficultatem cum
crimine, moleftiam cum fufpicione fufceperis? Deinde alii quæftus inftituuntur, ex
uno genere navali, videte quam multi, accipere a civitatibus pecunias, ne nautas darent: pretio certo miffos facere nautas: mif-
forum omne ftipendium lucrari: reliquis,
quod deberet, non dare. Hæc omnia ex civitatum teftimoniis cognofcite. Recita teftimonia civitatum. TESTIMONIA CIVI-
TATVM. Hunccine hominem? hanccine im- 25
pudentiam, judices? hanccine audaciam? 62
civitatibus pro numero militum pecuniarum
fummas defcribere? certum pretium, fexce-
nos nummos, nautarum miffioni conftituere?
quos qui dederat, commeatum totius æftatis
abftulerat: ifte, quod & nautæ nomine pro

ſtipendio, frumentoque acceperat, lucraba-
tur. Ita quæſtus duplex unius miſſione fiebat.
Atque hæc homo amentiſſimus in tanto prædonum impetu, tantoque periculo provinciæ,
ſic palam faciebat, ut & ipſi prædones ſci-
rent, & tota provincia teſtis eſſet.

63 Cum propter iſtius hanc tantam avaritiam, nomine claſſis eſſet in Sicilia, re quidem vera naves inanes, quæ prædam prætori, non quæ prædonibus metum afferrent:
tamen, cum P. Cæſetius & P. Tadius decem
navibus his ſemiplenis navigarent, navem
quandam, piratarum præda refertam, non
ceperunt, ſed abduxerunt, onere ſuo plane
captam atque depreſſam. Erat ea navis plena juventutis formoſiſſimæ, plena argenti
facti, atque ſignati, multa cum ſtragula veſte. Hæc una navis a claſſe noſtra non capta
eſt, ſed inventa ad Megaridem, qui locus eſt
non longe a Syracuſis. Quod ubi iſti nuntiatum eſt; tametſi in acta cum mulierculis
jacebat ebrius, erexit ſe tamen, & ſtatim
quæſtori, legatoque ſuo cuſtodes miſit complures, ut omnia ſibi integra quam primum
64 exhiberentur. Appellitur navis Syracuſas:
exſpectatur ab omnibus ſupplicium de capti-
vis. Iſte, quaſi præda ſibi advecta, non

prædonibus captis; si qui senes aut deformes
erant, eos in hostium numero ducit: qui aliquid formæ, ætatis, artificiique habebant,
abducit omnes, nonnullos scribis suis, filio,
cohortique distribuit: symphoniacos homines
sex cuidam amico suo Romam muneri misit.
nox illa tota exinanienda navi consumitur.
Archipiratam ipsum videt nemo, de quo supplicium sumi oportuit. hodieque omnes sic
habent persuasum, (quid ejus sit, vos conjectura quoque assequi debetis,) istum clam
a piratis ob hunc archipiratam pecuniam accepisse. Conjectura bona est. Judex esse bonus nemo potest, qui suspicione certa non
movetur. Hominem nostis; consuetudinem-
que omnium tenetis: qui ducem prædonum
aut hostium ceperit, quam libenter eum palam ante oculos omnium esse patiatur. Hominem in tanto conventu Syracusis vidi neminem, judices, qui archipiratam captum
vidisse se diceret; cum omnes, ut mos est,
ut solet fieri, concurrerent, quærerent, videre cuperent. Quid accidit, cur tantopere
iste homo occultaretur, ut eum ne casu quidem quisquam adspicere posset? Homines
maritimi Syracusis, qui sæpe istius ducis nomen audissent, cum eum sæpe timuissent,

cum ejus cruciatu atque supplicio pascere
oculos, animumque exsaturare vellent: po-
66 testas adspiciendi nemini facta est. Unus plures praedonum duces vivos cepit P. Servilius,
quam omnes antea. Ecquando igitur isto
fructu quisquam caruit, ut videre piratam
captum non liceret? At contra, quacumque
iter fecit, hoc jucundissimum spectaculum
omnibus vinctorum, captorumque hostium
praebebat. Itaque ei concursus undique fiebant, ut non modo ex his oppidis, qua ducebantur, sed etiam ex finitimis, visendi
causa, convenirent. Ipse autem triumphus
quamobrem omnium triumphorum gratissi-
mus populo Romano fuit atque jucundissi-
mus? quia nihil est victoria dulcius. nullum
est autem testimonium victoriae certius, quam,
quos saepe metueris, eos te vinctos ad sup-
67 plicium duci videre. Hoc tu quamobrem non
fecisti? quamobrem ita iste pirata celatus
est, quasi eum adspicere nefas esset? quamobrem supplicium non sumsisti? quam ob
causam hominem reservasti? ecquem audisti
in Sicilia antea captum archipiratam, qui non
securi percussus sit? unum cedo auctorem tui
facti: unius profer exemplum. Vivum tu archipiratam servabas, quem per triumphum,

credo, quem ante currum tuum duceres.
Neque enim quidquam erat jam reliquum,
nifi ut, claffe populi Romani pulcherrima
amiffa, provinciaque lacerata, triumphus navalis tibi decerneretur. Age porro, cuftodiri 27
ducem prædonum novo more, quam fecuri 68
feriri omnium exemplo magis placuit. Quæ
funt iftæ cuftodiæ? apud quos homines?
quemadmodum eft affervatus? Lautumias
Syracufanas omnes audiftis: plerique noftis.
Opus eft ingens, magnificum regum ac ty-
rannorum. totum eft ex faxo in mirandam
altitudinem depreffo, & multorum operis
penitus excifo. nihil tam claufum ad exitus,
nihil tam feptum undique, nihil tam tutum
ad cuftodias, nec fieri, nec cogitari poteft.
In has lautumias, fi qui publice cuftodiendi
funt, etiam ex ceteris oppidis Siciliæ deduci
imperantur. Eo quod multos captivos cives 69
Romanos conjecerat, & quod eodem ceteros
piratas contrudi imperarat; intellexit, fi hunc
fubditicium archipiratam in eandem cuftodiam dediffet, fore, ut a multis, illis in lautumiis, verus ille dux quæreretur. Itaque
hominem huic optimæ, tutiffimæque cuftodiæ non audet committere. denique Syracufas totas timet: amandat hominem. quo?

Lilybæum fortaffe. Video: tamen homines
maritimos non plane reformidat. Minime,
judices. Panormum igitur ? Audio: quamquam Syracufis, quoniam in Syracufano
captus erat, maxime, fi minus fupplicio affici, at cuftodiri oportebat. Ne Panormum
70 quidem. Quid igitur? quo putatis? Ad homines a piratarum metu & fufpicione alie-
niffimos: a navigando, rebusque maritimis
remotiffimos, ad Centuripinos, homines maxime mediterraneos, fummos aratores : qui
nomen numquam timuiffent maritimi prædonis: unum, te prætore, horruiffent Apro-
nium, terreftrem archipiratam. Et, ut quivis facile perfpiceret, id ab ifto actum effe,
ut ille fuppofitus, facile & libenter, fe illum,
qui non erat, effe fimularet: imperat Centuripinis, ut is victu, ceterisque rebus quam
28 liberaliffime, commodiffimeque habeatur. In-
71 terea Syracufani, homines periti & humani,
qui non modo ea, quæ perfpicua effent, videre, verum etiam occulta fufpicari poffent;
habebant rationem omnes quotidie piratarum, qui fecuri ferirentur: quam multos
effe oporteret, ex ipfo navigio, quod erat
captum, & ex remorum numero conjicie-
bant. Ifte, quod omnes, qui artificii aliquid
habuerant,

habuerant, aut formæ, removerat atque abduxerat, reliquos fi, ut confuetudo eft, uni-
verfos ad palum alligaffet, clamorem populi
fore fufpicabatur, cum tanto plures abducti
effent, quam relicti. Propter hanc caufam,
cum inftituiffet alios alio tempore producere;
tamen in tanto conventu nemo erat, quin
rationem, numerumque haberet, & reliquos
non defideraret folum, fed etiam pofceret &
flagitáret. Cum maximus numerus deeffet, 72
tum ifte homo nefarius in eorum locum,
quos domum fuam de piratis abduxerat, fub-
ftituere & fupponere cœpit cives Romanos,
quos in carcerem antea conjecerat: quorum
alios, Sertorianos milites fuiffe infimulabat,
& ex Hifpania fugientes ad Siciliam appulfos
effe dicebat: alios, qui a prædonibus erant
capti, cum mercaturas facerent, aut aliquam
ob caufam navigarent, fua voluntate cum piratis fuiffe arguebat. Itaque alii cives Romani, ne cognofcerentur, capitibus obvolu-
tis e carcere ad palum atque ad necem ra-
piebantur: alii, cum a multis civibus Romanis recognofcerentur, ab omnibus defende-
rentur, fecuri feriebantur. Quorum ego de
acerbiffima morte, crudeliffimoque cruciatu
dicam, cum eum locum tractare cœpero:

Cicero. T. VI.   D

& ita dicam, ut, fi me in ea querimonia,
quam fum habiturus de iftius crudelitate, &
de civium Romanorum indigniffima morte,
non modo vires, verum etiam vita deficiat,
73 id mihi præclarum & jucundum putem. Hæc
igitur eft gefta res, hæc victoria præclara:
myoparone piratico capto, dux liberatus,
fymphoniaci Romam miffi: formofi homines,
& adolefcentes, & artifices domum abducti:
in eorum locum, & ad eorum numerum cives Romani hoftilem in modum cruciati &
necati: omnis veftis ablata: omne aurum &
29 argentum ablatum & averfum. At quemadmodum ipfe fefe induit priore actione? qui
tot dies tacuiffet, repente in M. Annii, hominis fplendidiffimi, teftimonio, cum is civem Romanum dixiffet, archipiratam negaf-
fet fecuri effe percuffum, exfiluit; confcien-
tia fceleris, & furore ex maleficiis concepto
excitatus dixit, fe, quod fciret, fibi crimini
datum iri, pecuniam accepiffe, neque de vero archipirata fumfiffe fupplicium, ideo fecuri non percuffiffe: domi effe apud fefe ar-
74 chipiratas dixit duos. O clementiam populi
Romani, feu potius patientiam miram ac fingularem! Civem Romanum fecuri effe percuffum, Annius, eques Romanus dicit: taces.

archipiratam negat: fateris. fit in eo gemitus omnium & clamor, cum tamen a præ-
fenti fupplicio tuo fe continuit populus Romanus & repreffit, & falutis fuæ rationem
judicum feveritati refervavit. Qui fciebas
tibi crimini datum iri? quamobrem fciebas?
quamobrem etiam fufpicabare? inimicum
habebas neminem. fi haberes, tamen non ita
vixeras, ut metum judicii propofitum habere
deberes. An te, id quod fieri folet, con-
fcientia timidum, fufpiciofumque faciebat?
Qui igitur, cum effes in imperio, jam tum
judicium & crimen horrebas: reus cum tot
teftibus coarguare, potes de damnatione dubitare? Verum fi crimen hoc metuebas, ne 75
quis abs te fuppofitum effe diceret, qui pro
archipirata fecuri feriretur: utrum tandem
tibi ad defenfionem firmius fore putafti, in
judicio, coactu atque efflagitatu meo, producere ad ignotos tanto poft eum, quem archipiratam effe diceres: an recenti re, Syracufis, apud notos, infpectante Sicilia pæne
tota, fecuri ferire? Vide, quid interfit,
utrum faciendum fuerit. In illo reprehenfio
nulla effe potuit: hic defenfio nulla eft. Itaque illud femper omnes fecerunt: hoc quis
ante te, quis præter te fecerit, quæro.

Piratam vivum tenuifti. Quem ad finem ?
dum cum imperio fuifti. quamobrem? quam.
ob caufam? quo exemplo? cur tamdiu? cur,
inquam, civibus Romanis, quos piratæ ce-
perant, fecuri ftatim percuffis, ipfis piratis
76 lucis ufuram tam diuturnam dedifti? Verum
efto : fit tibi illud liberum omne tempus,
quod cum imperio fuifti. etiamne privatus ?
etiamne reus? etiamne pæne damnatus, hoftium duces privata in domo retinuifti? unum,
alterum menfem, prope annum denique, domi tuæ piratæ, a quo tempore capti funt,
quoad per me licitum eft, fuerunt : hoc eft,
quoad per M'. Acilium Glabrionem licitum
eft: qui, poftulante me, produci, atque in
30 carcerem condi imperavit. Quod eft hujufce
rei jus? quæ confuetudo? quod exemplum ?
Hoftem acerrimum atque infeftiffimum populi Romani, feu potius communem hoftem
gentium, nationumque omnium, quifquam
omnium mortalium privatus intra moenia
77 domi fuæ retinere poterit? Quid, fi pridie,
quam a me tu coactus es confiteri, civibus
Romanis fecuri percuffis, prædonum ducem
vivere, apud te habitare: fi, inquam, pridie
domo tua profugiffet, fi aliquam manum
contra populum Romanum facere potuiffet,

quid diceres? Apud me habitavit: mecum
fuit: ego illum ad judicium meum, quo facilius crimen inimicorum diluere possem, vivum atque incolumem reservavi. Itane vero? tu tua pericula communi periculo defendes? tu supplicia, quæ debentur hostibus
victis, ad tuum, non ad populi Romani tempus conferes? populi Romani hostis privatis
custodiis asservabitur? At etiam qui trium-
phant, eoque diutius vivos hostium duces
servant, ut, his per triumphum ductis, pulcherrimum spectaculum, fructumque victoriæ populus Romanus percipere possit: tamen cum de foro in Capitolium currum fle-
ctere incipiunt, illos duci in carcerem jubent:
idemque dies & victoribus imperii, & victis
vitæ finem facit. Et nunc cuiquam credo 78
esse dubium, quin tu id commissurus non
fueris, præsertim cum statuisses, ut ais, tibi
causam esse dicendam, ut ille archipirata non
potius securi feriretur, quam, quod erat ante oculos positum, tuo periculo viveret. Si
enim esset mortuus, tu, qui crimen ais te
metuisse, quæro, cui probares? cum con-
staret, istum Syracusis ab nullo visum esse
archipiratam, ab omnibus desideratum: cum
dubitaret nemo, quin abs te pecunia liberatus

eſſet: cum vulgo loquerentur, ſuppoſitum
in ejus locum, quem pro illo probare velles :
cum tute faſſus eſſes, te id crimen tanto ante
metuiſſe: ſi eum diceres eſſe mortuum, quis
te audiret? nunc, cum vivum iſtum neſcio
quem produces, tamenne id credi voles ?
79 Quid, ſi aufugiſſet? ſi vincla rupiſſet ita, ut
Nico ille, nobiliſſimus pirata, fecit, quem P.
Servilius, qua felicitate ceperat, eadem re-
cuperavit. quid diceres ? Verum hoc erat.
ſi ille ſemel verus archipirata ſecuri percuſ-
ſus eſſet; pecuniam illam non haberes. ſi hic
falſus eſſet mortuus, aut profugiſſet; non eſſet difficile alium in ſuppoſiti locum ſuppo-
nere. Plura dixi, quam volui, de illo archipirata : & tamen ea, quæ certiſſima ſunt
hujus criminis argumenta, prætermiſi. Volo
enim mihi totum eſſe crimen hoc integrum.
Eſt certus locus, certa lex, certum tribunal,
quo hoc reſervetur.

31
80 Hac tanta præda auctus, mancipiis, ar-
gento, veſte locupletatus, nihilo diligentior
ad claſſem ornandam, milites revocandos,
alendosque eſſe cœpit: cum ea res non ſolum
provinciæ ſaluti, verum etiam ipſi prædæ
eſſe poſſet. Nam æſtate ſumma, quo tempore ceteri prætores obire provinciam, &

concurfare confueverunt, aut etiam in tanto
prædonum metu, & periculo ipfi navigare:
eo tempore ad luxuriam, libidinefque fuas,
domo fua regia [quæ regis Hieronis fuit, qua
prætores uti folent,] contentus non fuit. tabernacula, quemadmodum confueverat temporibus æftivis, quod antea jam demonftravi, carbafeis intenta velis, collocari juffit in
litore: quod eft litus in Infula Syracufis poft
Arethufæ fontem, propter ipfum introitum,
atque oftium portus, amœno fane & ab ar-
bitris remoto loco. Hic dies æftivos fexagin- 81
ta prætor, populi Romani cuftos, defenfor-
que provinciæ, fic vixit, ut muliebria quotidie convivia effent, vir accumberet nemo,
præter ipfum & prætextatum filium. tametfi
recte fine exceptione dixeram, virum, cum
ifti effent, neminem fuiffe. Nonnumquam
etiam libertus Timarchides adhibebatur. mulieres autem nuptæ nobiles, præter unam
mimi Ifidori filiam, quam ifte, propter amorem, ab Rhodio tibicine abduxerat, Pippa
quædam, uxor Aefchrionis Siracufani: de
qua muliere plurimi verfus, qui in iftius cupiditatem facti funt, tota Sicilia percelebran-
tur. Erat & Nice, facie eximia, ut prædi- 82
catur, uxor Cleomenis Syracufani. Hanc

Cleomenes vir amabat: verumtamen hujus
libidini adverfari nec poterat, nec audebat:
& fimul ab ifto donis, beneficiisque plurimis devinciebatur. Illo autem tempore ifte,
tametfi ea eft hominis impudentia, quam noftis, ipfe tamen, cum vir effet Syracufis,
uxorem ejus parum poterat animo foluto ac
libero tot in acta dies fecum habere. Itaque
excogitat rem fingularem. naves, quibus legatus præfuerat, Cleomeni tradit: claffi populi Romani Cleomenem Syracufanum præeffe jubet, atque imperare. Hoc eo facit,
ut ille non folum abeffet a domo tum, cum
navigaret, fed etiam libenter cum magno honore, beneficioque abeffet: ipfe autem, remoto, atque ablegato viro, non liberius,
quam ante, (quis enim umquam iftius libidini obftitit?) fed paulo folutiore tamen animo fecum illam haberet, fi non tamquam
33 virum, at tamquam æmulum removiffet. Ac-
32 cipit navem fociorum atque amicorum Cleomenes Syracufanus. Quid primum aut accufem, aut querar, judices? Siculone homini, legati, quæftoris, prætoris denique
poteftatem, honorem, auctoritatem dari? Si
te impediebat ifta conviviorum, mulierumque
occupatio: ubi quæftores? ubi legati? [ubi

ternis denariis æstimatum frumentum? ubi
muli? ubi tabernacula? ubi tot, tantaque
ornamenta magistratibus & legatis a senatu,
populoque Romano permissa & data?] denique ubi præfecti & tribuni tui? Si civis Romanus dignus isto negotio nemo fuit; quid
civitates, quæ in amicitia, fideque populi
Romani perpetuo manserant? ubi Segestana?
ubi Centuripina civitas? quæ tum officiis,
fide, vetustate, tum etiam cognatione populi
Romani nomen attingunt. O dii immortales! 84
Quid? si harum ipsarum civitatum militibus, navibus, navarchis, Syracusanus Cleomenes jussus est imperare? non omnis honos
ab isto dignitatis, æquitatis, officiique sub-
latus est? Ecquod in Sicilia bellum gessimus,
quin Centuripinis sociis, Syracusanis hostibus uteremur? atque hæc omnia ad memoriam vetustatis, non ad contumeliam civitatis referri volo. Itaque ille vir clarissimus,
summusque imperator, M. Marcellus, cujus
virtute captæ, misericordia conservatæ sunt
Syracusæ, habitare in ea parte urbis, quæ
insula est, Syracusanum neminem voluit.
Hodie, inquam, Syracusanum in ea parte
habitare non licet. est enim locus, quem vel
pauci possent defendere. Committere igitur

eum non fideliffimis hominibus noluit: fimul
quod ab illa parte urbis navibus aditus ex
alto eft. Quamobrem qui noftros exercitus
fæpe excluferant, iis clauftra loci commit-
35 tenda non exiftimavit. Vide, quid interfit
inter tuam libidinem, majorumque auctoritatem: inter amorem, furoremque tuum,
& illorum confilium atque prudentiam. Illi
aditum litoris Syracufanis ademerunt: tu
maritimum imperium conceffifti. Illi habitare in eo loco Syracufanum, quo naves accedere poffent, noluerunt: tu claffi & navibus Syracufanum præeffe voluifti. Quibus illi
urbis fuæ partem ademerunt, iis tu noftri
imperii partem dedifti; &, quorum fociorum opera Syracufani nobis dicto audientes
funt, eos Syracufanis dicto audientes effe
juffifti.

33 Egreditur Centuripina quadriremi Cleo-
86 menes e portu: fequitur Segeftana navis,
Tyndaritana, Herbitenfis, Heraclienfis, Apollonienfis, Haluntina: præclara claffis in fpe-
ciem, fed inops & infirma, propter dimiffio-
nem propugnatorum atque remigum. Tamdiu in imperio fuo claffem ifte prætor diligens vidit, quamdiu convivium ejus flagi-
tiofiffimum prætervecta eft. ipfe autem, qui

vifus multis diebus non effet, tum fe tamen
in confpectum nautis paulifper dedit. Stetit
foleatus prætor populi Romani, cum pallio
purpureo, tunicaque talari, muliercula ni-
xus in litore. Jam hoc ipfo iftum veftitu Siculi, civesque Romani permulti fæpe viderunt. Pofteaquam paulum provecta claffis 87
eft, & Pachynum quinto die denique appulfa
eft: nautæ fame coacti, radices palmarum
agreftium, quarum erat in illis locis, ficut
in magna parte Siciliæ, multitudo, collige-
bant, & his miferi, perditique alebantur.
Cleomenes autem, qui alterum fe Verrem
cum luxuria atque nequitia, tum etiam imperio, putaret: fimiliter totos dies, in litore
tabernaculo pofito, perpotabat. Ecce autem 34
repente, ebrio Cleomene, efurientibus ceteris, nuntiatur piratarum naves effe in portu
Ediffæ. (nam ita is locus nominatur) noftra
autem claffis erat in portu Pachyni. Cleomenes autem, quod erat terreftre præfidium
non re, fed nomine, fperabat, iis militibus,
quós ex eo loco deduxiffet, explere fe numerum nautarum & remigum poffe. Reperta
eft eadem iftius hominis avariffimi ratio in
præfidiis, quæ in claffibus. nam erant per-
pauci reliqui, ceterique dimiffi. Princeps 88

Cleomenes in quadriremi Centuripina malum erigi, vela fieri, praecidi ancoras imperavit: & fimul, ut fe ceteri fequerentur, fignum dari juffit. Haec Centuripina navis erat incredibili celeritate velis. nam fcire ifto praetore nemo poterat, quid quaevis navis remis facere poffet: etfi in hac quadriremi, propter honorem & gratiam Cleomenis, minime multi remiges & milites deerant. Evolarat jam e confpectu fere fugiens quadriremis, cum etiam tunc ceterae naves fuo in 89 loco moliebantur. Erat animus in reliquis. quamquam erant pauci, quoquo modo fefe res habebat, pugnare tamen fe velle clamabant; &, quod reliquum vitae, viriumque fames fecerat, id ferro potiffimum reddere volebant. Quodfi Cleomenes non tanto ante fugiffet, aliqua ad refiftendum ratio fuiffet. Erat enim fola illa navis conftrata, & ita magna, ut propugnaculo ceteris poffet effe. quae, fi in praedonum pugna verfaretur, urbis inftar habere inter illos piraticos myoparones videretur: fed tunc inopes relicti a duce, praefectoque claffis, eundem neceffario cur- 90 fum tenere coeperunt. Helorum verfus, ut ipfe Cleomnes, ita ceteri navigabant. neque hi tamen tam praedonum fugiebant impetum,

quam imperatorem fequebantur. Tum ut
quifque in fuga poftremus, ita periculo princeps erat. poftremam enim quamque navem
piratæ primam adoriebantur. Ita prima Ha-
luntinorum navis capitur, cui præerat Halun-
tinus, homo nobilis, Philarchus; quem ab illis
prædonibus Locrenfes poftea publice rede-
merunt: ex quo vos priore actione jurato
rem omnem, caufamque cognoftis. Deinde
Apollonienfis navis capitur, & ejus præfectus
Anthropinus occiditur. Hæc dum aguntur, 35
interea Cleomenes jam ad Helori litus per- 91
venerat: jam fefe in terram e navi ejecerat,
quadrirememque, in falo fluctuantem, reli-
querat. Reliqui præfecti navium, cum in
terram imperator exiffet, cum ipfi neque repugnare, neque mari effugere ullo modo
poffent, appulfis ad Helorum navibus, Cleomenem perfecuti funt. Tunc prædonum dux
Heracleo, repente, præter fpem, non fua
virtute, fed iftius avaritia, nequitiaque victor, claffem pulcherrimam populi Romani,
in litus expulfam & ejectam, cum primum
advefperafceret, inflammari, incendique juffit.
O tempus miferum, atque acerbum provin- 92
ciæ Siciliæ! o cafum illum multis innocen-
tibus calamitofum atque funeftum! o iftius

nequitiam ac turpitudinem fingularem! Una
atque eadem nox erat, qua prætor amoris
turpiffimi flamma, ac claffis populi Romani
prædonum incendio conflagrabat. Affertur
nocte intempefta gravis hujufce mali nuntius
Syracufas: curritur ad prætorium, quo iftum
e convivio illo præclaro reduxerant paulo
ante mulieres, cum cantu atque fymphonia.
Cleomenes, quamquam nox erat, tamen in
publico effe non audet: includit fe domi:
neque aderat uxor, quæ confolari hominem
93 in malis poffet. Hujus autem præclari imperatoris ita erat fevera domi difciplina, ut in
re tanta, in tam gravi nuntio nemo admit-
teretur; nemo effet, qui auderet aut dor-
mientem excitare, aut interpellare vigilantem. Jam vero, re ab omnibus cognita, con-
curfabat urbe tota maxima multitudo. non
enim, ficut antea confuetudo erat, prædonum adventum fignificabat ignis e fpecula
fublatus aut tumulo; fed flamma ex ipfo incendio navium & calamitatem acceptam &
36 periculum reliquum nuntiabat. Cum prætor
quæreretur, & conftaret, ei neminem nun-
tiaffe: fit ad domum ejus cum clamore con-
94 curfus atque impetus. Tum ifte excitatus
exit, audit rem omnem ex Timarchide; fagum

fumit. Lucebat jam fere: procedit in medium, vini, fomni, ftupri plenus. Excipitur
ab omnibus ejusmodi clamore, ut ei Lampfa-
ceni periculi fimilitudo verfaretur ante oculos. Hoc etiam majus hoc videbatur, quod
in odio fimili multitudo hominum hæc erat
maxima. Tum iftius acta commemoraban-
tur: tum flagitiofa illa convivia: tum appellabantur a multitudine mulieres nominatim:
tum quærebatur ex ipfo palam, tot dies continuos, per quos numquam vifus effet, ubi
fuiffet, quid egiffet? tum imperator ab ifto
præpofitus Cleomenes flagitabatur: neque
quidquam propius eft factum, quam ut illud
Uticenfe exemplum de Hadriano transferre-
tur Syracufas, ut duo fepulcra duorum prætorum improborum, duabusque in provinciis
conftituerentur. Verum habita eft a multitudine ratio temporis, habita eft tumultus,
habita etiam dignitatis, exiftimationisque
communis, quod is eft conventus Syracufis
civium Romanorum, ut non modo illa provincia, verum etiam hac republica digniffi-
mus exiftimetur. Confirmant ipfi fe, cum 95
ifte etiam tum femifomnis ftuperet: arma
capiunt: totum forum atque infulam, quæ
eft urbis magna pars, complent. Unam illam

solam noctem prædones, ad Helorum commorati, cum fumantes etiam noftras naves reliquiffent, accedere incipiunt ad Syracufas. Qui videlicet fæpe audiffent, nihil effe pulchrius, quam Syracufarum mœnia ac portus, ftatuerant, fefe, fi ea Verre prætore non vidiffent, numquam effe vifuros. Ac primo ad illa æftiva prætoris accedunt, ipfam illam ad partem litoris, ubi ifte per eos dies, tabernaculis pofitis, caftra luxuriæ collocarat. quem pofteaquam inanem locum offenderunt, & prætorem commoviffe ex eo loco caftra fenferunt : ftatim fine ullo metu in portum ipfum penetrare cœperunt. Cum in portum dico, judices, (explanandum eft enim diligentius, eorum caufa, qui locum ignorant,) in urbem dico, atque in urbis intimam partem veniffe piratas. Non enim portu illud oppidum clauditur, fed urbe portus ipfe cingitur & concluditur: non ut alluantur a mari mœnia extrema, fed influat in urbis finum portus. Hic, te prætore, Heracleo archipirata cum quatuor myoparonibus parvis ad arbitrium fuum navigavit. Pro, dii immortales! piraticus myoparo, cum imperium populi Romani, nomen, ac fafces effent Syracufis, ufque ad forum, & ad

omnes

omnes urbis crepidines acceffit: quo neque
Karthaginienfium gloriofiffimæ claffes, cum
mari plurimum póterant, multis bellis fæpe
conatæ, umquam adfpirare potuerunt; neque populi Romani invicta ante te prætorem
gloria illa navalis, umquam, tot Punicis,
Sicilienfibusque bellis, penetrare potuit: qui
locus ejusmodi eft, ut ante Syracufani in
mœnibus fuis, in urbe, in foro hoftem armatum ac victorem, quam in portu ullam
hoftium navem viderent. Hic, te prætore, 98
prædonum naviculæ pervagatæ funt, quo
Athenienfium claffis fola poft hominum memoriam ccc navibus, vi ac multitudine in-
vafit: quæ in eo ipfo portu, loci ipfius, portusque natura, victa atque fuperata eft. Hic
primum opes illius civitatis victæ, commi-
nutæ, depreffæque funt: in hoc portu Athenienfium nobilitatis, imperii, gloriæ naufra-
gium factum exiftimatur. Eone pirata pe- 38
netravit, quo fimul atque adiffet, non modo
a latere, fed etiam a tergo magnam partem
urbis relinqueret ? Infulam totam præter-
vectus eft: [quæ eft urbis magna pars Syracufis, fuo nomine ac mœnibus:] quo in
loco majores (ut ante dixi) Syracufanum
quemquam habitare vetuerunt; quod, qui

Cicero. T. VI.   E

illam partem urbis tenerent, in eorum po-
99 teftatem portum futurum intelligebant. At
quemadmodum eft pervagatus? radices palmarum agreftium, quas in noftris navibus
invenerant, jaciebant, ut omnes iftius improbitatem & calamitatem Siciliæ poffent
cognofcere. Siculosne milites? aratorumne
liberos? quorum patres tantum labore fuo
frumenti exarabant, ut populo Romano, to-
tique Italiæ fuppeditare poffent, eosne, in
infula Cereris natos, ubi primum fruges in-
ventæ effe dicuntur, eo cibo effe ufos, a quo
majores eorum ceteros quoque, frugibus inventis, removerunt? Te prætore, Siculi milites palmarum ftirpibus, prædones Siculo
100 frumento alebantur. O fpectaculum miferum
atque acerbum! ludibrio effe urbis gloriam
& populi Romani nomen: hominum conventu atque multitudine: piratico myoparone,
in portu Syracufano, de claffe populi Romani triumphum agere piratam; cum prætoris nequiffimi, inertiffimique oculos prædonum remi refpergerent?

Pofteaquam e portu piratæ non metu aliquo affecti, fed fatietate exierant: tum cœperunt quærere homines caufam illius tantæ
calamitatis. Dicere omnes, & palam difputare,

minime effe mirandum, fi, militibus, remi-
gibusque dimiffis, reliquis egeftate & fame
perditis, prætore tot dies cum mulierculis
perpotante, tanta ignominia & calamitas effet accepta. Hæc autem iftius vituperatio 101
atque infamia confirmabatur eorum fermone,
qui a fuis civitatibus illis navibus præpofiti
fuerant; qui ex illo numero reliqui Syracufas, claffe amiffa, refugerant. Dicebant,
quos ex fua quifque navi miffos fciret effe.
Res erat clara: neque folum argumentis, fed
etiam certis teftibus iftius avaritia tenebatur.
Homo certior fit, agi nihil in foro & con- 39
ventu tota die, nifi hoc quæri a navarchis,
quemadmodum claffis fit amiffa. illos refpondere, & docere unumquemque, miffione remigum, fame reliquorum, Cleomenis timore
& fuga. Quod pofteaquam ifte cognovit,
hanc rationem habere cœpit. Caufam fibi
dicendam effe ftatuerat jam ante, quam hoc
ufu veniret, ita ut ipfum priore actione dicere audiftis. Videbat, illis navarchis teftibus, tantum hoc crimen fuftinere fe nullo
modo poffe. Confilium capit primo ftultum,
verumtamen clemens. Cleomenem & navar- 102
chos ad fe vocari jubet. veniunt. accufat eos,
quod hujusmodi de fe fermones habuerint:

E 2

rogat, ut id facere defiftant, & in fua quisque navi dicat fe tantum habuiffe nautarum,
quantum oportuerit, neque quemquam effe
dimiffum. illi enimvero fe oftendunt, quod
vellet, effe facturos. Ifte non procraftinat :
advocat amicos ftatim : quærit ex his fingillatim, quot quifque nautas habuerit, refpondit unusquifque, ut erat præceptum. Ifte
in tabulas refert : obfignat fignis amicorum
providens homo ; ut contra hoc crimen, fi
quando opus effet, hac videlicet teftifica-
103 tione uteretur. Derifum credo effe hominem
amentem a fuis confiliariis, & admonitum,
hafce ei tabulas nihil profuturas : etiam plus
ex nimia prætoris diligentia fufpicionis in eo
crimine futurum. Jam ifte erat hac ftultitia
multis in rebus ufus, ut publice quoque,
quæ vellet, in civitatum litteris & tolli &
referri juberet : quæ omnia nunc intelligit
fibi nihil prodeffe, pofteaquam certis litteris,
40 teftibus, auctoritatibusque convincitur. Ubi
hoc videt, illorum confeffionem, teftificatio-
nem fuam, tabulas, fibi nullo adjumento fu-
turas : init confilium, non improbi prætoris,
(nam id quidem effet ferendum,) fed impor-
tuni atque amentis tyranni. ftatuit, fi hoc
crimen extenuare vellet, (nam omnino tolli

poſſe non arbitrabatur,) navarchos omnes,
teſtes ſui ſceleris, vita eſſe privandos. Oc- 104
currebat illa ratio: Quid Cleomene fiet? poterone animadvertere in eos, quos dicto audientes eſſe juſſi? miſſum facere eum, cui
imperium, poteſtatemque permiſi? poterone
eos afficere ſupplicio, qui Cleomenem ſecuti
ſunt: ignoſcere Cleomeni, qui ſecum fugere
& ſe conſequi juſſit? poterone in eos eſſe
vehemens, qui naves inanes non modo habuerunt, ſed etiam apertas: in eum diſſolu-
tus, qui ſolus habuerit conſtratam navem &
minus exinanitam? pereat Cleomenes una.
Ubi fides? ubi exſecrationes? ubi dextræ
complexusque? ubi illud contubernium muliebris militiæ in illo delicatiſſimo litore? fieri
nullo modo poterat, quin Cleomeni parcere-
tur. Cleomenem vocat: dicit ei, ſe ſtatuiſſe 105
animadvertere in omnes navarchos: ita ſui
periculi rationes ferre ac poſtulare. Tibi uni
parcam, & totius iſtius culpæ crimen, vitu-
perationemque inconſtantiæ potius ſuſcipiam,
quam aut in te ſim crudelis, aut tot, tam
graves teſtes vivos, incolumesque eſſe patiar.
Agit gratias Cleomenes, approbat conſilium:
dicit, ita fieri oportere. Admonet tamen
illud, quod iſtum fugerat, in Phalargum

Centuripinum, navarchum, non poffe animadverti, propterea quod fecum fuiffet una
in Centuripina quadriremi. Quid ergo? ifto
homo ex ejusmodi civitate, adolefcens nobiliffimus, teftis relinquetur? In præfentia,
inquit Cleomenes, quoniam ita neceffe eft:
fed poft aliquid videbimus, ne ifte nobis ob-
41 ftare poffit. Hæc pofteaquam acta & confti-
106 tuta funt, procedit ifte repente e prætorio,
inflammatus fcelere, furore, crudelitate: in
forum venit: navarchos vocari jubet. Qui
nihil metuerent, nihil fufpicarentur, ftatim
accurrunt. Ifte hominibus miferis, innocen-
tibusque injici catenas imperat. Implorare
illi fidem prætoris, &, quare id faceret, ro-
gare. Tunc ifte hoc caufæ dicit, quod claffem prædonibus prodidiffent. Fit clamor &
admiratio populi, tantam effe in homine impudentiam atque audaciam, ut aliis caufam
calamitatis attribueret, quæ omnis propter
avaritiam ipfius accidiffet: aut, cum ipfo
prædonum focius putaretur, aliis proditionis
crimen inferret: deinde, hoc quintodecimo
die crimen effe natum, poftquam claffis effet
107 amiffa. Cum hæc fierent, quærebatur, ubi
effet Cleomenes? non quo illum ipfum, cujusmodi effet, quifquam fupplicio, propter illud

incommodum, dignum putaret: nam quid
Cleomenes facere potuit? (non enim poffum
quemquam infimulare falfo) quid, inquam,
magnopere Cleomenes facere potuit, iftius
avaritia navibus exinanitis? Atque eum vident federe ad latus prætoris, & ad aurem
familiariter, ut folitus erat, infufurrare.
Tum vero omnibus indigniffimum vifum eft,
homines honeftiffimos, electos ex fuis civitatibus, in ferrum atque in vincula conjectos:
Cleomenem, propter flagitiorum ac turpitudinis focietatem, familiariffimum effe prætoris. Apponitur his tamen accufator Nævius 108
Turpio quidam, [qui, C. Sacerdote prætore, injuriarum damnatus eft,] homo bene
appofitus ad iftius audaciam: quem ifte in
decumis, in rebus capitalibus, in omni calumnia, præcurforem habere folebat & emif-
farium. Veniunt Syracufas parentes, pro- 42
pinquique miferorum adolefcentium, hoc re-
pentino calamitatis fuæ commoti nuntio:
vinctos adfpiciunt catenis liberos fuos, cum
iftius avaritiæ pœnam collo & cervicibus
fuis fuftinerent. adfunt, defendunt, procla-
mant: fidem tuam, quæ nufquam erat, nec
umquam fuit, implorant. Pater aderat Dexio
Tyndaritanus, homo nobiliffimus, hofpes

tuus, cujus tu domi fueras, quem hospitem
appellaras. Eum cum illa auctoritate & miferia videres præditum, non te ejus lacrymæ, non fenectus, non hofpitii jus atque
nomen a fcelere aliquam ad partem humani-
109 tatis revocare potuit? Sed quid ego hofpitii
jura in hac tam immani bellua commemoro? Qui Sthenium Thermitanum, hofpitem
fuum, cujus domum per hofpitium exhaufit
& exinanivit, abfentem in reos retulerit,
caufa indicta, capite damnarit: ab eo nunc
hofpitiorum jura atque officia quæramus?
cum homine enim crudeli nobis res eft, an
cum fera atque immani bellua? Te patris
lacrymæ de innocentis filii periculo non mo-
vebant? Cum patrem domi reliquiffes: filium
tecum haberes, te neque præfens filius de
liberoum caritate, neque abfens pater de in-
110 dulgentia patria commonebat? Catenas habebat hofpes tuus Arifteus, Dexionis filius.
Quid ita? Prodiderat claffem. Quod ob præmium? deferuerat exercitum. Quid Cleomenes? ignavus fuerat. at eum tu ob virtutem
corona aurea donaras. Dimiferat nautas. tu
ab omnibus mercedem miffionis acceperas.
Alter parens ex altera parte erat Herbitenfis Eubulida, homo domi fuæ clarus &

nobilis : qui, quia Cleomenem in defenden-
do filio læferat, nudus pæne eft deftitutus.
Quid erat autem, quod quifquam diceret,
aut defenderet ? Cleomenem nominare non
licet. At caufa cogit. Moriere, fi appellaris.
numquam enim ifte eft cuiquam mediocriter
minatus. At remiges non erant. Prætorem
tu accufas ? frange cervicem. Si neque prætorem, neque prætoris æmulum appellare
licebit, cum in his duobus tota caufa fit :
quid futurum eft ? Dicit etiam caufam He- 43
raclius Segeftanus, homo domi fuæ fummo III
loco natus. Audite, ut veftra humanitas poftulat, judices. audietis enim de magnis incommodis, injuriisque fociorum. Hunc fcitote fuiffe Heraclium in ea caufa ; qui propter
gravem morbum oculorum tum non naviga-
rit, & juffu ejus, qui poteftatem habuit,
cum commeatu, Syracufis remanferit. ifte
certe neque prodidit claffem ; neque metu
perterritus fugit, neque exercitum deferuit.
Etenim tunc effet hoc animadverfum, cum
claffis Syracufis proficifcebatur. Is tamen in
eadem caufa fuit, quafi effet in aliquo manifefto fcelere deprehenfus : in quem ne falfo
quidem caufa conferri criminis potuit. Fuit 112
in illis navarchis Heraclienfis quidam Furius,

E 5

(nam habent illi nonnulla hujufcemodi La-
tina nomina,) homo, quamdiu vixit, domi
fuæ, non folum poft mortem, tota Sicilia
clarus & nobilis. in quo homine tantum animi fuit, non folum ut iftum libere læderet;
(nam id quidem, quoniam moriendum videbat, fine periculo fe facere intelligebat:) verum, morte propofita, cum lacrymans in
carcere mater noftes diesque affideret, defenfionem caufæ fuæ fcripfit: quam nunc nemo
eft in Sicilia, quin habeat, quin legat, quin
tui fceleris & crudelitatis ex illa oratione
commonefiat. in qua docet, quot a civitate
fua nautas acceperit: quot, & quanti quemque dimiferit: quot fecum habuerit: item de
ceteris navibus dicit: quæ cum apud te diceret, virgis oculi verberabantur. Ille morte
propofita, facile dolorem corporis patiebatur:
clamabat, id quod fcriptum reliquit, *Facinus
effe indignum, plus impudiciffimae mulieris
apud te de Cleomenis falute, quam de fua vita
113 lacrymas matris valere.* Deinde etiam illud
video effe dictum, quod, fi recte vos populus
Romanus cognovit, non falfo ille jam in ipfa
morte te vobis prædicavit: *Non poffe Verrem, teftes interficiendo, crimina fua exftin-
guere: graviorem apud fapientes judices fe*

fore ab inferis teftem, quam fi vivus in judi-
cium produceretur: tum, avaritiae folum, fi
viveret; nunc, cum ita effet necatus, fceleris,
audaciae, crudelitatis teftem fore. Jam illa
praeclara: *Non teftium modo catervas, cum*
tua res ageretur, fed a diis Manibus inno-
centium Poenas, fceleratorumque Furias in
tuum judicium effe venturas: fefe ideo levio-
rem cafum fuum fingere, quod jam ante aciem
fecurium tuarum, Seftiique, tui carnificis,
vultum & manum vidiffet, cum in conventu
civium Romanorum juffu tuo fecuri cives Ro-
mani ferirentur. Ne multa, judices; liber- 114
tate, quam vos fociis dediftis, hac ille in
acerbiffimo fupplicio miferrimae fervitutis
abufus eft. Condemnat omnes de confilii 44
fententia: tamen neque ifte in tanta re, tot
hominum, totque civium caufa, P. Vettium
ad fe arceffit, quaeftorem fuum, cujus confilio uteretur: neque P. Cervium, talem virum, legatum, qui, quia legatus, ifto praetore, in Sicilia fuit, primus ab ifto judex
rejectus eft: fed de latronum, hoc eft, de
comitum fuorum fententia condemnat omnes.
Hic cuncti Siculi, fideliffimi atque antiquif- 115
fimi focii, plurimis affecti beneficiis a majoribus noftris, graviter commoventur, & de

fuis periculis, fortunisque omnibus pertime-
fcunt. Illam clementiam, manfuetudinemque
noftri imperii in tantam crudelitatem, inhu-
manitatemque effe converfam! Condemnari
tot homines uno tempore, nullo crimine!
defenfionem fuorum furtorum prætorem improbum ex indigniffima morte innocentium
quærere! Nihil addi jam videtur, judices,
ad hanc improbitatem, amentiam, crudeli-
tatemque poffe. [& recte nihil videtur.] nam
fi cum aliorum improbitate certet, longe
omnes, multumque fuperabit.

116   Sed fecum ipfe certat: id agit, ut femper
fuperius fuum facinus novo fcelere vincat.
Phalargum Centuripinum dixeram exceptum
effe a Cleomene, quod in ejus quadriremi
Cleomenes vectus effet: tamen quia perti-
muerat adolefcens, quod eandem fuam caufam videbat effe, quam illorum, qui innocentes peribant: ad hominem accedit Timarchides: a fecuri negat ei effe periculum:
virgis ne cæderetur, monet ut caveat. Ne
multa, ipfum dicere adolefcentem audiftis,
fe ob hunc virgarum metum pecuniam Ti-
117 marchidi numeraffe. Levia funt hæc in hoc
reo crimina. metum virgarum navarchus no-
biliffimæ civitatis pretio redemit; humanum:

alius, ne condemnaretur, pecuniam dedit;
usitatum est. Non vult populus Romanus
obsoletis criminibus accusari Verrem: nova
postulat, inaudita desiderat: non de praetore
Siciliae, sed de crudelissimo tyranno fieri judicium arbitratur. Includuntur in carcerem 45
condemnati: supplicium constituitur in illos:
sumitur de miseris parentibus navarchorum:
prohibentur adire ad filios: prohibentur liberis suum cibum, vestitumque ferre. Patres 118
hi, quos videtis, jacebant in limine, matresque miserae pernoctabant ad ostium carceris,
ab extremo complexu liberûm exclusae: quae
nihil aliud orabant, nisi ut filiorum extremum spiritum ore excipere sibi liceret.
Aderat janitor carceris, carnifex praetoris:
mors, terrorque sociorum & civium, lictor
Sestius: cui ex omni gemitu, doloreque certa merces comparabatur. Ut adeas, tantum
dabis: ut cibum tibi intro ferre liceat, tantum. nemo recusabat. quid? ut uno ictu securis afferam mortem filio tuo, quid dabis?
ne diu crucietur? ne saepius feriatur? ne
cum sensu doloris aliquo aut cruciatu spiritus
auferatur? Etenim ob hanc causam pecunia
lictori dabatur. O magnum atque intolerandum 119
dolorem! o gravem, acerbamque fortunam!

Non vitam liberûm, fed mortis celeritatem
pretio redimere cogebantur parentes. Atque
ipfi etiam adolefcentes cum Seftio de eadem
plaga & de uno illo iĉtu loquebantur. idque
poftremum parentes fuos liberi orabant, ut
levandi cruciatus fui gratia liĉtori pecunia
daretur. Multi & graves dolores inventi parentibus & propinquis : multi. verumtamen
mors fit extrema. non erit. Eftne aliquid ul-
tra, quo progredi crudelitas poffit? reperietur. nam illorum liberi cum erunt fecuri
percuffi ac necati, corpora feris objicientur.
Hoc fi luĉtuofum eft parenti, redimat pretio
120 fepeliendi poteftatem. Onafum Segeftanum,
hominem nobilem, dicere audiftis, fe ob fepulturam Heraclii navarchi pecuniam Timar-
chidi numeraffe. Hoc (ne poffis dicere: patres enim veniunt, amiffis filiis, irati:) vir
primarius, homo nobiliffimus, dicit: neque
de filio dicit. Jam hoc, quis tum fuit Syracufis, quin audierit, quin fciat, has per Ti-
marchidem paĉtiones fepulturæ cum vivis
etiam illis effe faĉtas? Non palam cum Timarchide loquebantur? non omnes omnium
propinqui adhibebantur? non palam vivorum
funera locabantur? Quibus rebus omnibus
aĉtis atque decifis, producuntur e carcere,

& deligantur ad palum. Quis tam fuit illo 46
tempore durus & ferreus, quis tam inhuma-. 121
nus, præter unum te, quin illorum ætate,
nobilitate, miseria commoveretur? ecquis
fuit, quin lacrymaretur? quin ita calamitatem putaret illorum, ut fortunam tamen non
alienam, periculum autem commune arbitraretur? Feriuntur securi. lætaris tu in
omnium gemitu, & triumphas: testes avaritiæ tuæ gaudes esse sublatos. Errabas, Verres, & vehementer errabas, cum te macu-
las furtorum & flagitiorum tuorum, sociorum innocentium sanguine eluere arbitrabare: præceps amentia ferebare, qui te existi-
mares avaritiæ vulnera crudelitatis remediis
posse sanare. Etenim quamquam illi sunt
mortui sceleris tui testes, tamen eorum propinqui neque tibi, neque illis desunt: tamen
ex illo ipso numero navarchorum aliqui vivunt & adsunt: quos, ut mihi videtur, ab
illorum innocentium pœna Fortuna ad hanc
causam reservavit. Adest Philargus Halun- 122
tinus, qui, quia cum Cleomene non fugit,
oppressus a prædonibus & captus est: cui
calamitas saluti fuit: qui, nisi captus a piratis esset, in hunc prædonem sociorum inci-
disset. Dicet is pro testimonio, de missione

mutarum, de fame, de Cleomenis fuga.
Adeft Centuripinus Phalargus, in ampliffima
civitate, ampliffimo loco natus. eadem dicit:
nulla in re difcrepat.

123   Per deos immortales! judices, quo tandem animo fedetis? aut hæc quemadmodum
auditis? Utrum ego defipio, & plus quam
fatis doleo in tanta calamitate, miferiaque
fociorum? an vos quoque hic acerbiffimus
innocentium cruciatus & mœror pari fenfu
doloris afficit? Ego enim cum Herbitenfem,
cum Heraclienfem fecuri effe percuffum dico, verfatur mihi ante oculos indignitas ca-
47 lamitatis. Eorumne populorum cives, eorumne agrorum alumnos, ex quibus maxima vis frumenti quotannis plebi Romanæ,
illorum operis ac laboribus quæritur; qui a
parentibus, fpe noftri imperii, noftræque
æquitatis, fufcepti, educatique funt, ad C.
Verris nefariam immanitatem, & ad ejus fe-
124 curem funeftam effe fervatos? Cum mihi
Tyndaritani illíus venit in mentem, cum Se-
geftani, tum jura fimul civitatum atque officia confidero. Quas urbes P. Africanus etiam
ornandas effe fpoliis hoftium arbitratus eft,
eas C. Verres non folum illis ornamentis, fed
etiam viris nobiliffimis nefario fcelere privavit.

                        En

En quod Tyndaritani libenter prædicent: *Nos in septemdecim populis Siciliae numeramur: nos semper in omnibus Punicis, Siciliensibusque bellis amicitiam, fidemque populi Romani secati sumus: a nobis omnia populo Romano semper & belli adjumenta & pacis ornamenta administrata sunt.* Multum vero hæc his jura profuerunt in istius imperio ac potestate.   Vestros quondam nautas contra 125. Karthaginem Scipio duxit; at nunc naves contra prædones pæne inanes Cleomenes ducit. Vobiscum Africanus hostium spolia, & præmia laudis communicavit; at nunc per me spoliati, nave a prædonibus abducta, ipsi in hostium numero, locoque ducemini. Quid vero? illa Segestanorum non solum litteris tradita, neque commemorata verbis, sed multis officiis illorum usurpata & comprobata cognatio, quos tandem fructus hujusce necessitudinis in istius imperio tulit? Nempe hoc fuit jure, judices, ut ex sinu patris nobilissimus adolescens, & e complexu matris ereptus innocens filius, istius carnifici Sestio dederetur. Cui civitati majores nostri maximos agros atque optimos concesserunt: quam immunem esse voluerunt: hæc tanta apud te cognationis, fidelitatis, vetustatis auctoritate,

ne hoc quidem juris obtinuit, ut unius ho‐
neſtiſſimi atque innocentiſſimi civis mortem
48 & ſanguinem deprecaretur. Quo confugient
126 ſocii? quem implorabunt? qua ſpe denique,
ut vivere velint, tenebuntur, ſi vos eos de‐
ſeritis? ad ſenatum devenient, qui de Verre
ſupplicium ſumat? non eſt uſitatum, non
ſenatorium. Ad populum Romanum confu‐
gient? facilis eſt cauſa populi. Legem enim
ſe ſociorum cauſa juſſiſſe, & vos ei legi cu‐
ſtodes ac vindices præpoſuiſſe dicet. Hic lo‐
cus eſt igitur unus, quo perfugiant: hic
portus, hæc arx, hæc ara ſociorum: quo
quidem nunc non ita confugiunt, ut antea
in ſuis repetendis rebus ſolebant. Non argen‐
tum, non aurum, non veſtem, non manci‐
pia repetunt: non ornamenta, quæ ex urbi‐
bus, faniſque erepta ſunt. metuunt homines
imperiti, ne jam hæc populus Romanus con‐
cedat, & jam fieri velit. Patimur enim jam
multos annos, & ſilemus, cum videamus,
ad paucos homines omnes omnium natio‐
num pecunias perveniſſe; quod eo magis ferre
æquo animo, atque concedere videmur, quia
nemo iſtorum diſſimulat: nemo laborat, ut
127 obſcura ſua cupiditas eſſe videatur. In ur‐
be noſtra pulcherrima atque ornatiſſima,

quod fignum, quæ tabula picta eft, quæ non
ab hoftibus victis capta atque apportata fit?
At iftorum villæ fociorum fideliffimorum &
plurimis & pulcherrimis fpoliis ornatæ, re-
fertæque funt. Ubi pecunias exterarum nationum effe arbitramini, quibus nunc omnes
egent, cum Athenas, Pergamum, Cyzicum,
Miletum, Chium, Samum, totam denique
Afiam, Achajam, Græciam, Siciliam jam in
paucis villis inclufas effe videatis? Sed hæc,
ut dico, omnia jam focii veftri relinquunt &
negligunt, judices. Ne publice a populo Romano fpoliarentur, officiis ac fide provide-
runt: paucorum cupiditati tum, cum obfi-
ftere non poterant, tamen fufficere aliquo
modo poterant: nunc vero jam ademta eft
non modo refiftendi, verum etiam fuppedi-
tandi facultas. Itaque res fuas negligunt:
pecunias, quo nomine judicium hoc appellatur, non repetunt: relinquunt & negligunt. Hoc jam ornatu ad vos confugiunt. 128
Adfpicite, adfpicite, judices, fqualorem, for-
desque fociorum. Sthenius hic Thermitanus 49
cum hoc capillo atque vefte, domo fua tota
expilata, mentionem tuorum furtorum non
facit: fefe ipfum abs te repetit, nihil amplius. Totum enim tua libidine & fcelere ex

fua patria (in qua multis virtutibus & beneficiis floruit princeps) fuftulifti. Dexio
hic, quem videtis, non quæ publice Tyndari,
non quæ privatim fibi eripuifti, fed unicum
mifer abs te filium optimum atque innocen-
tiffimum flagitat. Non ex litibus æftimatis
tuis pecuniam domum, fed ex tua calamitate
cineri atque offibus filii fui folatium vult aliquod reportare. Hic tam grandis natu Eubulida, hoc tantum, exacta ætate, laboris,
itinerisque fufcepit, non ut aliquid ex fuis
bonis recuperaret, fed ut, quibus oculis
cruentas cervices filii fui viderat, iisdem te
129 condemnatum videret. Si per L. Metellum
licitum effet, judices; matres illorum, uxo-
res, fororesque veniebant: quarum una, cum
ego ad Heracliam noctu accederem, cum
omnibus matronis ejus civitatis, & cum multis facibus mihi obviam venit, & ita, me
fuam falutem appellans, te fuum carnificem
nominans, filii nomen implorans, mihi ad
pedes mifera jacuit, quafi ego excitare filium
ejus ab inferis poffem. Faciebant hoc idem
in ceteris civitatibus grandes natu matres, &
item parvuli liberi miferorum: quorum utro-
rumque ætas laborem & induftriam meam,
fidem & mifericordiam veftram requirebat.

'Itaque ad me, judices, præter ceteras hanc 130
querimoniam Sicilia detulit. lacrymis ego ad
hoc, non gloria, inductus accessi: ne falsa
damnatio, ne carcer, ne catenæ, ne verbera,
ne secures, ne cruciatus sociorum, ne san-
guis innocentium, ne denique etiam exsan-
guium corpora mortuorum, ne mœror parentum ac propinquorum, magistratibus nostris
quæstui posset esse.   Hunc ego si metum Siciliæ, damnatione istius, per vestram fidem
& severitatem dejecero, judices: satis officio
meo, satis illorum voluntati, qui a me hoc
petiverunt, factum esse arbitrabor.

Quapropter si quem forte inveneris, qui 50
hoc navale crimen conetur defendere, is ita 131
defendat: illa communia, quæ ad causam
nihil pertinent, prætermittat; me culpam
fortunæ affignare, calamitatem crimini dare:
me amissionem classis objicere; cum multi
viri fortes in communi, incertoque periculo
belli, & terra, & mari sæpe offenderint.
Nullam tibi objicio fortunam. nihil est, quod
ceterorum res minus commode gestas pro-
feras: nihil est, quod multorum naufragia
fortunæ colligas. ego naves inanes fuisse dico: remiges, nautasque dimissos: reliquos
stirpibus vixisse palmarum: præfuisse classi

F 3

populi Romani Siculum, [perpetuo] fociis
atque amicis Syracùfanum : te illo tempore
ipfo, fuperioribusque diebus omnibus, in litore cum mulierculis perpotaffe dico : harum
rerum omnium auctores, teftesque produco.
132 Num tibi infultare in calamitate, num in-
tercludere perfugium fortunæ, num cafus
bellicos exprobrare aut objicere videor?
tametfi folent hi fortunam fibi objici nolle,
qui fe fortunæ commiferunt, qui in ejus *-
riculis funt ac varietate verfati. Iftius quidem calamitatis tuæ fortuna particeps non
fuit. homines enim in præliis, non in conviviis, belli fortunam tentare, ac periclitari
folent. In illa autem calamitate non Martem
fuiffe communem, fed Venerem poffumus
dicere. Quodfi fortunam objici tibi non oportet, cur tu fortunæ illorum innocentium ve-
133 niam ac locum non dedifti? Etiam illud
præcidas licet, quod fupplicium more majorum fumferis, fecurique percufferis, idcirco
a me in crimen & invidiam vocari. Non in
fupplicio crimen meum vertitur: non ego
fecuri nego quemquam feriri debere: non ego
metum ex re militari, non feveritatem imperii, non pœnam flagitii, tolli dico oportere.
Fateor non modo in focios, fed etiam in cives

militesque noftros, perlæpe effe fevere ac
vehementer vindicatum. Quare hæc quoque
prætermittas licet. Ego culpam non in na- 51
varchis, fed in te fuiffe demonftro: te pretio milites, remigesque dimififfe arguo. Hoc
navarchi reliqui dicunt: hoc Netinorum fœderata civitas publice dicit: hoc Herbiten-
fes, hoc Ameftratini, hoc Ennenfes , hoc
Agyrinenfes , Tyndaritani , [Locrenfes]
publice dicunt: tuus denique teftis, tuus imperator, tuus hofpes Cleomenes hoc dicit,
fefe in terram effe egreffum, uti Pachyno,
e terreftri præfidio, milites colligeret, quos
in navibus collocaret. quod certe non feciffet, fi fuum numerum naves haberent. Ea eft
enim ratio inftructarum, ornatarumque navium, ut non modo plures, fed ne finguli
quidem poffint accedere. Dico præterea, il- 134
los ipfos reliquos nautas, fame atque inopia
rerum omnium confectos fuiffe ac perditos:
dico, aut omnes extra culpam fuiffe, aut, fi
uni attribuenda culpa fit , in eo maximam
fuiffe, qui optimam navem, plurimos nautas haberet, fummum imperium obtineret:
aut, fi omnes in culpa fuerint, non oportuif-
fe Cleomenem conftitui fpectatorem illorum
mortis atque cruciatus. Dico etiam, in illo

supplicio mercedem lacrymarum, mercedem vulneris atque plagæ, mercedem funeris ac 135 sepulturæ conftitui nefas fuiffe. Quapropter fi mihi refpondere voles, hæc dicito: claffem inftructam atque ornatam fuiffe, nullum propugnatorem abfuiffe, nullum vacuum tranftrum fuiffe, remigi rem frumentariam effe fuppeditatam, mentiri navarchos, mentiri tot & tam graves civitates, mentiri etiam Siciliam totam : proditum te effe a Cleomene, qui fe dixerit exiffe in terram, ut Pachyno deduceret milites: animum illis, non copias defuiffe: Cleomenem, acerrime pugnantem, ab his relictum effe atque defertum : nummum ob fepulturam datum nemini. quæ fi dices, tenebere. fin alia dices; quæ a me dicta funt, non refutabis.

52 Hic tu etiam dicere audebis, *Eft in ju-*
136 *dicibus ille familiaris meus, eft paternus amicus ille?* non, ut quisque maxime eft, quicum tibi aliquid fit, ita hujuscemodi criminis maxime eum pudet? Paternus amicus eft. Ipfe pater fi judicaret, per deos immortales! quid facere poffes, cum tibi hæc diceret? Tu in provincia populi Romani prætor, cum tibi maritimum bellum effet adminiftrandum, Mamertinis, ex fœdere quam

deberent navem, per triennium remifisti?
tibi apud eosdem privatim navis oneraria
maxima publice est ædificata? tu a civitatibus pecunias claffis nomine coëgisti? tu pretio remiges dimisisti? tu, cum navis effet a
quæstore & ab legato capta prædonum, archipiratam ab omnium oculis removisti? tu,
qui cives Romani effe dicerentur, qui a multis cognofcerentur, fecuri ferire potuisti? tu
tuam domum piratas abducere, in judicium
archipiratam domo producere ausus es? tu 13̃
in provincia tam fplendida, apud focios fide-
liffimos, cives Romanos honeftiffimos, in
metu, periculoque provinciæ, dies continuos
complures in litore, conviviisque jacuisti?
te per eos dies nemo domi tuæ convenire,
nemo in foro videre potuit? tu fociorum atque amicorum ad ea convivia matresfamilias
adhibuisti? tu inter ejusmodi mulieres prætextatum tuum filium, nepotem meum, col-
locavisti, ut ætati maxime lubricæ atque in-
certæ exemplâ nequitiæ parentis vita præ-
beret? tu prætor in provincia cum tunica,
pallioque purpureo vifus es? tu propter amorem, libidinemque tuam, imperium navium
legato populi Romani ademisti, Syracufano
tradidisti? tui milites in provincia Sicilia

frugibus, frumentoque caruere? tua luxuria,
atque avaritia claffis populi Romani a prae-
138 donibus capta & incenfa eft? poft Syracufas
conditas, quem in portum numquam hoftis
accefferat, in ea, te praetore, primum pira-
tae navigaverunt? neque haec tot tantaque
dedecora diffimulatione tua, neque oblivione
hominum ac taciturnitate tegere voluifti?
fed etiam navium praefectos fine ulla caufa
de complexu parentum fuorum, hofpitum
tuorum, ad mortem, cruciatumque rapuifti?
neque in parentum luctu atque lacrymis, te
mei nominis commemoratio mitigavit? tibi
hominum innocentium fanguis non modo vo-
53 luptati, fed etiam quaeftui fuit? Haec fi tibi
tuus parens diceret, poffes ab eo veniam petere? poffes, ut tibi ignofceret, poftulare?

139 Satis eft factum Siculis, fatis officio ac
neceffitudini, judices, fatis promiffo noftro
ac recepto. Reliqua eft ea caufa, judices,
quae non jam recepta, fed innata: neque
delata ad me, fed in animo, fenfuque meo
penitus affixa atque infita eft: quae non ad
fociorum falutem, fed ad civium Romanorum, hoc eft, ad uniuscujusque noftrûm vitam & fanguinem pertinet. ▪In qua nolite a
me, quafi dubium fit aliquid, argumenta,

judices, exfpectare. Omnia, quæ dicam de
fupplicio civium Romanorum, fic erunt clara & illuftria, ut ad ea probanda totam Siciliam teftem adhibere poffim. Furor enim
quidam, fceleris & audaciæ comes, iftius
effrenatum animum, importunamque naturam tanta oppreffit amentia, ut numquam
dubitaret in conventu palam fupplicia, quæ
in convictos maleficii fervos conftituta funt,
eos in cives Romanos expromere. Virgis 140
quam multos ceciderit, quid ego commemorem? Tantum breviffime dico, judices: nullum fuit omnino, ifto prætore, in hoc genere difcrimen. Itaque jam confuetudine ad
corpora civium Romanorum, etiam fine iftius
nutu, ferebatur manus ipfa lictoris. Num 54
potes hoc negare, Verres, in foro Lilybæi,
maximo conventu, C. Servilium, civem Romanum, in conventu Panormitano veterem
negotiatorem, ad tribunal, ante pedes tuos,
ad terram virgis & verberibus abjectum?
Aude hoc crimen negare, fi potes. nemo Lilybæi fuit, quin viderit: nemo in Sicilia,
quin audierit. Plagis confectum dico a licto-
ribus tuis civem Romanum ante oculos tuos
concidiffe. Ob quam caufam? dii immorta- 141
les! tametfi injuriam facio communi caufæ

& juri civitatis: quaſi enim poſſit eſſe ulla
cauſa, cur hoc cuiquam civi Romano jure
accidat, ita quæro, quæ in Servilio cauſa
fuerit. Ignoſcite in hoc uno, judices. in ceteris enim non magnopere cauſas requiram.
Locutus erat liberius de iſtius improbitate
atque nequitia. Quod iſti ſimulac renuntia-
tum eſt, hominem jubet Lilybæum vadimo-
nium Venerio ſervo promittere. Promittit.
Lilybæum venitur. cogere eum cœpit, cum
ageret nemo, nemo poſtularet, H-S duobus
millibus ſponſionem facere cum lictore ſuo,
NI FVRTIS QVAESTVM FACERET.
Recuperatores de cohorte ſua dicit daturum.
Servilius & recuſare & deprecari, ne iniquis
judicibus, nullo adverſario, judicium capitis
142 in ſe conſtitueretur. Hæc cum maxime loqueretur, ſex lictores eum circumſiſtunt va-
lentiſſimi, & ad pulſandos, verberandosque
homines exercitatiſſimi : cædunt acerrime
virgis: denique proximus lictor (de quo ſæpe jam dixi) Seſtius, converſo bacillo, oculos miſero tundere vehementiſſime cœpit.
Itaque illi cum ſanguis os, oculosque com-
pleſſet, concidit; cum illi nihilo minus ja-
centi latera tunderentur, ut aliquando ſpon-
dere ſe diceret. Sic ille affectus, illinc tum

pro mortuo fublatus, brevi poftea eft mortuus. Ifte autem homo Venerius, & affluens omni lepore & venuftate, de bonis illius in æde Veneris argenteum Cupidinem pofuit. Sic etiam fortunis hominum abutebatur ad nocturna vota cupiditatum fuarum. Nam 55 quid ego de ceteris civium Romanorum fup- 143 pliciis fingillatim potius, quam generatim atque univerfe loquar? Carcer ille, qui eft a crudeliffimo tyranno Dionyfio factus Syracufis, quæ lautumiæ vocantur, in iftius imperio domicilium civium Romanorum fuit. Ut quifque iftius animum aut oculos offenderat, in lautumias ftatim conjiciebatur. Indignum hoc video videri omnibus, judices; & id jam priore actione, cum hæc teftes dicerent, intellexi. retineri enim putatis oportere jura libertatis non modo hic, ubi tribuni plebis funt, ubi ceteri magiftratus, ubi plenum forum judiciorum, ubi fenatus auctoritas, ubi exiftimatio populi Romani & frequentia: fed, ubicumque terrarum & gentium violatum jus civium Romanorum fit, ftatuitis id pertinere ad communem caufam libertatis & dignitatis. In externorum homi- 144 num, & maleficorum, fceleratorumque, in prædonum, hoftiumque cuftodias tu tantum

numerum civium Romanorum includere aufus es? numquamne tibi judicii, numquam
concionis, numquam hujus tantæ frequentiæ,
quæ nunc animo te iniquiffimo, infeftiffimo-
que intuetur, venit in mentem? numquam
tibi populi Romani abfentis dignitas, numquam fpecies ipfa hujuscemodi multitudinis,
in oculis, animoque verfata eft? numquam
te in horum confpectum rediturum, numquam
in forum populi Romani venturum, numquam
fub legum & judiciorum poteftatem cafurum
effe putafti?

56 At quæ erat ifta libido crudelitatis exer-
cendæ? quæ tot fcelerum fufcipiendorum
caufa? Nulla, judices, præter prædandi no-
145 vam, fingularemque rationem. Nam ut illi,
quos a poëtis accepimus, finus quosdam ob-
fediffe maritimos, aut aliqua promontoria,
aut prærupta faxa tenuiffe dicuntur, ut eos,
qui effent appulfi navigiis, interficere poffent: fic ifte in omnia maria infeftus ex
omnibus Siciliæ partibus imminebat. Quæ-
cumque navis ex Afia, quæ ex Syria, quæ
Tyro, quæ Alexandria venerat, ftatim certis indicibus & cuftodibus tenebatur: ve-
ctores omnes in lautumias conjiciebantur:
onera atque merces in prætoriam domum

deferebantur: verfabatur in Sicilia longo intervallo alter, non Dionyfius ille, nec Pha-
laris, (tulit enim illa quondam infula multos & crudeles tyrannos,) fed quoddam novum monftrum, ex vetere illa immanitate,
quæ in iisdem locis verfata effe dicitur. Non 146
enim Charybdim tam infeftam, neque Scyl-
lam nautis, quam iftum in eodem freto fuiffe
arbitror. hoc etiam ifte infeftior, quod multo
fe pluribus, & majoribus canibus fuccinxerat.
Cyclops alter, multo importunior. hic enim
totam infulam obtinebat: ille Aetnam folam,
& eam Siciliæ partem tenuiffe dicitur. At
quæ caufa tum fubjiciebatur ab ipfo, judices,
hujus tam nefariæ crudelitatis? eadem, quæ
nunc in defenfione commemorabitur. Quicumque accefferant ad Siciliam paulo ple-
niores, eos Sertorianos milites effe, atque
a Dianio fugere dicebat. Illi ad deprecandum
periculum proferebant, alii purpuram Ty-
riam; tus alii atque odores, veftemque lin-
team; gemmas alii & margaritas; vina nonnulli Græca, venalesque Afiaticos: ut intel-
ligeretur ex mercibus, quibus ex locis navigarent. Non providerant, eas ipfas fibi cau-
fas effe periculi, quibus adjumentis fe ad falutem uti arbitrabantur. Ifte enim hæc eos

ex piratarum focietate adeptos effe dicebat:
ipfos in lautumias abduci imperabat : naves
eorum atque onera diligenter affervanda cu-
rabat. His inftitutis cum completus jam
mercatorum carcer effet, tum illa fiebant,
quæ L. Suetium, equitem Romanum, lectif-
fimum virum , dicere audiftis , quæ ceteros
audietis. Cervices in carcere frangebantur
indigniffime civium Romanorum, ut jam illa
vox & imploratio , CIVIS ROMANVS
SVM, quæ fæpe multis, in ultimis terris,
opem inter barbaros & falutem tulit, ea mortem illis acerbiorem & fupplicium maturius
ferret. Quid eft, Verres? quid ad hæc cogitas refpondere ? num mentiri me? num fingere aliquid? num augere crimen? num quid
horum dicere iftis defenforibus tuis audes?
Cedo mihi , quæfo , ex ipfius finu litteras
Syracufanorum, quas ifte ad arbitrium fuum
confectas effe arbitratur : cedo rationem carceris, quæ diligentiffime conficitur, quo quifque die datus in cuftodiam, quo mortuus,
quo necatus fit. LITTERAE SYRACV-
SANORVM. Videtis cives Romanos gre-
gatim conjectos in lautumias: videtis in-
digniffimo in loco coacervatam multitudinem
veftrorum civium. Quærite nunc veftigia,

quibus

quibus exitus illorum ex illo loco compareant. nulla funt. Omnesne mortui? Si ita poffet defendere, tamen fides huic defenfioni non haberetur. Sed fcriptum exftat in iisdem litteris, quod ifte homo barbarus ac diffolutus neque attendere umquam, neque intelligere potuit: EΔIKΩΘHΣAN, inquit, ut Siculi loquuntur, hoc eft, fupplicio affecti ac necati funt. Si quis rex, fi qua civitas exterarum gentium, fi qua natio feciffet aliquid in civem Romanum ejusmodi, nonne publice vindicaremus? non bello perfequeremur? poffemus hanc injuriam, ignominiamque nominis Romani, inultam, impunitamque dimittere? Quot bella majores noftros, & quanta fufcepiffe arbitramini, quod cives Romani injuria affecti, quod navicularii retenti, quod mercatores fpoliati dicerentur? At ego retentos non queror: fpoliatos ferendum puto: navibus, mancipiis, mercibus ademtis, in vincula conjectos effe mercatores, & in vinculis cives Romanos necatos effe arguo. Si hæc apud Scythas dicerem, non hic in tanta multitudine civium Romanorum, non apud fenatores lectiffimos civitatis, non in foro populi Romani, de tot & tam acerbis fuppliciis civium Romanorum:

Cicero T. VI.   G

tamen animos etiam barbarorum hominum permoverem. Tanta enim hujus imperii amplitudo, tanta nominis Romani dignitas est apud omnes nationes, ut ista in nostros homines crudelitas nemini concessa videatur. Num ego tibi ullam salutem, ullum perfugium putem, cum te implicatum severitate judicum, circumretitum frequentia populi 151 Romani esse videam? Si mehercules (id quod fieri non posse intelligo) ex his laqueis te exueris, ac te aliqua via ac ratione explicaris: in illas tibi majores plagas incidendum est, in quibus te ab eodem me, superiore ex loco confici & concidi necesse est. Cui si etiam id, quod defendit, velim concedere: tamen illa ipsa defensio non minus esse ei perniciosa, quam mea vera accusatio debeat.

Quid enim defendit? ex Hispania fugientes se excepisse & supplicio affecisse dicit. Quis tibi id permisit? quo id jure fecisti? quis idem fecit? qui tibi id facere licuit? 152 Forum plenum & basilicas istorum hominum videmus, & animo æquo videmus. Civilis enim dissensionis, & sive amentiæ, sive fati, seu calamitatis, non est iste molestus exitus, in quo non reliquos saltem cives incolumes liceat conservare. Verres ille, vetus proditor

consulis, translator quæsturæ, averfor pecuniæ publicæ, tantum fibi auctoritatis in republica fufcepit, ut, quibus hominibus per
fenatum, per populum Romanum, per omnes
magiftratus, in foro, in fuffragiis, in hac
urbe, in republica verfari liceret, iis omnibus mortem acerbam, crudelémque propo-
neret, fi fortuna eos ad aliquam partem Siciliæ detuliffet. Ad Cn. Pompejum, clariffi- 153
mum virum, & fortiffimum, permulti, oc-
cifo Perperna, ex illo Sertoriano numero militum confugerunt. quem non ille fummo
cum ftudio falvum, incolumemque fervavit?
cui civi fupplici non illa dextera invicta &
fidem porrexit, & fpem falutis oftendit?
Itane vero? quibus fuit portus apud eum,
contra quem arma tulerant; iis apud te,
cujus nullum in republica umquam momen-
tum fuit, mors & cruciatus erat conftitutus?
Vide, quam commodam defenfionem excogi- 59
taris. Malo, malo mehercule, id, quod tu
defendis, his judicibus, populoque Romano,
quam id, quod ego infimulo, probari. malo, inquam, te ifto generi hominum, quam
mercatoribus & naviculariis inimicum atque
infeftum putari. meum enim crimen avaritiæ te nimiæ coarguit: tua defenfio furoris

cujusdam, & immanitatis, & inauditæ cru-
154 delitatis, & pæne novæ proscriptionis. Sed
non licet me isto tanto bono, judices, uti;
non licet. adsunt enim Puteoli toti: frequen-
tissimi venerunt ad hoc judicium mercatores,
homines locupletes. atque honesti, qui partim socios suos, partim libertos, ab isto spoliatos, in vincula conjectos, [partim in vinculis necatos,] partim securi percussos esse
dicent. Hic vide, quam me sis usurus æquo.
Cum ego P. Granium testem produxero, qui
suos libertos a te securi percussos esse dicat,
qui a te navem suam, mercesque repetat:
refellito, si poteris: meum testem deseram,
tibi favebo: te, inquam, adjuvabo: ostendi-
to, illos cum Sertorio fuisse, a Dianio fugientes ad Siciliam esse delatos. Nihil est,
quod te malim probare. nullum enim facinus,
quod majore supplicio dignum sit, reperiri,
155 neque proferri potest. Reducam iterum equitem Romanum, L. Flavium, si voles: quoniam priore actione, ut patroni tui dictitant,
nova quadam sapientia, ut omnes intelligunt, conscientia tua, atque auctoritate meorum testium, testem nullum interrogasti. In-
terrogetur Flavius, si voles, quinam fuerit
L. Herennius, is, quem ille argentariam

Lepti feciffe dicit: qui cum amplius centum
cives Romanos haberet ex conventu Syracufanorum, qui eum non folum cognofce-
rent, fed etiam lacrymantes ac te imploran-
tes defenderent: tamen a te, infpectantibus
omnibus Syracufanis, fecuri percuffus eft.
Hunc quoque teftem meum refelli, & illum
Herennium Sertorianum fuiffe abs te demonftrari & probari volo. Quid de illa multitu- 60
dine dicemus eorum, qui capitibus involutis, 156
in piratarum, captivorumque numero pro-
ducebantur, ut fecuri ferirentur? Quæ ifta
nova diligentia, quam ob caufam abs te excogitata? an te L. Flavii, ceterorumque de
L. Herennio vociferatio commovebat? an M.
Annii, graviffimi atque honeftiffimi viri,
fumma auctoritas paulo te diligentiorem, ti-
midioremque fecerat? qui nuper pro teftimonio, non advenam, nefcio quem, nec alienum, fed eum civem Romanum, qui omnibus in illo conventu notus, qui Syracufis
natus effet, a te fecuri percuffum effe dixit.
Poft hanc illorum vociferationem, poft hanc 157
communem famam atque querimoniam, non
mitior in fupplicio, fed diligentior effe cœpit. Capitibus involutis cives Romanos ad
necem producere inftituit: quos tamen idcirco

necabat palam, quod homines in conventu
(id quod antea diximus) nimium diligenter
prædonum numerum requirebant. Hæccine
plebi Romanæ, te prætore, eſt conſtituta
conditio? hæc negotii gerendi ſpes? hoc capitis, vitæque diſcrimen. Parumne multa
mercatoribus ſunt neceſſario pericula ſub-
eunda fortunæ, niſi etiam hæ formidines ab
noſtris magiſtratibus atque in noſtris provinciis impendebunt? Ad eamne rem fuit hæc
ſuburbana ac fidelis provincia, plena optimorum ſociorum, honeſtiſſimorumque civium, quæ cives Romanos omnes ſuis ipſa
ſedibus libentiſſime ſemper accepit, ut, qui
uſque ex ultima Syria atque Aegypto navigarent, qui apud barbaros, propter togæ nomen, in honore aliquo fuiſſent; qui ex prædonum inſidiis, qui ex tempeſtatum periculis
profugiſſent, in Sicilia ſecuri ferirentur, cum
ſe jam domum veniſſe arbitrarentur?

61
158 Nam quid ego de P. Gavio, Coſano mu-
nicipe, dicam, judices? aut qua vi vocis,
qua gravitate verborum, quo dolore animi
dicam? tametſi dolor me non deficit. ut cetera mihi in dicendo digna re, digna dolore
meo ſuppetant, magis elaborandum eſt. quod
crimen ejusmodi eſt, ut, cum primum ad

me delatum eſt, uſurum me illo non putarem. Tametſi enim veriſſimum eſſe intelli-
gebam, tamen credibile fore non arbitrabar.
Coaƈtus lacrymis omnium civium Romanorum, qui in Sicilia negotiantur, adduƈtus
Valentinorum, hominum honeſtiſſimorum,
omniumque Rheginorum, multorumque equitum Romanorum, qui caſu tum Meſſanæ fuerunt, teſtimoniis, dedi tantum priore aƈtione
teſtium, res ut nemini dubia eſſe poſſet.
Quid nunc agam? Cum jam tot horas de uno 159
genere, ac de iſtius nefaria crudelitate dicam: cum prope omnem vim verborum ejusmodi, quæ ſcelere iſtius digna ſint, aliis in
rebus conſumſerim, neque hoc providerim,
ut varietate criminum vos attentos tenerem:
quemadmodum de tanta re dicam? Opinor,
unus modus atque una ratio eſt. Rem in
medio ponam: quæ tantum habet ipſa gra-
vitatis, ut neque mea, quæ nulla eſt, neque
cujusquam, ad inflammandos veſtros animos
eloquentia requiratur. Gavius hic, quem 160
dico, Coſanus, cum illo in numero ab iſto
in vincula conjeƈtus eſſet, & neſcio qua ratione clam e lautumiis profugiſſet, Meſſa-
namque veniſſet: qui prope jam Italiam &
mœnia Rheginorum videret, & ex illo metu

G 4

mortis ac tenebris , quafi luce libertatis , &
odore aliquo legum recreatus , revixiffet ;
loqui Meffanæ cœpit, & queri, fe civem Romanum in vincula effe conjectum : fibi recta
iter effe Romam : Verri fe præfto advenienti
62 futurum. Non intelligebat mifer, nihil intereffe, utrum hæc Meffanæ, an apud ipfum
in prætorio loqueretur. Nam , ut ante vos
docui, hanc fibi ifte urbem delegerat, quam
haberet adjutricem fcelerum , furtorum re-
ceptricem, flagitiorum omnium fociam. Itaque ad magiftratum Mamertinum ftatim de-
ducitur Gavius : eoque ipfo die cafu Meffanam venit Verres. Res ad eum defertur : effe
civem Romanum , qui fe Syracufis in lautumiis fuiffe quereretur : quem jam ingredientem navem , & Verri nimis atrociter minitantem, a fe retractum effe, & affervatum ,
ut ipfe in eum ftatueret, quod videretur.
161 Agit hominibus gratias, & eorum erga fe be-
nevolentiam, diligentiamque collaudat. Ipfe
inflammatus fcelere & furore in forum venit. Ardebant oculi : toto ex ore crudelitas
eminebat. Exfpectabant omnes, quo tandem
progreffurus , aut quidnam acturus effet :
cum repente hominem proripi, atque in foro
medio nudari ac deligari, & virgas expediri

jubet. Clamabat ille miser, se civem esse Romanum, municipem Cosanum : meruisse se cum L. Pretio, splendidissimo equite Romano, qui Panormi negotiaretur : ex quo hæc Verres scire posset. Tum iste se comperisse ait, eum speculandi causa in Siciliam ab ducibus fugitivorum esse missum : cujus rei neque index, neque vestigium aliquod, neque suspicio cuiquam esset ulla. deinde jubet undique hominem vehementissime verberari. Cædebatur virgis in medio foro Messanæ civis Romanus, judices ; cum interea nullus gemitus, nulla vox alia istius miseri, inter dolorem, crepitumque plagarum audiebatur, nisi hæc, CIVIS ROMANVS SVM. Hac se commemoratione civitatis omnia verbera depulsurum, cruciatumque a corpore dejecturum arbitrabatur. Is non modo hoc non perfecit, ut virgarum vim deprecaretur; sed, cum imploraret sæpius, usurparetque nomen civitatis : crux, crux, inquam, infelici & ærumnoso, qui numquam istam potestatem viderat, comparabatur. O nomen dulce libertatis! o jus eximium nostræ civitatis! o lex Porcia, legesque Semproniæ! o graviter desiderata, & aliquando reddita plebi Romanæ tribunicia potestas! Huccine tandem

omnia reciderunt, ut civis Romanus in provincia populi Romani, in oppido fœderato-
rum, ab eo, qui beneficio populi Romani
faſces & ſecures haberet, deligatus in foro
virgis cæderetur? Quid, cum ignes, arden-
tesque laminæ, ceterique cruciatus admove-
bantur? Si te acerba illius imploratio & vox
miſerabilis non inhibebat, ne civium quidem
Romanorum, qui tum aderant, fletu & gemitu maximo commovebare? In crucem tu
agere auſus es quemquam, qui ſe civem Romanum eſſe diceret? Nolui tam vehementer
agere hoc prima actione, judices: nolui.
Vidiſtis enim, ut animi multitudinis in iſtum
dolore, & odio, & communis periculi metu,
concitarentur. Statui egomet mihi tum modum orationi meæ, & C. Numitorio, equiti
Romano, primario homini, teſti meo: &
Glabrionem, id quod ſapientiſſime fecit, facere
lætatus ſum, ut repente, conſilio in medio,
teſtem dimitteret. Etenim verebatur, ne populus Romanus ab iſto eas pœnas vi repe-
tiſſe videretur, quas veritus eſſet, ne iſte legibus, & veſtro judicio non eſſet perſolutu-
164 rus. Nunc, quoniam jam exploratum eſt
omnibus, quo loco cauſa tua ſit, &, quid
de te futurum ſit: ſic tecum agam. Gavium

iftum, quem repentinum fpeculatorem fuiffe
dicis, oftendam, in lautumias Syracufis a te
effe conjectum : neque id folum ex litteris
oftendam Syracufanorum; ne poffis dicere,
me, quia fit aliquis in litteris Gavius, hoc
fingere & eligere nomen, ut hunc illum effe
poffim dicere: fed fecundum arbitrium tuum
teftes dabo, qui iftum ipfum Syracufis abs
te in lautumias conjectum effe dicant. pro-
ducam etiam Cofanos, municipes illius ac
neceffarios, qui te nunc fero doceant, judices non fero, illum P. Gavium, quem tu in
crucem egifti, civem Romanum, & municipem Cofanum, non fpeculatorem fugitivorum
fuiffe. Cum hæc omnia, quæ polliceor, cu- 64
mulate tuis proximis plana fecero : tum 165
iftuc ipfum tenebo, quod abs te mihi datur.
eo contentum me effe dicam. Quid enim
nuper tu ipfe, cum populi Romani clamore
atque impetu perturbatus exfiluifti, quid,
inquam, locutus es? Illum, quod moram
fupplicio quæreret, ideo clamitaffe, fe effe
civem Romanum : fed fpeculatorem fuiffe.
Jam mei teftes veri funt. Quid enim dicit
aliud C. Numitorius? quid M. & P. Cottii,
nobiliffimi homines, ex agro Taurominitano?
quid Q. Luccejus, qui argentariam Rhegii

maximam fecit? quid ceteri? Adhuc enim
teftes ex eo genere a me funt dati, non qui
noviffe Gavium, fed qui fe vidiffe dicerent
cum is, qui fe civem Romanum effe clamaret, in crucem ageretur. Hoc tu, Verres,
idem dicis: hoc tu confiteris illum clamitaffe, fe civem effe Romanum: apud te nomen civitatis ne tantum quidem valuiffe, ut
dubitationem aliquam, ut crudeliffimi, tae-
terrimique fupplicii aliquam parvam moram
166 faltem poffet afferre. Hoc teneo, hic hæreo,
judices, hoc fum contentus uno: omitto ac
negligo cetera: fua confeffione induatur ac
juguletur neceffe eft. Qui effet, ignorabas?
fpeculatorem effe fufpicabare? non quæro,
qua fufpicione: tua te accufo oratione. Civem Romanum effe dicebat. Si tu apud Per-
fas, aut in extrema India deprehenfus, Verres, ad fupplicium ducerere: quid aliud cla-
mitares, nifi te civem effe Romanum? &, fi
tibi ignoto apud ignotos, apud barbaros,
apud homines in extremis atque ultimis gentibus pofitos, nobile & illuftre apud omnes
nomen tuæ civitatis profuiffet: ille, quifquis
erat, quem tu in crucem rapiebas, qui tibi
effet ignotus, cum civem fe Romanum effe
diceret, apud te prætorem, fi non effugium,

ne moram quidem mortis, mentione atque
nfurpatione civitatis, affequi potuit? Ho-**65**
mines tenues, obfcuro loco nati, navigant: **167**
adeunt ad ea loca, quæ numquam antea viderunt; ubi neque noti effe iis, quo venerunt, neque femper cum cognitoribus effe
poffunt. Hac una tamen fiducia civitatis
non modo apud noftros magiftratus, qui &
legum & exiftimationis periculo continentur; neque apud cives folum Romanos, qui
& fermonis, & juris, & multarum rerum
focietate juncti funt, fore fe tutos arbitrantur: fed, quocunque venerint, hanc fibi rem
præfidio fperant futuram. Tolle hanc fpem, **168**
tolle hoc præfidium civibus Romanis: con-
ftitue nihil effe opis in hac voce, CIVIS
ROMANVS SVM: poffe impune prætorem, aut alium quemlibet, fupplicium, quod
velit, in eum conftituere, qui fe civem Romanum effe dicat; quod quis ignoret: jam
omnes provincias, jam omnia regna, jam
omnes liberas civitates, jam omnem orbem
terrarum, qui femper noftris hominibus maxime patuit, civibus Romanis ifta defenfione
præclueris. Quid, fi L. Pretium, equitem
Romanum, qui tum in Sicilia negotiaba-
tur, nominabat? etiamne id magnum fuit,

Panormum litteras mittere? aſſervaſſe hominem? cuſtodiis Mamertinorum tuorum
vinctum, clauſum habuiſſe, dum Panormo
Pretius veniret? cognoſceret hominem: aliquid de ſummo ſupplicio remitteres: ſi igno-
raret: tum ſi ita tibi videretur, hoc juris in
omnes conſtitueres, ut, qui neque tibi notus eſſet, neque cognitorem locupletem da-
ret, quamvis civis Romanus eſſet, in crucem
tolleretur.

66 . **Sed quid ego plura de Gavio? quaſi tu**
169 Gavio tum fueris infeſtus, ac non nomini,
generi, juri civium hoſtis. non illi, inquam,
homini, ſed cauſæ communi libertatis inimicus fuiſti. Quid enim attinuit, cum Mamertini, more atque inſtituto ſuo, crucem
fixiſſent poſt urbem, in via Pompeja; te jubere in ea parte figere, quæ ad fretum ſpe-
ctaret: & hoc addere, quod negare nullo
modo potes, quod omnibus audientibus di-
xiſti palam, te idcirco illum locum deligere,
ut ille, qui ſe civem Romanum eſſe diceret,
ex cruce Italiam cernere, ac domum ſuam
proſpicere poſſet? Itaque illa crux ſola, judices, poſt conditam Meſſanam illo loco fixa
eſt. Italiæ conſpectus ad eam rem ab iſto
delectus eſt, ut ille in dolore, cruciatuque

moriens, perangufto fretu divifa fervitutis
ac libertatis jura cognofceret; Italia autem
alumnum fuum, fervitutis extremo, fum-
moque fupplicio affixum videret. Facimus 170
eft, vinciri civem Romanum: fcelus, verberari: prope parricidium, necari: quid dicam in crucem tolli? verbo fatis digno tam
nefaria res appellari nullo modo poteft. Non
fuit his omnibus ifte contentus. Spectet, inquit, patriam: in confpectu legum, liber-
tatisque moriatur. Non tu hoc loco Gavium, non unum hominem, nefcio quem,
civem Romanum, fed communem libertatis
& civitatis caufam in illum cruciatum &
crucem egifti. Jam vero videte hominis audaciam. Nonne eum graviter tuliffe arbitramini, quod illam civibus Romanis crucem
non poffet in foro, non in comitio, non in
roftris defigere? quod enim his locis in provincia fua, celebritate fimillimum, regione
proximum potuit, elegit. monumentum fceleris, audaciæque fuæ voluit effe in confpectu Italiæ, veftibulo Siciliæ, præterve-
ctione omnium, qui ultro, citroque navigarent. Si hæc non ad cives Romanos, non 67
ad aliquos amicos noftræ civitatis, non ad 171
eos, qui populi Romani nomen audiffent;

denique, fi non ad homines, verum ad be-
ftias; aut etiam, ut longius progrediar, fi
in aliqua defertiffima folitudine, ad faxa &
ad·fcopulos hæc conqueri & deplorare vellem: tamen omnia muta atque inanima,
tanta & tam indigna rerum atrocitate com-
moverentur. Nunc vero cum loquar apud
fenatores populi Romani, legum, judiciorumque, & juris auctores, timere non debeo, ne non unus ifte civis Romanus illa
cruce dignus, ceteri omnes fimili periculo
172 indigniffimi judicentur. Paulo ante, judices,
lacrymas in morte mifera atque indigniffima
navarchorum non tenebamus; & recte ac
merito fociorum innocentium miferia com-
movebamur: quid nunc in noftro fanguine
tandem facere debemus? nam civium Romanorum fanguis conjunctus exiftimandus
eft: quoniam id & falutis omnium ratio, &
veritas poftulat. Omnes hoc loco cives Romani, & qui adfunt, & qui ubicumque
funt, veftram feveritatem defiderant, veftram
fidem implorant, veftrum auxilium requi-
runt: omnia fua jura, commoda, auxilia,
totam denique libertatem in veftris fenten-
173 tiis verfari arbitrantur. A me, tametfi fatis
habent, tamen, fi res aliter acciderit, plus

habebunt

habebunt fortaſſe, quam poſtulant. nam etſi
qua vis iſtum de veſtra ſeveritate eripuerit,
id quod neque metuo, judices, neque ullo
modo fieri poſſe video: ſed ſi in hoc me
ratio fefellerit; Siculi cauſam ſuam periſſe
querentur, & mecum pariter moleſte ferent:
populus quidem Romanus brevi, quoniam
mihi poteſtatem apud ſe agendi dedit, jus
ſuum, me agente, ſuis ſuffragiis ante Ka-
lendas Februarias recuperabit. Ac, ſi de mea
gloria & amplitudine quæritis, judices; non
eſt alienum meis rationibus, iſtum, mihi ex
hoc judicio ereptum, ad illud populi Romani
judicium reſervari. Splendida eſt illa cauſa:
probabilis mihi, & facilis; populo grata atque jucunda. Denique, ſi videor hic, id
quod ego non quæſivi, de uno iſto voluiſſe
creſcere : iſto abſoluto, quod ſine multorum ſcelere fieri non poteſt, de multis mihi
creſcere licebit.

Sed mehercules, veſtra, reique publicæ 68
cauſa, judices, nolo in hoc delecto conſilio
tantum flagitium eſſe commiſſum: nolo eos
judices, quos ego probarim atque delege-
rim, ſic in hac urbe notatos, iſto abſoluto, ambulare, ut non cera, ſed cœno ob-
liti eſſe videantur. Quamobrem te quoque, 174

Cicero. T. VI.   H

Hortenfi, fi qui monendi locus eft, ex hoc
loco moneo : videas etiam atque etiam, &
confideres, quid agas, quo progrediare :
quem hominem & qua ratione defendas. Neque de illo quidquam tibi præfinio, quo minus ingenio mecum, atque omni dicendi facultate contendas. cetera, fi qua putas te
occultius extra judicium, quæ ad judicium
pertineant, facere poffe : fi quid artificio,
confilio, potentia, gratia, copiis iftius moliri cogitas : magnopere cenfeo defiftas ; &
illa, quæ tentata jam & cœpta ab ifto funt,
a me autem perveftigata & cognita, moneo
ut exftinguas, & longius progredi ne finas.
magno tuo periculo peccabitur in hoc judi-
175 cio; majore, quam putas. Quod enim te
liberatum jam exiftimationis metu, defun-
ctum honoribus, defignatum confulem co-
gites : mihi crede, ornamenta ifta & bene-
ficia populi Romani non minore negotio re-
tinentur, quam comparantur. Tulit hæc civitas, quoad potuit, quoad neceffe fuit, regiam iftam veftram dominationem in judiciis & in omni republica; tulit : fed quo die
populo Romano tribuni plebis reftituti funt,
omnia ifta vobis (fi forte nondum intelligi-
tis) ademta atque erepta funt. Omnium

nunc oculi conjecti funt hoc ipfo tempore in
unumquemque noftrûm, qua fide ego accufem, qua religione hi judicent, qua tu ratione defendas. De omnibus nobis, fi quis 176
tantulum de recta regione deflexerit, non
illa tacita exiftimatio, quam antea contemnere folebatis, fed vehemens ac liberum populi Romani judicium confequetur. Nulla
tibi, Quinte, cum ifto cognatio eft, nulla
neceffitudo: quibus excufationibus antea nimium in aliquo judicio ftudium tuum defendere folebas, earum habere in hoc homine nullam potes. Quæ ifte in provincia
palam dictitabat, cum ea, quæ faciebat, tua
fe fiducia facere dicebat, ea ne vera puten-
tur, tibi maxime eft providendum. Ego mei 69
jam rationem officii confido effe omnibus ¹⁷⁷
iniquiffimis meis perfolutam. nam iftum
paucis horis primæ actionis, omnium mortalium fententiis, condemnavi. Reliquum judicium non jam de mea fide, quæ perfpecta
eft, neque iftius vita, quæ damnata eft; fed
de judicibus, &, vere ut dicam, de te futurum eft. At quo tempore futurum eft?
(nam-id maxime providendum eft: etenim
cum omnibus in rebus, tum in republica
permagni momenti eft ratio atque inclinatio

temporum:) nempe eo , cum populus Romanus aliud genus hominum , atque alium ordinem ad res judicandas requiret: nempe ea lege de judiciis, judicibusque novis promulgata, quam non is promulgavit, cujus nomine proscriptam videtis; sed hic reus. hic , inquam , sua spe atque opinione , quam de vobis habet , legem illam scriben-

178 dam , promulgandamque curavit. Itaque cum primo agere cœpimus , lex non erat promulgata: cum iste, vestra severitate permotus, multa signa dederat, quamobrem responsurus non videretur, mentio de lege nulla fiebat. Posteaquam iste recreari & confirmari visus est; lex statim promulgata est. cui legi cum vestra dignitas vehementer adversetur , istius spes falsa & insignis impudentia maxime suffragatur. Hic si quid erit commissum a quoquam vestrûm , quod reprehendatur: aut populus Romanus judicabit de eo ordine, quem jam antea judiciis indignum putavit; aut ii , qui , propter offensionem judiciorum , de veteribus judicibus lege nova novi judices erunt constituti.

70 Mihi porro , ut ego non dicam , quis omnium
179 mortalium non intelligit, quam longe progredi sit necesse? Potero silere, Hortensi?

potero diffimulare, cum tantum respublica
vulnus acceperit, ut expilatæ provinciæ,
vexati focii, dii immortales fpoliati, cives
Romani cruciati & necati impune, me actore, effe videantur? potero hoc ego onus
tantum aut in hoc judicio deponere, aut
diutius tacitus fuftinere? non agitanda res
erit? non in medium proferenda? non populi Romani fides imploranda? non omnes,
qui tanto fe fcelere obftrinxerint, ut aut fidem fuam corrumpi paterentur, aut judicium corrumperent, in difcrimen ac judicium vocandi? Quæret aliquis fortaffe: tan- 130
tumne igitur laborem, tantas inimicitias tot
hominum fufcepturus es? Non ftudio quidem hercule ullo, neque voluntate: fed non
idem mihi licet, quod iis, qui nobili genere
nati funt; quibus omnia populi Romani be-
neficia dormientibus deferuntur. longe alia
mihi lege in hac civitate & conditione vi-
vendum eft. Venit enim mihi in mentem
M. Catonis, hominis fapientiffimi & vigilan-
tiffimi: qui cum fe virtute, non genere, populo Romano commendari putaret, cum ipfe
fui generis initium ac nominis ab fe gigni
& propagari vellet, hominum potentiffimo-
rum fufcepit inimicitias, & maximis in

laboribus ufque ad fummam feneftutem,
181 fumma cum gloria vixit. Poftea Q. Pom-
pejas, humili atque obfcuro loco natus,
nonne plurimis inimicitiis, maximisque fuis
periculis ac laboribus ampliffimos honores eft
adeptus? Modo L. Fimbriam, C. Marium,
C. Cœlium vidimus, non mediocribus inimicitiis ac laboribus contendere, ut ad iftos
honores pervenirent, ad quos vos per lu-
dum & per negligentiam perveniftis. Hæc
eadem eft noftræ rationis regio & via: horum nos hominum feftam atque inftituta
71 perfequimur. Videmus, quanta fit in invidia, quantoque in odio apud quosdam homines nobiles novorum hominum virtus &
induftria: fi tantulum oculos dejecerimus,
præfto effe infidias: fi ullum locum aperue-
rimus fufpicioni, aut crimini, accipiendum
effe ftatim vulnus: effe nobis femper vigi-
182 landum, femper laborandum videmus. Inimicitiæ funt? fubeantur: labores? fufcipiantur. Etenim tacitæ magis, & occultæ
inimicitiæ timendæ funt, quam indiftæ &
apertæ. Hominum nobilium non fere quisquam noftræ induftriæ favet: nullis noftris
officiis benivolentiam illorum allicere poffumus: quafi natura & genere disjunfti fint,

ita diffident a nobis animo ac voluntate.
Quare quid habent eorum inimicitiæ periculi, quorum animos jam ante habueris inimicos & invidos, quam ullas inimicitias
fufceperis? Quamobrem mihi, judices, opta- 183
tum illud eft, in hoc reo finem accufandi
facere, cum & populo Romano fatisfactum,
& receptum officium Siculis, neceffariis
meis, erit perfolutum. Deliberatum autem
eft, fi res opinionem meam, quam de vobis
habeo, fefellerit, non modo eos perfequi,
ad quos maxime culpa corrumpendi judicii,
fed etiam illos, ad quos confcientiæ contagio pertinebit. Proinde fi qui funt, qui in
hoc reo aut potentes, aut audaces, aut artifices ad corrumpendum judicium velint effe, ita fint parati, ut difcrepante populo
Romano, mecum fibi rem videant futuram:
&, fi me in hoc reo, quem mihi inimicum
Siculi dederunt, fatis vehementem, fatis
perfeverantem, fatis vigilantem effe cognorunt; exiftiment, in his hominibus, quorum
ego inimicitias, populi Romani falutis caufa,
fufcepero, multo graviorem atque acriorem
futurum.

Nunc te, Jupiter Optime Maxime, cujus 72
ifte donum regale, dignum tuo pulcherrimo 184

H 4

templo, dignum Capitolio atque ista arce
omnium nationum, dignum regio munere,
tibi factum ab regibus, tibi dicatum atque
promissum, per nefarium scelus de regiis
manibus extorsit; cujusque sanctissimum &
pulcherrimum simulacrum Syracusis sustulit: teque, Juno regina, cujus duo fana
duabus in insulis posita sociorum, Melitæ &
Sami, sanctissima & antiquissima, simili sce-
lere idem iste omnibus donis, ornamentis-
que nudavit: teque, Minerva, quam item
iste duobus in clarissimis & religiosissimis
templis expilavit; Athenis, cum auri grande pondus; Syracusis, cum omnia, præter
185 tectum & parietes, abstulit: teque, Lato-
na, & Apollo, & Diana, quorum iste Deli
non fanum, sed ut hominum opinio & religio fert, sedem antiquam, divinumque domicilium nocturno latrocinio atque impetu
compilavit: etiam te, Apollo, quem iste
Chio sustulit: teque etiam atque etiam,
Diana, quam Pergæ spoliavit: cujus simulacrum sanctissimum Segestæ, bis apud Se-
gestanos consecratum, femel ipforum religione, iterum P. Africani victoria, tollendum, asportandumque curavit: teque, Mer-
curi, quem Verres in villa, & in privata

aliqua palæstra pofuit, P. Africanus in urbe
fociorum, & in gymnafio Tyndaritanorum,
juventutis illorum cuftodem ac præfidem voluit effe: teque, Hercules, quem ifte Agri- 186
genti, no&te intempefta, fervorum inftru&ta
& comparata manu, convellere ex fuis fedibus, atque auferre conatus eft: teque,
fan&tiffima mater Idæa, quam apud Engui-
nos, auguftiffimo & religiofiffimo in templo,
fic fpoliatam reliquit, ut nunc nomen modò
Africani, & veftigia violatæ religionis ma-
neant, monumenta vi&toriæ, fahique ornamenta non exftent: vosque, omnium rerum
forenfium, confiliorum maximòrum, legum,
judiciorumque arbitri & teftes, celeberrimo
in loco populi Romani locati, Caftor & Pol-
lux, quorum e templo quæftum fibi ipfe &
prædam maximam improbiffime comparavit:
omnesque dii, qui vehiculis thenfarum fol-
lemnes cœtus ludorum initis, quorum iter
ifte ad fuum quæftum, non ad religionum
dignitatem, faciendum, exigendumque curavit: teque, Ceres, & Libera, quarum fa- 187
cra, ficut opiniones hominum ac religiones
ferunt, longe maximis atque occultiffimis
cæremoniis continentur, a quibus initia vitæ
atque vi&tus, legum, merum, manfuetudinis,

H 5

humanitatis exempla hominibus & civitatibus
data ac difpertita effe dicuntur: quarum fa-
cra populus Romanus a Græcis afcita & accepta, tanta religione & publice & privatim
tuetur, non ut ab aliis huc allata, fed ut
ceteris hinc tradita effe videantur: quæ ab
ifto uno fic polluta & violata funt, ut fimu-
lacrum Cereris unum, quod a viro non modo tangi, fed ne adfpici quidem fas fuit, e
facrario Catinæ convellendum, avertendum-
que curaverit; alterum autem Ennæ ex fua
fede ac domo fuftulerit: quod erat tale, ut
homines, cum viderent, aut ipfam videre
fe Cererem, aut effigiem Cereris, non hu-
mana manu factam, fed cœlo delapfam ar-
188 bitrarentur: vos etiam atque etiam imploro
& appello, fanctiffimæ deæ, quæ illos Ennenfes lacus, lucosque colitis, cunctæque
Siciliæ, quæ mihi defendenda tradita eft,
præfidetis: a quibus, inventis frugibus, &
in orbem terrarum diftributis, omnes gentes ac nationes veftri religione numinis continentur: ceteros item deos, deasque omnes
imploro atque obteftor, quorum templis &
religionibus ifte, nefario quodam furore &
audacia inftinctus, bellum facrilegum femper, impiumque habuit indictum, ut, fi in.

hoc reo, atque in hac caufa, omnia mea
confilia ad falutem fociorum, dignitatem populi Romani, fidem meam fpectaverunt: fi
nullam ad rem, nifi ad officium & veritatem omnes meæ curæ, vigiliæ, cogitationes-
que elaborarunt: quæ mea mens in fufcipienda caufa fuit, fides in agenda, eadem veftra,
judices, in judicanda fit: denique uti C. Ver- 189
rem, fi ejus omnia funt inaudita & fingu-
laria facinora fceleris, audaciæ, perfidiæ,
libidinis, avaritiæ, crudelitatis, dignus exitus ejusmodi vita atque factis, veftro judicio
confequatur: utque respublica [meaque fides]
una hac accufatione mea contenta fit, mihi-
que pofthac bonos potius defendere liceat,
quam improbos accufare neceffe fit.

M. TVLLII CICERONIS

PRO

M. FONTEJO.

ORATIO UNDECIMA.

Desunt permulta.

1 **H**oc prætore oppreffam effe ære alieno
Galliam. A quibus verfuras tantarum pecuniarum factas effe dicunt? a Gallis? nihil minus. A quibus igitur? a civibus Romanis, qui negotiantur in Gallia. Cur eorum
verba non audimus? cur eorum tabulæ nul-
læ proferuntur? Infector ultro, atque infto
accufatori, judices: infector, inquam, & fla-
gito teftes. Plus ego in hac caufa laboris &
operæ confumo in pofcendis teftibus, quam
ceteri defenfores in refutandis. Audacter hoc
dico, judices: non temere confirmo. Referta
Gallia negotiatorum eft, plena civium Romanorum. nemo Gallorum fine cive Romano
quidquam negotii gerit: nummus in Gallia nullus fine civium Romanorum tabulis

commovetur. Videte, quo defcendam, judi- 2
ces, quam longe videar a confuetudine mea
& cautione ac diligentia difcedere. Unæ tabulæ proferantur, in quibus veftigium fit aliquod, quod fignificet, pecuniam Fontejo datam; unum ex toto negotiatorum, colono-
rum, publicanorum, aratorum, pecuariorum
numero teftem producant; vere accufatum
effe concedam. Pro, dii immortales! quæ
eft hæc caufa? quæ defenfio? Provinciæ Galliæ M. Fontejus præfuit, quæ conftat ex iis
generibus hominum & civitatum, qui (ut
vetera mittam) partim noftra memoria bella
cum populo Romano acerba ac diuturna gefferunt: partim modo ab noftris imperatoribus fubacti, modo bello domiti, modo triumphis ac monumentis notati, modo ab fenatu
agris, urbibusque multati funt: partim, qui
cum ipfo M. Fontejo ferrum ac manus contulerunt, multoque ejus fudore ac labore fub
populi Romani imperium, ditionemque ce-
ciderunt. Eft in eadem provincia Narbo Mar- 3
cius, colonia noftrorum civium, fpecula populi Romani ac propugnaculum, iftis ipfis
nationibus oppofitum & objectum: eft item
urbs Maffilia, de qua ante dixi, fortiffimorum,
fideliffimorumque fociorum, qui Gallicorum

bellorum pericula, populo Romano coriis, remisque compenfarunt: eft praeterea nume-rus civium Romanorum atque hominum ho-

2 neftiffimorum. Huic provinciae, quae ex hac gentium varietate conftaret, M. Fontejus (ut dixi) praefuit: qui erant hoftes, fubegit: qui proxime fuerant, eos ex iis agris, quibus erant multati, decedere coëgit: ceteris, qui idcirco magnis faepe erant bellis fuperati, ut femper populo Romano parerent, magnos equitatus ad ea bella, quae tum in toto orbe terrarum a pópulo Romano gerebantur, magnas pecunias ad eorum ftipendium, ma-ximum frumenti numerum ad Hifpanienfe

4 bellum tolerandum, imperavit. Is, haec qui geffit, in judicium vocatur: vos, qui in re non interfuiftis, caufam una cum populo Ro-mano cognofcitis. dicunt contra, quibus in-vitiffimis imperatum eft: dicunt, qui ex agris ex M. Fonteji decreto decedere funt coacti: dicunt, qui ex bello, caede & fuga nunc pri-mum audent contra M. Fontejum inermem confiftere. Quid coloni Narbonenfes? quid volunt? quid exiftimant? Hunc per vos vo-lunt; fi per hunc incolumes exiftimant effe. Quid Maffilienfium civitas? hunc praefentem iis affecit honoribus, quos habuit ampliffimos:

vos autem abfens orat atque obfecrat, ut fua
religio, laudatio, auctoritas, aliquid apud
veftros animos momenti habuiffe videatur.
Quid? civium Romanorum quæ voluntas eft? 5
Nemo eft ex tanto numero, quin hunc optime de provincia, de imperio, de fociis &
civibus meritum effe arbitretur. Quoniam 3
igitur videtis, qui oppugnent M. Fontejum;
cognoftis, qui defenfum velint: ftatuite nunc,
quid veftra æquitas, quid populi Romani
dignitas poftulet: utrum colonis veftris, ne-
gotiatoribus veftris, amiciffimis atque antiquiffimis fociis, & credere & confulere malitis; an iis, quibus neque, propter iracun-
diam, fidem, neque, propter infidelitatem,
honorem habere debetis. Quid, fi majorem 6
hominum etiam honeftiffimorum copiam af-
fero, qui hujus virtuti atque innocentiæ teftimonio poffint effe? tamenne plus Gallorum confenfio valebit, quam fummæ auctoritatis hominum? Cum Galliæ Fontejus præ-
effet, fcitis, judices, maximos populi Romani
exercitus in duabus Hifpaniis, clariffimosque
imperatores fuiffe. Quam multi equites Romani, quam multi tribuni militum, quales,
& quot, & quoties legati ad eos? Exercitus præterea Cn. Pompeji maximus atque

ornatiffimus hiemavit in Gallia, M. Fontejo imperante. Satisne vobis multos, fatis idoneos teftes, & confcios videtur ipfa fortuna effe voluiffe earum rerum, quæ M. Fontejo prætore gererentur in Gallia? Quem ex tanto hominum numero teftem in hac caufa producere poteftis? quis eft ex eo numero, qui vobis auctor placeat? eo nos jam laudatore & tefte utemur. Dubitabitis etiam diutius, judices, quin illud, quod initio vobis propofui, veriffimum fit, aliud per hoc judicium nihil agi, nifi ut, M. Fontejo oppreffo, teftimoniis eorum, quibus multa reipublicæ caufa invitiffimis imperata funt, fegniores pofthac ad imperandum ceteri fint, cum videant eos oppugnari, quibus oppreffis, populi Romani imperium incolume effe non poffit?

4   Objectum eft etiam, quæftum M. Fontejum ex viarum munitione feciffe: ut aut ne cogeret munire, aut id, quod munitum effet, ne improbaret. Si & coacti funt munire omnes, & multorum opera improbata funt: certe utrumque falfum eft, & ob vacationum pretium datum, cum immunis nemo fuerit; & ob probationem, cum multa improbata fint. Quid, fi hoc crimen optimis nominibus delegare poffimus, & ita, ut non culpam

culpam in alios transferamus, sed uti doceamus, eos isti munitioni præfuisse, qui facile officium suum & præstare & probare possent? tamenne vos omnia in M. Fontejum, iratis testibus freti, conferetis? Cum majoribus reipublicæ negotiis M. Fontejus impediretur, & cum ad rempublicam pertineret, viam Domitiam muniri, legatis suis, primariis viris, C. Annio Bellieno & C. Fontejo, negotium dedit. itaque præfuerunt: imperaverunt pro dignitate sua, quod visum est & probaverunt: quod vos, si nulla alia ex re, ex litteris quidem vestris, quas scripsistis, & missis, & allatis, certe scire potuistis. quas si antea nón legistis, nunc ex nobis, quid de iis rebus Fontejus ad legatos suos scripserit, quid ad eum illi rescripserint, cognoscite. LITTERAE AD C. ANNIVM LEG. AD C. FONTEJVM LEG. LITTERAE A C. ANNIO LEG. A C. FONTEJO LEG.

Satis opinor esse perspicuum, judices, 9 hanc rationem munitionis neque ad M. Fontejum pertinere, & ab iis esse tractatam, quos nemo possit reprehendere. Cognoscite 5 nunc de crimine vinario, quod illi invidiosissimum & maximum esse voluerant. Crimen a Plætorio, judices, ita constitutum est;

Fontejo non in Gallia primum veniffe in mentem, ut portorium vini inftitueret, fed hac in Italia propofita ratione, Roma profectum. Itaque Titurium Tolofæ quaternos denarios in fingulas vini amphoras portorii nomine exegiffe: Croduni Porcium & Numium ternos victoriatos: Vulchalone Servæum binos victoriatos. atque in his locis ab his portorium effe exactum, fi qui Cobiamacho, qui vicus inter Tolofam & Narbonem eft, deverterentur, neque Tolofam ire vellent: Elefiodolum tantum fenos denarios ab his, qui ad

10 hoftem portarent, exegiffe. Video, judices, effe crimen, & genere ipfo magnum, (vectigal enim effe impofitum fructibus noftris dicitur, & pecuniam permagnam ifta ratione cogi potuiffe confiteor,) & invidia: vel maxime enim inimici hanc rem fermonibus divulgare voluerunt. Sed ego ifta exiftimo, quo majus crimen fit id, quod oftendatur effe falfum, hoc majorem ab eo injuriam fieri, qui id confingat. vult enim magnitudine rei fic occupare animos eorum, qui audiunt, ut difficilis aditus veritati relinquatur.

Omnia de crimine vinario, de bello Vocontiorum, de difpofitione hibernorum defiderantur.

At hoc Galli negant: at ratio rerum & 6
vis argumentorum coarguit. Potest igitur te- 11
stibus judex non credere? Cupidis, & iratis, & conjuratis, & ab religione remotis,
non solum potest, sed etiam debet. Etenim
si, quia Galli dicunt, idcirco M. Fontejus nocens existimandus est: quid mihi opus est sa-
piente judice? quid æquo quæsitore? quid
oratore non stulto? Dicunt enim Galli: negare non possumus. Hic si ingeniosi, & periti, & æqui judicis has partes esse existimatis, ut, quoniam quidem testes dicunt, sine
ulla dubitatione credendum sit: Salus ipsa
virorum fortium innocentiam tueri non potest:
sin autem in rebus judicandis non minimam
partem ad unamquamque rem æstimandam,
momentoque suo ponderandam, sapientia judicis tenet: næ multo vestræ majores, gra-
vioresque partes sunt ad cogitandum, quam
ad dicendum meæ. Mihi enim semper una- 12
quaque de re testis non solum semel, verum
etiam breviter interrogandus, & sæpe etiam
non interrogandus; ne aut irato facultas ad
dicendum data, aut cupido auctoritas attri-
buta esse videatur. Vos & sæpius eandem rem
animis agitare, & diutius uno de teste cogitare potestis: &, si quem nos interrogare

noluimus, quæ caufa nobis tacendi fuerit,
exiftimare debetis. Quamobrem, fi hoc judici
præfcriptum lege aut officio putatis, teftibus
credere: nihil eft, cur alius alio judice melior aut fapientior exiftimetur. Unum eft enim
& fimplex aurium judicium, & promifcue &
communiter ftultis ac fapientibus ab natura
13 datum. Quid eft igitur, ubi elucere poffit
prudentia? ubi difcerni ftultus auditor &
credulus ab religiofo & fapienti judice? nimirum illud, in quo ea, quæ dicuntur a teftibus, conjecturæ & cogitationi traduntur,
quanta auctoritate, quanta animi æquitate,
quanto pudore, quanta fide, quanta religione, quanto ftudio exiftimationis bonæ, quan-
7 ta cura, quanto timore dicantur. An vero
vos id in teftimoniis hominum barbarorum
dubitabitis, quod perfæpe, & noftra & patrum
memoria, fapientiffimi judices de clariffimis
noftræ civitatis viris dubitandum non putaverunt? qui Cn. & Q. Cæpionibus, L. & Q.
Metellis teftibus in Q. Pompejum, hominem
novum, non crediderunt: quorum virtuti,
generi, rebus geftis, fidem & auctoritatem
in teftimonio, cupiditatis atque inimicitiarum
14 fufpicio derogavit. Ecquem hominem vidimus, ecquem vere commemorare poffumus

parem confilio, gravitate, conftantia, ceteris
virtutibus, honoris, ingenii, rerum geftarum
ornamentis, M. Aemilio Scauro fuiffe? tamen
hujus, cujus injurati nutu prope terrarum
orbis regebatur, jurati teftimonio, neque in
C. Fimbriam, neque in C. Memmium creditum eft. Noluerunt ii, qui judicabant, hanc
patere inimicitiis viam, quem quifque odiffet, ut eum teftimonio poffet tollere. Quantus in L. Craffo pudor fuerit, quod ingenium,
quanta auctoritas, quis ignorat? tamen is,
cujus etiam fermo teftimonii auctoritatem
habebat, teftimonio ipfo, quæ in M. Marcel-
lum inimico animo dixit, probare non potuit.
Fuit, fuit illis judicibus divinum ac fingula- 13
re, judices, confilium, qui fe non folum de
reo, fed etiam de accufatore, de tefte judicare arbitrabantur, quid fictum, quid a fortuna ac tempore allatum, quid pretio corruptum, quid fpe aut metu depravatum, quid
a cupiditate aliqua aut inimicitiis profectum
videretur. Quæ fi judex non amplectetur
omnia confilio, non animo ac mente circum-
fpiciet; fi, ut quidque ex illo loco dicetur,
ex oraculo aliquo dici arbitrabitur: profecto
fatis erit, id quod dixi antea, non furdum
judicem huic muneri atque officio præeffe.

nihil erit, quamobrem ille, nefcio quis, fa-
piens homo, ac multarum rerum peritus, ad

8 res judicandas requiratur. An vero illi equi-

16 tes Romani, quos nos vidimus, qui nuper
in republica, judiciisque maximis floruerunt,
habuerunt tantum animi, tantum roboris, ut
M. Scauro tefti non crederent: vos Volcarum
atque Allobrogum teftimoniis non credere ti-
metis? Si inimico tefti credi non oportuit,
inimicior Marcello Craffus, aut Fimbriæ Scau-
rus ex civilibus ftudiis, atque obtreCtatione
domeftica; quam huic Galli? quorum, qui
optima in caufa funt, equites, frumentum,
pecuniam femel atque iterum, ac fæpius invitiffimi, dare coaCti fùnt; ceteri, partim ex
veteribus bellis agro multati, partim ab hoc

17 ipfo bello fuperati & oppreffi. Si, qui ob aliquod emolumentum fuum cupidius aliquid
difere videntur, iis credi non convenit: credo majus emolumentum Cæpionibus & Metellis propofitum fuiffe ex Q. Pompeji damnatione, cum ftudiorum fuorum obtreCtato-
rem fuftuliffent, quam cunCtæ Galliæ ex
M. Fonteji calamitate: in qua illa provincia
prope fuam immunitatem ac libertatem pofitam effe arbitratur.

An, si homines ipsos spectare convenit
(id quod in teste profecto valere plurimum
debet) non modo cum summis civitatis nostræ
viris, sed cum infimo cive Romano quisquam
ampliffimus Galliæ comparandus est? Scit
Indutiomarus, quid sit testimonium dicere?
movetur eo timore, quo nostrûm unusquis-
que, cum in eum locum productus est? Re- 9
cordamini, judices, quantopere laborare so- 18
leatis, non modo quid dicatis pro testimonio,
sed etiam, quibus verbis utamini, ne quod
minus moderate positum, ne quod ab aliqua
cupiditate prolapsum verbum esse videatur:
vultu denique laboratis, ne qua significati
possit suspicio cupiditatis; ut &, cum prodi-
tis, existimatio sit quædam tacita de vobis
pudoris ac religionis, &, cum disceditis, ea
diligenter conservata ac retenta videatur.
Credo, hæc eadem Indutiomarum in testi- 19
monio timuisse aut cogitasse: qui primum illud verbum consideratiffimum nostræ consuetudinis, ARBITROR, quo nos etiam tunc
utimur, cum ea dicimus jurati, quæ comperta habemus, quæ ipsi vidimus, ex toto
testimonio suo sustulit, atque omnia se *scire*
dixit. Verebatur enim videlicet, ne quid apud
vos, populumque Romanum de existimatione

fua deperderet : ne qua fama confequeretur
ejusmodi, Indutiomarum, talem virum, tam
cupide, tam temere dixiffe. non intelligebat,
fe in teftimonio nihil præter vocem & os &
audaciam neque civibus fuis , neque accufa-
20 toribus noftris præftare debere. An vero, iftas
nationes religione jurisjurandi ac metu deorum immortalium in teftimoniis dicendis commoveri, arbitramini ? quæ tantum a ceterarum gentium more ac natura diffentiunt,
quód ceteræ pro religionibus fuis bella fufci-
piunt, iftæ contra omnium religiones; illæ
in bellis gerendis ab diis immortalibus pacem
ac veniam petunt, iftæ cum ipfis diis immor-
10 talibus bella gefferunt.   Hæ funt nationes,
quæ quondam tam longe ab fuis fedibus,
Delphos ufque, ad Apollinem Pythium atque
ad oraculum orbis terræ vexandum ac fpo-
liandum profeftæ funt. Ab iisdem gentibus
fanftis, & in teftimonio religiofis, obfeffum
Capitolium eft, atque ille Jupiter, cujus nomine majores noftri vinftam teftimoniorum
21 fidem effe voluerunt. Poftremo his quidquam
fanftum ac religiofum videri poteft , qui,
etiamfi quando aliquo metu adducti *deos*
placandos effe arbitrantur, humanis hoftiis
eorum aras ac templa funeftant ? ut ne

religionem quidem colere poffint, nifi eam
prius fcelere violarint. Quis enim ignorat,
eos ufque ad hanc diem retinere illam immanem ac barbaram confuetudinem hominum
immolandorum? Quamobrem, quali fide,
quali pietate exiftimatis effe eos, qui etiam
deos immortales arbitrentur hominum fcelere
& fanguine facillime poffe placari? Cum his
vos teftibus veftram religionem conjungetis?
ab his quidquam fancte aut moderate dictum
putabitis? Hoc veftræ mentes tam caftæ, 22
tam integræ fibi fufcipient, ut, cum omnes
legati noftri, qui illo triennio in Galliam venerunt, omnes equites Romani, qui in illa
provincia fuerunt, omnes negotiatores ejus
provinciæ, denique omnes, in Gallia qui funt,
focii populi Romani atque amici, M. Fontejum
incolumem effe cupiant, jurati privatim &
publice laudent; vos tamen Gallis credere
malitis? quid ut fecuti effe videamini? vo-
luntatemne hominum? gravior igitur vobis
erit hoftium voluntas, quam civium? an
dignitatem teftium? poteftis igitur ignotos
notis, iniquos æquis, alienigenas domefticis,
cupidos moderatis, mercenarios gratuitis, im-
pios religiofis, inimiciffimos huic imperio ac
nomini, bonis ac fidelibus & fociis & civibus
anteferre?   I 5

11   An vero dubitatis, judices, quin insitas
23 inimicitias istæ gentes omnes & habeant &
gerant cum populi Romani nomine? Sic existimatis eos hic sagatos, bracatosque versari,
animo demisso atque humili, ut solent ii, qui
affecti injuriis ad opem judicum supplices,
inferioresque confugiunt? Nihil vero minus.
Hi contra vagantur læti atque erecti passim
toto foro, cum quibusdam minis & barbaro
atque immani terrore verborum: quod ego
profecto non crederem, nisi aliquoties ex
ipsis accusatoribus vobiscum simul, judices,
audissem; cum præciperent, ut caveretis,
ne, hoc absoluto, novum aliquod bellum Gal-
24 licum concitaretur. Si M. Fontejum, judices,
in causa deficerent omnia: si turpi adolescen-
tia, vita infami, magistratibus, quos ante
oculos vestros gessit, convictus virorum bonorum testimoniis, invisus suis omnibus, in
judicium vocaretur: si in eo judicio colono-
rum populi Romani Narbonensium, fidelissi-
morum sociorum Massiliensium, civium Romanorum omnium testimoniis, tabulisque
premeretur: tamen esset vobis magnopere
providendum, ne, quos ita afflictos a vestris
patribus, majoribusque accepissetis, ut con-
temnendi essent, eos pertimuisse, & eorum

minis & terrore commoti effe videremini.
Nunc vero, cum lædat nemo bonus, laudent 25
omnes veftri cives atque focii; oppugnent
ii, qui fæpiffime hanc urbem & hoc imperium oppugnarunt: cumque inimici M. Fonteji vobis ac populo Romano minentur; amici
ac propinqui fupplicent vobis: dubitabitis,
non modo veftris civibus, qui maxime gloria
ac laude ducuntur, verum etiam exteris nationibus ac gentibus oftendere, vos in fententiis ferendis civi parcere, quam hofti cedere maluiffe? Magna mehercule caufa, ju- 12
dices, abfolutionis cum cæteris caufis hæc 26
eft, ne qua infignis huic imperio macula atque ignominia fufcipiatur, fi hoc ita perlatum erit in Galliam, fenatum, equitesque
populi Romani, non teftimoniis Gallorum,
fed minis commotos, rem ad illorum libidinem judicaffe. Ita vero, fi illi bellum facere
conabuntur, excitandus nobis erit ab inferis
C. Marius, qui Indutiomaro ifti, minaci atque arroganti, par in belligerando effe poffit:
excitandus Cn. Domitius & Q. Maximus, qui
nationem Allobrogum & reliquas fuis iterum
armis conficiat atque opprimat: aut, quoniam id quidem non poteft, orandus erit
nobis amicus meus, M. Plætorius, ut fues

novos clientes a bello faciendo deterreat, ut
eorum iratos animos, atque horribiles impetus deprecetur: aut, si non poterit, M. Fa-
bium subscriptorem ejus rogabimus, ut Allobrogum animos mitiget, quoniam apud illos
Fabiorum nomen est ampliſſimum: ut velint
isti aut quieſcere, id quod victi ac subacti
solent; aut, cum minantur, intelligere, se
populo Romano non metum belli, sed spem
triumphi ostendere.

27 Quodsi in turpi reo patiendum non eſſet,
ut quidquam isti se minis profeciſſe arbitrarentur: quid faciendum vobis in M. Fontejo
arbitramini? de quo homine, judices, (jam
enim mihi videor hoc, prope cauſa duabus
actionibus perorata, debere dicere,) de quo
vos homine, ne ab inimicis quidem ullum
fictum probroſum non modo crimen, sed ne
maledictum quidem audiſtis. Ecquis umquam
reus, praeſertim in hac vitae ratione verſatus,
in honoribus petendis, in poteſtatibus, in
imperiis gerendis, ſic accuſatus est, ut nullum probrum, nullum facinus, nulla turpitudo, quae a libidine, aut a petulantia, aut
ab audacia nata eſſet, ab accuſatore objice-
retur, si non vera, attamen ficta cum aliqua
13 ratione ac suspicione? M. Aemilium Scaurum,

summum noftræ civitatis virum, fcimus ac- 28
cufatum a M. Bruto. Exftant orationes: ex
quibus intelligi poteft, multa in illum ipfum
Scaurum effe dicta : falfo, quis negat ? verumtamen ab inimico dicta & objecta. Quam
multa M'. Aquillius audivit in fuo judicio ?
multa L. Cotta ? denique P. Rutilius: qui, etfi
damnatus eft, mihi videtur tamen inter viros
optimos atque innocentiffimos effe numeran-
dus. Ille igitur ipfe homo fanctiffimus ac tem-
perantiffimus multa audivit in fua caufa,
quæ ad fufpicionem ftuprorum, ad libidinem
pertinerent. Exftat oratio hominis (ut opinio 29
mea fert) noftrorum hominum longe inge-
niofiffimi atque eloquentiffimi , C. Gracchi:
qua in oratione permulta in L. Pifonem tur-
pia ac flagitiofa dicuntur. At in quem virum ?
qui tanta virtute atque integritate fuit, ut
etiam illis optimis temporibus, cum hominem invenire nequam neminem poffes, folus
tamen Frugi nominaretur. quem cum in con-
cionem Gracchus vocari juberet, & viator
quæreret, quem Pifonem ? quod erant plures: *Cogis me,* inquit, *dicere inimicum meum,*
Frugi. Is igitur vir, quem ne inimicus quidem fatis in appellando fignificare poterat,
nifi ante laudaffet : qui uno cognomine

declarabatur, non modo quis effet, fed etiam qualis effet: tamen in falfam atque iniquam
30 probrorum infimulationem vocabatur. M. Fontejus ita duabus actionibus accufatus eft, ut objectum nihil fit, quo fignificari veftigium libidinis, petulantiæ, crudelitatis, audaciæ poffit. non modo nullum facinus hujus protulerunt, fed ne dictum quidem aliquod
14 reprehenderunt. Quodfi, aut quantam voluntatem habent ad hunc opprimendum, aut quantam ad maledicendum licentiam, tantum haberent aut ad ementiendum animi, aut ad fingendum, ingenii: non meliore fortuna ad probra non audienda Fontejus, quam illi, de quibus antea commemoravi, fuiffet. Frugi igitur hominem, judices, frugi, inquam, & in omnibus vitæ partibus moderatum ac temperantem, plenum pudoris, plenum officii, plenum religionis, videtis pofitum in veftra fide ac poteftate: atque ita, ut commiffus fit fidei, permiffus poteftati.

31 Videte igitur, utrum fit æquius, hominem honeftiffimum, virum fortiffimum, civem optimum, dedi inimiciffimis atque immaniffimis nationibus, an reddi amicis: præfertim cum tot res fint, quæ veftris animis pro hujus innocentis falute fupplicent: primum

generis antiquitas, quam Tusculo, ex clarissimo municipio profeStam, in monumentis rerum gestarum incisam ac notatam, videmus: tum autem continuæ præturæ, quæ & ceteris ornamentis, & existimatione innocentiæ maxime floruerunt: deinde recens memoria parentis, cujus sanguine non solum Asculanorum manus, a qua interfeStus est, sed totum illud sociale bellum macula sceleris imbutum est: postremo ipse, cum in omnibus vitæ partibus honestus atque integer, tum in re militari cum summi consilii & maximi animi, tum vero usu quoque bellorum gerendorum in primis eorum hominum, qui nunc sunt, exercitatus. Quare si etiam mo-**15** nendi estis, judices, a me, quod non estis, **32** videor hoc leviter pro mea auStoritate vobis præcipere posse, ut ex eo genere homines, quorum cognita virtus, industria, felicitas in re militari sit, diligenter vobis retinendos existimetis. Fuit enim major talium virorum in hac republica copia: quæ cum effet, tamen eorum non modo saluti, sed etiam honori consulebatur. Quid nunc vobis faciendum est; studiis militaribus apud juventutem obsoletis: hominibus autem ac summis ducibus partim ætate, partim civitatis discordiis ac reipublicæ

calamitate confumtis? cum tot bella aut a
nobis neceffario fufcipiantur, aut fubito atque improvifa nafcantur? Nonne & hominem
ipfum ad dubia reipublicæ tempora refervandum, & ceteros ftudio laudis ac virtutis in-
33 flammandos putatis? Recordamini, quos legatos nuper in bello L. Julius, quos P. Rutilius, quos L. Cato, quos Cn. Pompejus habuerit. fcietis fuiffe tum M. Cornutum, L.
Cinnam, L. Sullam, prætorios homines, belli
gerendi peritiffimos : præterea C. Marium,
P. Didium, Q. Catulum, P. Craffum, non
litteris homines ad rei militaris fcientiam, fed
rebus geftis ac victoriis eruditos. Age vero,
nunc inferite oculos in curiam, introfpicite
penitus in omnes reipublicæ partes. utrum
videtis nihil poffe accidere, ut tales viri defiderandi fint? an, fi acciderit, eorum hominum copia populum Romanum abundare?
Quæ fi diligenter attendetis, profecto, judices, virum ad labores belli impigrum, ad pericula fortem, ad ufum ac difciplinam peritum, ad confilia prudentem, ad cafum, fortunamque felicem, domi vobis ac liberis
veftris retinere, quam inimiciffimis populi
Romani nationibus & crudeliffimis tradere,
& condemnare maletis.

At

At infeftis prope fignis inferuntur Galli in **16**
Fontejum : & inftant atque urgent fummo **34**
cum ftudio, fumma cum audacia. nos vero,
judices, non & multis & firmis præfidiis,
vobis adjutoribus, ifti immani atque intole-
randæ barbariæ refiftemus ? Primum objici-
tur contra iftorum impetus Macedonia, fidelis
& amica populo Romano provincia: quæ cum
fe ac fuas urbes non folum confilio, féd etiam
manu Fonteji confervatam effe dicat, ut illa
per hunc a Thracum adventu ac depopula-
tione defenfa fuit, fic ab hujus nunc capite
Gallorum impetus, terroresque depellit. Con- **35**
ftituitur ex altera parte ulterior Hifpania,
quæ profecto non modo religione fua refiftere
iftorum cupiditati poteft, fed etiam fceleratorum hominum perjuria teftimoniis ac lau-
dationibus fuis refutare. Atque ex ipfa etiam
Gallia, fideliffima & graviffima auxilia fumun-
tur. Venit huic fubfidio, mifero atque innocenti, Maffilienfium cuncta civitas, quæ non
folum ob eam caufam laborat, ut huic, a
quo ipfa fervata eft, parem gratiam referre
videatur; fed etiam, quod ea conditione atque eo fato fe in his terris collocatam effe arbitratur, ne quid noftris hominibus illæ gentes nocere poffint. Pugnat pariter pro falute **36**

M. Fonteji Narbonenſis colonia, quæ per hunc ipſa nuper obſidione hoſtium liberata, nunc ejusdem miſeriis ac periculis commovetur. Denique, ut oportet bello Gallico, ut majorum jura, moresque præſcribunt, nemo eſt civis Romanus, qui ſibi ulla excuſatione utendum putet. omnes illius provinciæ publicani, agricolæ, pecuarii, ceteri negotiatores, uno animo M. Fontejum atque una voce defen-

17 dunt. Quodſi tantas auxiliorum noſtrorum copias Indutiomarus ipſe deſpexerit, dux Allobrogum, ceterorumque Gallorum : num etiam de matris hunc complexu, lectiſſimæ, miſerrimæque feminæ, vobis inſpectantibus, avellet atque abſtrahet? præſertim cum virgo Veſtalis ex altera parte germanum fratrem complexa teneat, veſtramque, judices, ac populi Romani fidem imploret: quæ pro vobis, liberisque veſtris tot annos in diis immortalibus placandis occupata eſt, ut ea, nunc pro ſalute ſua, fratrisque ſui, animos

37 veſtros placare poſſit. Cui miſeræ quod præſidium, quod ſolatium reliquum eſt, hoc amiſſo? nam ceteræ feminæ gignere ipſæ ſibi præſidia, & habere domi fortunarum omnium ſocium, participemque poſſunt: huic vero virgini, quid eſt, præter fratrem, quod

aut jucundum aut carum esse possit? Nolite
pati, judices, aras deorum immortalium,
Vestæque matris, quotidianis virginis lamen-
tationibus de vestro judicio commoveri. Pro-
spicite, ne ille ignis æternus, nocturnis Fon-
tejæ laboribus, vigiliisque servatus, sacerdo-
tis vestræ lacrymis exstinctus esse dicatur.
Tendit ad vos virgo Vestalis manus suppli- 38
ces, easdem, quas pro vobis diis immortalibus tendere consuevit. Cavete, ne periculosum, superbumque sit, ejus vos obsecratio-
nem repudiare, cujus preces si dii asperna-
rentur, hæc salva esse non possent. Videtisne subito, judices, virum fortissimum, M. Fontejum, parentis & sororis commemoratione
lacrymas profudisse? Qui numquam in acie
pertimuerit, qui se armatus sæpe in hostium
manum, multitudinemque immiserit, cum
in ejusmodi periculis eadem se solatia suis
relinquere arbitraretur, quæ suus pater sibi
reliquisset: idem nunc perturbato animo per-
timescit, ne non modo ornamento & adjumento non sit suis, sed etiam cum acerbissimo luctu dedecus æternum miseris atque
ignominiam relinquat. O fortunam longe 39
disparem, M. Fontei, si deligere potuis-
ses, ut potius telis tibi Gallorum, quam

perjuriis intereundum effet! Tum enim vítæ
focia virtus, mortis comes gloria fuiffet :
nunc vero qui eft dolor , victoriæ te atque
imperii pœnas ad eorum arbitrium fufferre,
qui aut victi armis funt, aut invitiffimi paruerunt? A quo periculo defendite, judices,
civem fortem atque innocentem: curate, ut
noftris teftibus plus, quam alienigenis credi-
diffe videamini : plus faluti civium , quam
hoftium libidini confuluiffe: graviorem du-
xiffe ejus obfecrationem, quæ veftris facris
præfit , quam eorum audaciam , qui cum
omnium facris, delubrisque bella gefferunt.
Poftremo profpicite, judices, id quod ad dignitatem populi Romani maxime pertinet , ut
plus apud vos preces virginis Veftalis, quam
minæ Gallorum valuiffe videantur.

M. TVLLII CICERONIS
PRO
A. CAECINA
ORATIO DVODECIMA.

SI, quantum in agro, locisque defertis **I** audacia poteft, tantum in foro atque in ju-**I** diciis impudentia valeret : non minus nunc in caufa cederet A. Cæcina Sex. Aebutii im-pudentiæ, quam tum in vi facienda ceffit au-daciæ. Verum & illud confiderati hominis effe putavit, qua de re jure decertari oporte-ret, armis non contendere; & hoc conftan-tis, qui cum vi & armis certare noluiffet, eum jure, judicioque fuperare. Ac mihi quidem **2** cum audax præcipue fuiffe videtur Aebutius in convocandis hominibus & armandis, tum impudens in judicio: non folum quod in ju-dicium venire aufus eft, (nam id quidem, tametfi improbe fit in aperta re, tamen ma-litia eft jam ufitatum,) fed quod non dubi-tavit id ipfum, quod arguitur, confiteri. nifi

forte hoc rationis habuit, quoniam, fi facta
vis effet moribus, fuperior in poffeffione re-
tinenda non fuiffet; quia contra jus, mo-
remque facta fit, A. Cæcinam cum amicis
metu perterritum profugiffe: nunc quoque in
judicio, fi caufa more, inftitutoque omnium
defendatur, nos inferiores in agendo non fu-
turos: fin a confuetudine recedatur, fe, quo
impudentius egerit, hoc fuperiorem difceffu-
rum. quafi vero aut in judicio poffit idem improbitas, quod in vi confidentia; aut non eo
libentius tum audaciæ cefferimus, quo nunc
3 impudentiæ facilius obfifteremus. Itaque longe alia ratione, recuperatores, ad agendam
caufam hac actione venio, atque initio veneram. Tum enim noftræ caufæ fpes erat pofita in defenfione mea, nunc in confeffione
adverfarii: tum in noftris, nunc vero in illorum teftibus: de quibus ego antea labora-
bam, ne, fi improbi effent, falfi aliquid dicerent; fi probi exiftimarentur, quod dixiffent, probarent: nunc fum animo æquiffimo.
Si enim funt viri boni, me adjuvant, cum
id jurati dicunt, quod ego injuratus infimulo.
fin autem minus idonei; me non lædunt:
cum, iis five creditur, creditur hoc ipfum,
quod nos arguimus; five fides non habetur,

de adverſarii teſtium fide derogatur. Verum- 2
tamen cum illorum cauſæ actionem conſide- 4
ro; non video, quid impudentius dici poſſit.
cum autem veſtram in judicando dubitationem; vereor, ne id, quod videntur impu-
denter feciſſe, aſtute & callide fecerint. Nam,
ſi negaſſent vim hominibus armatis eſſe factam, facile honeſtiſſimis teſtibus in re per-
ſpicua tenerentur: ſin confeſſi eſſent, & id,
quod nullo tempore jure fieri poteſt, tum ab
ſe jure factum eſſe defenderent ; ſperarunt,
id quod aſſecuti ſunt, ſe injecturos vobis cauſam deliberandi & judicandi juſtam moram
ac religionem. ſimul illud, quod indigniſſi-
mum eſt, futurum arbitrati ſunt, ut in hac
cauſa non de improbitate Sex. Aebutii, ſed
de jure civili judicium fieri videretur. Qua 5
in re, ſi mihi eſſet unius A. Cæcinæ cauſa
agenda, profiterer ſatis idoneum eſſe me de-
fenſorem, propterea quod fidem meam, diligentiamque præſtarem : quæ cum ſunt in
actore cauſæ, nihil eſt, in re præſertim aperta
ac ſimplici, quod excellens ingenium requiratur. Sed cum de eo jure mihi dicendum
ſit, quod pertineat ad omnes, quod conſtitu-
tum ſit a majoribus, conſervatum uſque ad
hoc tempus ; quo ſublato non ſolum pars

aliqua juris deminuta, fed etiam vis ea, quæ
juri maxime eſt adverſaria, judicio confirmata eſſe videatur: video ſummi ingenii cauſam eſſe; non, uti demonſtretur, quod ante
oculos eſt, ſed ne, ſi quis vobis error in tanta re ſit objectus, omnes potius me arbitrentur cauſæ, quam vos religioni veſtræ defuiſſe.
6 Quamquam ego mihi ſic perſuadeo, recuperatores, non vos tam propter juris obſcuram,
dubiamque rationem bis jam de eadem cauſa
dubitaſſe, quam quod videtur ad ſummam
illius exiſtimationem hoc judicium pertinere,
moram ad condemnandum acquiſiſſe, ſimul
& illi ſpatium ad ſeſe colligendum dediſſe.
Quod quoniam jam in conſuetudinem venit,
& id viri boni, veſtri ſimiles, in judicando
faciunt, reprehendendum fortaſſe minus, que-
rendum vero magis etiam videtur: ideo quod
omnia judicia, aut diſtrahendarum controver-
ſiarum, aut puniendorum maleficiorum cauſa
reperta ſunt: quorum alterum levius eſt,
propterea quod & minus lædit, & perſæpe
diſceptatore domeſtico dijudicatur: alterum
eſt vehementiſſimum, quod & ad graviores
res pertinet, & non honorariam operam amici,
7 ſed ſeveritatem judicis ac vim requirit. Quod
eſt gravius, & cujus rei cauſa maxime judicia

eonftituta funt, id jam mala confuetudine diffolutum eft. nam ut quæque res eft turpiffi-
ma; fic maxime & maturiffime judicanda eft:
at ea, in qua exiftimationis periculum eft,
tardiffime judicatur. Qui igitur convenit, quæ 3
caufa fuerit ad conftituendum judicium, eandem moram effe ad judicandum? Si quis,
quod fpopondit, qua in re verbo fe uno ob-
ligavit, id non facit, maturo judicio, fine ulla
religione judicis condemnatur: qui per tute-
lam, aut focietatem, aut rem mandatam, aut
fiduciæ rationem, fraudavit quempiam, in eo,
quo delictum majus eft, eo pœna eft tardior.
Eft enim turpe judicium. & facto quidem turpe. Videte igitur, quam inique accidat, quia 8
res indigna fit, ideo turpem exiftimationem
fequi: quia turpis exiftimatio fequatur, ideo
rem indignam non judicari. At fi quis mihi
hoc judex, recuperatorve dicat: *Potuifti*
enim leviore actione confligere: potuifti ad
tuum jus faciliore & commodiore judicio per-
venire. quare aut muta actionem, aut noli
mihi inftare, ut judicem: tamen is aut ti-
midior videatur, quam fortem, aut cupidior,
quam fapientem judicem effe æquum eft, fi
aut mihi præfcribat, quemadmodum meum
jus perfequar, aut ipfe id, quod ad fe delatum

fit, non audeat judicare. Etenim fi prætor
is, qui judicia dat, numquam petitori præ-
ftituit, qua actione illum uti velit: videte,
quam iniquum fit, conftituta jam re, judicem,
quid agi potuerit, aut quid poffit, non quid
9 actum fit, quærere. Verumtamen nimiæ
veftræ benignitati pareremus, fi alia ratione
jus noftrum recuperare poffemus. Nunc vero
quis eft, qui aut vim armatis hominibus factam relinqui putet oportere, aut ejus rei le-
viorem actionem nobis aliquam demonftrare
poffit? Ex quo genere peccati, ut illi clami-
tant, vel injuriarum, vel capitis judicia conftituta funt, in eo poteftis atrocitatem noftram
reprehendere, cum videatis nihil aliud actum,
nifi poffeffionem per interdictum effe repeti-
4 tam? Verum five vos exiftimationis illius periculum, five juris dubitatio tardiores fecit
adhuc ad judicandum: alterius rei caufam
vosmetipfi jam vobis, fæpius prolato judicio,
fuftuliftis; alterius ego vobis hodierno die
caufam profecto auferam, ne diutius de controverfia noftra, ac de communi jure dubite-
10 tis. Et, fi forte videbor altius initium rei de-
monftrandæ petiffe, quam me ratio juris, &
jus, de quo judicium eft, & natura caufæ
coëgerit, quæfo ut ignofcatis. non enim minus

laborat A. Cæcina, ne fummo jure egiſſe, quam ne certum jus non obtinuiſſe videatur.

M. Fulcinius fuit, recuperatores, e municipio Tarquinienſi, qui & domi fuæ cum primis honeſtus exiſtimatus eſt, & Romæ argentariam non ignobilem fecit. Is habuit in matrimonio Cæſenniam, eodem e municipio, ſummo loco natam & probatiſſimam feminam, ſicut & vivus multis ipſe rebus oſtendit, & in morte ſua teſtamento declaravit. Huic 11. Cæſenniæ fundum in agro Tarquinienſi vendidit temporibus illis difficillimis ſolutionis. Cum uteretur dote uxoris numerata : quo mulieri eſſet res cautior, curavit, ut in eo fundo dos collocaretur. Aliquanto poſt, jam argentaria diſſoluta, Fulcinius huic fundo uxoris continentia quædam prædia atque adjunĉta mercatur. Moritur Fulcinius: (multa enim, quæ ſunt in re, quia remota ſunt a cauſa, prætermittam :) teſtamento facit heredem, quem habebat e Cæſennia filium: uſumfruĉtum omnium bonorum ſuorum Cæſenniæ legat, ut frueretur una cum filio. Magnus honos viri, 12 jucundus mulieri fuiſſet, ſi diuturnum eſſe licuiſſet. frueretur enim bonis cum eo, quem ſuis bonis heredem eſſe cupiebat, & ex quo maximum fruĉtum ipſa capiebat. Sed hunc

fructum mature fortuna ademit. nam brevi
tempore M. Fulcinius adolefcens mortuus eft :
heredem P. Cæfennium fecit : uxori grande
pondus argenti, matrique partem bonorum
majorem legavit. Itaque in partem mulie-
13 res vocatæ funt. Cum effet hæc auctio he-
5 reditaria conftituta; Aebutius ifte, qui jamdiu Cæfenniæ viduitate ac folitudine alere-
tur, ac fe ejus in familiaritatem infinuaffet
hac ratione , ut cum aliquo fuo compendio
negotia mulieris, fi qua acciderent, contro-
verfiasque fufciperet : verfabatur quoque eo
tempore in his rationibus auctionis & parti-
tionis; atque etiam fe ipfe inferebat & intru-
debat; & in eam opinionem Cæfenniam ad-
ducebat, ut mulier imperita nihil putaret agi
14 callide poffe, ubi non adeffet Aebutius. Quam
perfonam jam ex quotidiana cognofcitis vita,
recuperatores, mulierum affentatoris, cogni-
toris viduarum , defenforis nimium litigiofi ,
conciti ad rixam , inepti ac ftulti inter viros,
INTER MVLIERES PERITI JVRIS,
ET CALLIDI : hanc perfonam imponite
Aebutio. Is enim Cæfenniæ fuit Aebutius.
Ne forte quæratis, num propinquus ? nihil
alienius. amicus, aut a patre, aut a viro tra-
ditus ? nihil minus. Quis igitur ? ille, quem

supra deformavi: voluntarius amicus mulieris, non neceffitudine aliqua, fed ficto officio, fimulataque fedulitate conjunctus; magis opportuna opera nonnumquam, quam aliquando fideli. Cum effet, ut dicere inftitueram, 15 conftituta auctio Romæ, fuadebant amici, cognatique Cæfenniæ, id quod ipfi quoque mulieri in mentem veniebat; quoniam poteftas effet emendi fundum illum Fulcinianum, qui fundo ejus antiquo continens effet, nullam effe rationem, amittere ejusmodi occafionem; cum præfertim pecunia ex partitione deberetur: nusquam eam poffe melius collocari. Itaque mulier facere conftituit: mandat ut fundum fibi emat. Cui tandem? cui putatis? an non in mentem venit omnibus hominis illius, ad hoc munus & ad omnia mulieris negotia parati, fine quo nihil fatis caute, nihil fatis callide agi poffet? Recte atten- 16 ditis. Aebutio negotium datur. Adeft ad tabulam. licetur Aebutius. deterrentur emtores multi, partim gratia Cæfenniæ, partim etiam pretio. Fundus addicitur Aebutio: pecuniam argentario promittit Aebutius: quo teftimonio nunc vir optimus utitur, fibi emtum effe. quafi vero aut nos ei negemus addictum, aut tum quifquam fuerit, qui dubitarit,

quin emeretur Cæfenniæ, cum id plerique
fcirent; omnes fere audiffent; hi conjectura
affequi poffent, cum pecunia Cæfenniæ ex illa
hereditate deberetur ; eam porro in prædiis
collocari maxime expediret : effent autem
prædia, quæ mulieri maxime convenirent: ea
venirent: liceretur is, quem Cæfenniæ dare
operam nemo miraretur : fibi emere nemo
17 poffet fufpicari. Hac emtione facta, pecunia
folvitur a Cæfennia: cujus rei putat ifte rationem reddi non poffe, quod ipfe tabulas aver-
terit; fe autem habere argentarii tabulas, in
quibus fibi expenfa pecunia lata fit, accepta-
que relata : quafi id aliter fieri oportuerit.
Cum omnia ita facta effent, quemadmodum
nos defendimus, Cæfennia fundum poffedit,
locavitque: neque ita multo poft A. Cæcinæ
nupfit. Ut in pauca conferam, teftamento
facto mulier moritur. facit heredem ex deunce
& femuncia Cæcinam : ex duabus fextulis
M. Fulcinium, libertum fuperioris viri: Aebutio fextulam adfpergit. Hanc fextulam illa
mercedem ifti effe voluit affiduitatis & mole-
ftiæ, fi quam fufceperat. Ifte autem hac fex-
tula fe anfam retinere omnium controverfia-
7 rum putat. Jam principio aufus eft dicere,
18 non poffe heredem effe Cæfenniæ Cæcinam :

quod is deteriore jure effet, quam ceteri cives, propter incommodum Volaterranorum, calamitatemque civilem. Itaque homo timidus, imperitusque, qui neque animi, neque confilii fatis haberet, non putavit effe tanti hereditatem, ut de civitate in dubium veniret: conceffit, credo, Aebutio, quantum vellet, de Caefenniae bonis ut haberet: immo, ut viro forti ac fapienti dignum fuit, ita calumniam, ftultitiamque obtrivit ac contudit. In 19 poffeffione bonorum cum effet, & cum ~~ipfe~~ *iste* fextulam fuam nimium exaggeraret, nomine heredis arbitrum familiae ercifcundae poftulavit. atque illis paucis diebus, pofteaquam videt, nihil fe ab A. Caecina poffe litium terrore abradere; homini Romae in foro denuntiat, fundum illum, de quo ante dixi, cujus iftum emtorem demonftravi, fuiffe mandatu Caefenniae, fuum effe, feque fibi emiffe. Quid ais? tuus ille fundus eft, quem fine ulla controverfia quadriennium, hoc eft, ex quo tempore fundus veniit, quoad vixit, poffedit Caefennia? Ufus enim, inquit, ejus, & fruftus fundi, teftamento viri, fuerat Caefenniae. Cum hoc novae litis genus tam malitiofe in- 20 tenderet, placuit Caecinae, de amicorum fententia, conftituere, quo die in rem praefentem veniretur, & de fundo Cæcina moribus deduceretur. Colloquuntur. dies ex utriusque commodo fumitur. Cæcina cum amicis ad diem venit in caftellum Axiam: ex quo loco fundus is, de quo agitur, non longe abeft. Ibi certior fit a pluribus, homines permultos, liberos atque fervos, coëgiffe & armaffe Aebutium. Cum id partim mirarentur, partim non crederent: ecce ipfe Aebutius in caftellum venit. denuntiat Cæcinæ, fe armatos habere: abiturum eum non effe, fi acceffiffet. Cæcinæ placuit, & amicis, quoad videretur

21 falvo capite fieri poffe, experiri. Tum de caftello defcendunt: in fundum proficifcuntur. Videtur temere commiffum: verum, ut opinor, hoc fuit caufæ. tam temere iftum re commiffurum, quam verbis minitabatur, ne-

8 mo putavit. Atque ifte ad omnes introitus, qua adiri poterat non modo in eum fundum, de quo controverfia erat, fed etiam in illum proximum, de quo nihil ambigebatur, armatos homines opponit. Itaque primo cum in antiquum fundum ingredi vellet, quod ea proxime accedi poterat, frequentes armati obfti-

22 terunt. Quo loco depulfus Cæcina, tamen, qua potuit, ad eum fundum profeĉtus eft, e quo, ex conventu, vim fieri oportebat. ejus

autem

autem fundi extremam partem oleæ directo
ordine definiunt. Ad eas cum accederetur,
iste cum omnibus eopiis præsto fuit, servum-
que suum, nomine Antiochum, ad se vocavit,
& clara voce imperavit, ut eum, qui illum
olearum ordinem intrasset, occideret. Homo,
mea sententia, prudentissimus Cæcina, tamen
in hac re plus mihi animi, quam consilii videtur habuisse. Nam cum & armatorum multitudinem videret, & eam vocem Aebutii,
quam commemoravi, audisset: tamen accessit
propius, & jam ingrediens intra finem ejus
loci, quem oleæ terminabant, impetum armati Antiochi, ceterorumque tela atque in-
cursus refugit. Eodem tempore se in fugam
conferunt una amici, advocatique ejus, metu
perterriti, quemadmodum illorum testem dicere audistis. His rebus ita gestis, P. Dola-23
bella prætor interdixit, ut est consuetudo,
DE VI, HOMINIBVS ARMATIS, sine
ulla exceptione, tantum, ut, unde dejecis-
set, restitueret. Restituisse se, dixit. Sponsio
facta est. Hac de sponsione vobis judicandum est.

Maxime fuit optandum Cæcinæ, recupe-9
ratores, ut controversiæ nihil haberet: secun-
do loco, ut ne cum tam improbo homine:

Cicero. T. VI. L

tertio, ut cum tam ftulto haberet. Etenim
non minus nos ftultitia illius fublevat, quam
lædit improbitas. improbus fuit, quod homines coëgit, armavit: coactis, armatisque vim
fecit. Læfit in eo Cæcinam. fublevavit ibi-
· dem. Nam in eas ipfas res, quas improbiffime
fecit, teftimonia fumfit, & eis in caufa tefti-
24 moniis utitur. Itaque mihi certum eft, recuperatores, antequam ad meam defenfionem,
meosque teftes venio, illius uti confeffione &
teftimoniis. Quid confitetur, atque ita libenter confitetur, ut non folum fateri, fed etiam
profiteri videatur, recuperatores? Convocavi
homines: coëgi: armavi: terrore mortis ac
periculo capitis, ne accederes, obftiti: ferro,
inquit, ferro, (& hoc dicit in judicio,) te
rejeci atque perterrui. Quid? teftes quid
ajunt? P. Vetilius, propinquus Aebutii, fe
Aebutio cum armatis fervis veniffe advoca-
tum. Quid præterea? fuiffe complures armatos. Quid aliud? minatum effe Aebutium
Cæcinæ. Quid ego de hoc tefte dicam, nifi
hoc, recuperatores, ut idcirco non minus ei
credatis, quod homo minus idoneus habetur:
fed ideo credatis, quod ex illa parte id dicit,
25 quod illi caufæ maxime eft alienum? A. Te-
rentius, alter teftis, non modo Aebutium,

sed etiam se ipsum arguit. In Aebutium hoc
dicit, armatos homines fuisse: de se autem
hoc praedicat, Antiocho, Aebutii servo, im-
perasse, ut in Caecinam advenientem cum
ferro invaderet. Quid loquar amplius hoc de
homine? in quem ego dicere, cum rogarer a
Caecina, numquam volui, ne arguere illum
rei capitalis viderer; de eo dubito nunc, quomodo aut loquar, aut taceam, cum ipse hoc
de se juratus praedicet. Deinde L. Caelius non 26
solum Aebutium cum armatis dixit fuisse
compluribus, verum etiam cum advocatis
perpaucis eo venisse Caecinam. De hoc ego 10
teste detraham; cui aeque atque meo testi ut
credatis, postulo? P. Memmius secutus est,
qui suum non parvum beneficium commemo-
ravit in amicos Caecinae, quibus sese viam per
fratris sui fundum dedisse dixit. qua effugere
possent, cum essent metu omnes perterriti.
Huic ego testi gratias agam, quod & in re
misericordem se praebuit, & in testimonio re-
ligiosum. A. Atilius, & ejus filius L. Atilius, 27
& armatos ibi fuisse, & se suos armatos ad-
duxisse dixerunt. etiam hoc amplius: cum
Aebutius Caecinae malum minaretur, ibi tum
Caecinam postulasse, ut moribus deductio fieret. Hoc idem P. Rutilius dixit, & eo libentius

L 2

dixit, ut aliquo in judicio ejus testimonio creditum putaretur. Duo præterea testes nihil de vi, sed de re ipsa atque emtione fundi dixerunt: P. Cæsennius, auctor fundi, non tam auctoritate gravi, quam corpore, & argentarius Sex. Clodius, cui nomen est Phormio, nec minus niger, nec minus confidens, quam ille Terentianus est Phormio, nihil de vi dixerunt, nihil præterea, quod ad vestrum judicium pertineret.   Decimo vero loco testis exspectatus, & ad extremum reservatus, dixit, senator populi Romani, splendor ordinis, decus atque ornamentum judiciorum, exemplar antiquæ religionis, Fidiculanius Falcula: qui cum ita vehemens, acerque venisset, ut non modo Cæcinam perjurio suo læderet, sed etiam mihi videretur irasci; ita eum placidum, mollemque reddidi, ut non auderet, sicut meministis, iterum dicere, quot millia fundus suus abesset ab urbe. Nam cum dixisset, minus abesse LIII, populus cum risu acclamavit, ipsa esse. meminerant enim omnes, quantum in Albiano judicio accepisset. In eum quid dicam, nisi id, quod negare non possit? venisse in consilium publicæ quæstionis, cum ejus consilii judex non esset: & in eo consilio, cum causam non audisset, &

poteftas effet ampliandi, dixiffe sibi li-
qvere: dum incognita re judicare voluiffet, maluiffe condemnare, quam abfolvere:
cum, fi uno minus damnarent, condemnari
reus non poffet, non ad cognofcendam caufam, fed ad explendam damnationem præfto
fuiffe. Utrum gravius aliquid in quempiam
dici poteft, quam ad hominem condemnandum, quem numquam vidiffet, neque audiffet, adductum pretio effe? An certius quidquam objici poteft, quam quod is, cui obji-
citur, ne nutu quidem infirmare conatur?
Verumtamen is teftis, ut facile intelligeretis, 30
eum non adfuiffe animo, cum ab illis caufa
ageretur, teftesque dicerent; fed tantifper de
aliquo reo cogitaffe: cum omnes ante eum
dixiffent teftes, armatos cum Aebutio fuiffe
complures; folus dixit, non fuiffe. Vifus eft
mihi primo veterator intelligere præclare,
quid caufa optaret: & tantummodo errare,
quod omnes teftes infirmaret, qui ante eum
dixiffent: cum fubito ecce idem, qui folet,
fuos folos fervos armatos fuiffe dixit. Quid 11
huic tu homini facias? nonne concedas interdum, ut excufatione fummæ ftultitiæ, fummæ improbitatis odium deprecetur? Utrum, 31
recuperatores, his teftibus non credidiftis,

cum, quid liqueret, non habuiſtis? **At con-**
troverſia non erat, quin verum dicerent. An
in coaêta multitudine, in armis, in telis, in
præſenti metu mortis, perſpicuoque periculo
cædis, dubium vobis fuit, utrum eſſe vis aliqua videretur, necne? Quibus igitur in rebus vis intelligi poteſt, ſi in his non intelli-
getur? An vero illa defenſio vobis præclara
viſa eſt? Non dejeci, ſed obſtiti. non enim
te ſum paſſus in fundum ingredi: ſed armatos homines oppoſui: ut intelligeres, ſi in fundo pedem poſuiſſes, ſtatim tibi eſſe pereun-
dum. Quid ais? is, qui armis perterritus,
fugatus, pulſus eſt, non videtur eſſe dejeêtus?
32 Poſterius de verbo videbimus: nunc rem
ipſam ponamus; **quam illi non negant:** & ejus
rei jus, aêtionemque quæramus.

Eſt hæc res poſita, quæ ab adverſario non
negatur: Cæcinam, cum ad conſtitutam diem,
tempusque veniſſet, ut vis ac deduêtio moribus fieret, pulſum, prohibitumque eſſe vi,
coaêtis hominibus & armatis. Cum hoc con-
ſtet, ego homo imperitus juris, ignarus ne-
gotiorum ac litium, hanc puto me habere
aêtionem, ut per interdiêtum, meum jus te-
neam, atque injuriam tuam perſequar. **Fac**
in hoc errare me, nec ullo modo poſſe per hoc

interdictum id affequi, quod velim: te uti in
hac re magiftro volo. Quaero, fitne aliqua 33
hujus rei actio, an nulla. Convocari homines
propter poffeffionis controverfiam non oportet: armari multitudinem, juris retinendi,
caufa, non convenit: nec juri quidquam tam
inimicum, quam vis: nec aequitati quidquam
tam infeftum eft, quam convocati homines
& armati. Quod cum ita fit, resque ejusmodi 12
fit, ut in primis magiftratibus animadverten-
da effe videatur, iterum quaero, fitne ejus
rei aliqua actio, an nulla. Nullam effe dices?
audire cupio: qui in pace & otio, cum manum fecerit, copias pararit, multitudinem
hominum coëgerit, armarit, inftruxerit, homines inermes, qui ad conftitutum experiundi
juris gratia veniffent, armis, viris, terrore,
periculoque mortis repulerit, fugarit, aver-
terit, hoc dicat: Feci equidem, quae dicis,
omnia: & ea funt & turbulenta, & temera-
ria, & periculofa. Quid ergo eft? impune 34
feci. Nam, quod agas mecum ex jure civili ac
praetorio, non habes. Itane vero, recuperatores? hoc vos audietis? & apud vos dici patiemini faepius? cum majores noftri tanta diligentia, prudentiaque fuerint, ut omnia
omnium non modo tantarum rerum, fed etiam

tenuiſſimarum jura ſtatuerint, perſequuti-
que ſint; hoc genus unum, vel maximum,
prætermitterent: ut, ſi qui me exire domo
mea coëgiſſent armis, haberem actionem; ſi
qui introire prohibuiſſent, non haberem?
Nondum de Cæcinæ cauſa diſputo, nondum
de jure poſſeſſionis noſtræ loquor: tantum de
35 tua defenſione, C. Piſo, quæror. Quando ita
dicis, & ita conſtituis, Si Cæcina, cum in
fundo eſſet, inde dejectus eſſet, tum per hoc
interdictum eum reſtitui oportuiſſe: nunc
vero dejectum nullo modo eſſe inde, ubi non
fuerit; hoc interdicto nihil nos aſſecutos eſſe:
quæro, ſi te hodie domum tuam redeuntem
coacti homines & armati, non modo limine,
tectoque ædium tuarum, ſed primo aditu,
veſtibuloque prohibuerint, quid acturus ſis.
Monet amicus meus te, L. Calpurnius, ut
idem dicas, quod ipſe antea dixit, injuriarum. Quid id ad cauſam poſſeſſionis? quid
ad reſtituendum eum, quem oportet reſtitui?
quid denique ad jus civile, aut ad actoris no-
tionem & ad animadverſionem? Ages injuriarum? Plus tibi ego largiar. non ſolum
egeris, verum etiam condemnaris licet: numquid magis poſſidebis? actio enim injuriarum
non jus poſſeſſionis aſſequitur, ſed dolorem

imminutæ libertatis judicio, pœnaque miti-
gat. Prætor interea, Pifo, tanta de re tace-
bit? quemadmodum te reftituat in ædes tuas,
non habebit? Qui dies totos aut vim fieri
vetat, aut reftitui factam jubet: qui de foffis,
de cloacis, de minimis aquarum, itinerumque
controverfiis interdicit, is repente obmu-
tefcet? in atrociffima re quod faciat, non
habebit? &, C. Pifone domo, tectisque fuis
prohibito, prohibito, inquam, per homines
coactos & armatos, prætor quemadmodum
more & exemplo opitulari poffit, non habebit? Quid enim dicet? aut quid tu, tam infigni accepta injuria, poftulabis? Unde vi
prohibitus fis? nemo umquam interdixit. novum eft, non dico inufitatum, verum omnino
inauditum. Unde dejectus? Quid proficies,
cum illi hoc refpondebunt tibi, quod tu nunc
mihi: armatos tibi obftitiffe, ne in ædes accederes: dejici porro nullo modo potuiffe,
qui non accefferit? Dejicior ego, inquis, fi
quis meorum dejicitur omnino. Jam bene
agis. a verbis enim recedis, & æquitate ute-
ris. nam verba ipfa fi fequi volumus, quomodo tu dejiceris, cum fervus tuus dejicitur? Verum ita eft, uti dicis. te dejectum
debeo intelligere, etiamfi tactus non fueris.

L 5

nonne ? Age nunc, ſi ne tuorum quidem
quiſquam loco motus erit, atque omnes in
ædibus adſervati ac retenti: tu ſolus prohibitus, & a tuis ædibus vi atque armis perterritus: utrum hanc actionem habebis, qua
nos uſi ſumus, an aliam quampiam, an
omnino nullam? Nullam eſſe actionem dicere
in re tam inſigni, tamque atroci, neque pru-
dentiæ, neque auctoritatis tuæ eſt. alia ſi
qua forte eſt, quæ nos fugerit, dic, quæ ſit.
38 cupio diſcere. Hæc ſi eſt, qua nos uſi ſumus; te judice, vincamus neceſſe eſt. Non
enim vereor, ne hoc dicas, in eadem cauſa,
eodem interdicto, te oportere reſtitui, Cæcinam non oportere. Etenim cui perſpicuum
non ſit, ad incertum revocari bona, fortunas, poſſeſſiones omnium, ſi ulla ex parte
ſententia hujus interdicti deminuta aut infir-
mata ſit? ſi auctoritate virorum talium vis
armatorum hominum judicio approbata videatur: in quo judicio non de armis dubita-
tum, ſed de verbis quæſitum eſſe dicatur?
Isne apud vos obtinebit cauſam ſuam, qui
ſe ita defenderit: Ejeci ego te armatis hominibus, non dejeci: ut tantum facinus non
in æquitate defenſionis, ſed in una littera
39 latuiſſe videatur? Hujusce rei vos ſtatuetis

nullam effe actionem, nullum experiundi jus
conftitutum, qui obftiterit armatis hominibus? qui multitudine coacta, non introitu,
fed omnino aditu quempiam prohibuerit?
Quid ergo? hoc, quam habet vim? ut illa 14
res aliquid aliqua ex parte differre videatur,
utrum, pedem cum intulero, atque in poffeffionem veftigium fecero, tum expellar atque dejiciar: an, quum eadem vi, atque iisdem armis, mihi ante occurratur, ne non
modo intrare, verum etiam adfpicere, aut
adfpirare poffim? qui hoc ab illo differt? ut
ille cogatur reftituere, qui ingreffum expu-
lerit: ille, qui ingredientem repulerit, non
cogatur? Videte, per deos immortales! quod 40
jus nobis, quam conditionem vobismetipfis,
quam denique civitati legem conftituere velitis. Hujusce generis una eft actio per hoc
interdictum, quo nos ufi fumus, conftituta.
ea fi nihil valet, aut fi ad hanc rem non pertinet; quid negligentius, aut quid ftultius
majoribus noftris dici poteft, qui aut tantæ
rei prætermiferint actionem, aut eam confti-
tuerint, quæ nequaquam fatis verbis caufam & rationem juris amplecteretur? Periculofum eft diffolvi hoc interdictum: eft
captiofum omnibus, rem ullam conftitui

ejusmodi, quæ, cum armis gesta sit, rescindi
jure non possit. verumtamen est turpissimum
illud, tantæ stultitiæ prudentissimos homines
condemnari, ut vos judicetis, hujus rei atque actionis in mentem majoribus nostris
non venisse.

41   Queramur, inquit, licet: tamen hoc interdicto Aebutius non tenetur. Quid ita?
Quod vis Cæcinæ facta non est. Dici in hac
causa potest, ubi arma fuerint, ubi coacta
hominum multitudo, ubi instructi & certis
locis cum ferro homines collocati, ubi minæ, pericula, terroresque mortis, ibi vim
non fuisse? Nemo, inquit, occisus est, neque sauciatus. Quid ais? cum de possessionis controversia, & de privatorum hominum
contentione juris loquamur, tu vim negabis
esse factam, si cædes & occisio facta non
erit? Ego exercitus maximos, sæpe pulsos &
fugatos esse dico, terrore ipso, impetuque
hostium, sine cujusquam non modo morte,
15 verum etiam vulnere. Etenim, recuperato-
42 res, non ea sola vis est, quæ ad corpus
nostrum, vitamque pervenit, sed etiam multo
major ea, quæ, periculo mortis injecto, formidine animum perterritum, loco sæpe &
certo de statu demovet. Itaque saucii sæpe

homines, cum corpore debilitantur, animo
tamen non cedunt, neque eum relinquunt
locum, quem ftatuerint defendere : at alii
pelluntur integri : ut non dubium fit, quin
major adhibita vis ei fit, cujus animus fit
perterritus, quam illi, cujus corpus vulnera-
tum fit. Quodfi vi pulfos dicimus exercitus 43
effe eos, qui metu ac tenui faepe fufpicione
periculi fugerunt: &, fi non folum impulfu
fcutorum, neque conflictu corporum, neque
ictu cominus, neque conjectione telorum, fed
faepe clamore ipfo militum, aut inftructione,
adfpectuque fignorum magnas copias pulfas
effe, & vidimus, & audivimus; quae vis in
bello appellatur, ea in otio non appellabitur ? &, quod vehemens in re militari pu-
tatur, id leve in jure civili judicabitur ? &,
quod exercitus armatos movet, id advoca-
tionem togatorum non videbitur movifse ? &
vulnus corporis magis iftam vim, quam ter-
ror animi declarabit ? & fauciatio quaeretur,
cum fugam factam effe conftabit ? Tuus enim 44
teftis hoc dixit, metu perterritis noftris advocatis, locum fe, qua effugerent, de-
monftrafse. Qui non modo ut fugerent,
fed etiam ipfius fugae tutam viam quaefie-
runt, his vis adhibita non videbitur ? Quid

igitur fugiebant? propter **metum.** Quid **me-**
tuebant? vim videlicet. Poteftis igitur principia negare, cum extrema conceditis ? Fu-
giffe perterritos confitemini : caufam fugæ
dicitis eandem , quam omnes intelligimus ,
arma, multitudinem hominum, incurfionem
atque impetum armatorum: hæc ubi conce-

16 duntur effe facta , ibi vis facta negabitur ?

45 At vero hoc quidem jam vetus eft, & majorum exemplo multis in rebus ufitatum : cum
ad vim faciendam veniretur, fi quos **arma-**
tos quamvis procul confpexiffent, ut ftatim
teftificati difcedèrent, optime fponfionem **fa-**
cere poffent, NI ADVERSVS EDICTVM
PRAETORIS VIS FACTA ESSET. Ita-
ne vero? fcire, effe armatos, fatis eft, ut
vim factam probes : in manus eorum inci-
dere , non eft fatis? Adfpectus armatorum
ad vim probandam valebit: incurfus & impetus non valebit? qui abierit, facilius fibi
vim factam probabit, quam qui effugerit?

46 At ego hoc dico : fi, ut primo in caftello
Cæcinæ dixit Aebutius, fe homines coëgiffe
& armaffe, neque illum, fi eo acceffiffet,
abiturum, ftatim Cæcina difceffiffet; dubitare vos non debuiffe , quin Cæcinæ facta
vis effet. fi vero , fimulac procul confpexit

armatos , receffiffet , eo minus dubitaretis.
Omnis enim vis eft , quæ periculo aut decedere nos alicunde cogit , aut prohibet accedere. Quodfi aliter ftatuetis: videte , ne hoc
vos ftatuatis , qui vivus difcefferit , ei vim
non effe factam: ne hoc omnibus , in poffeffionum controverfiis , præfcribatis , ut con-
fligendum fibi , & armis decertandum pu-
tent: ne, quemadmodum in bello pœna igna-
vis ab imperatoribus conftituitur , fic in judiciis deterior caufa fit eorum , qui fugerint,
quam qui ad extremum ufque contenderint.
Cum de jure & legitimis hominum contro- 47
verfiis loquimur , & in his rebus vim nomi-
namus , pertenuis vis intelligi debet. Vidi
armatos , quamvis paucos : magna vis eft.
deceffi unius hominis telo perterritus : dejectus, detrufusque fum. Hoc fi ita ftatuetis: non modo non erit, cur depugnare quifquam pofthac, poffeffionis caufa, velit: fed
ne illud quidem, cur repugnare. Sin autem
vim fine cæde, fine vulneratione, fine fanguine, nullam intelligetis: ftatuetis, homines poffeffionis cupidiores, quam vitæ effe
oportere. Age vero, de vi te ipfum habebo 17
judicem, Aebuti. refponde, fi tibi videtur. 48
In fundum Cæcina utrum noluit tandem,

an non potuit accedere? cum te obftitiffe &
repuliffe dicis, certe hunc voluiffe concedis.
Potes igitur dicere, non ei vim fuiffe impedimento, cui, cum cuperet, eoque confilio
veniffet, per homines coactos non fit licitum
accedere? Si enim id, quod maxime voluit,
nullo modo potuit: vis profecto quædam
obftiterit neceffe eft : aut tu dic, quamobrem, cum vellet accedere, non accefferit.
49 Jam vim factam negare non potes: dejectus
quemadmodum. fit, qui non accefferit, id
quæritur. demoveri enim & depelli de loco
neceffe eft eum, qui dejiciatur. id autem
accidere ei qui poteft, qui omnino in eo loco, unde fe dejectum effe dicit, numquam
fuit? Quodfi fuiffet, & ex eo loco, metu
permotus, fugiffet, cum armatos vidiffet:
diceresne effe dejectum? Opinor. An tu,
qui tam diligenter & tam callide verbis con-
troverfias, non æquitate, dijudicas: & jura
non utilitate communi, fed litteris exprimis:
poterisne dicere. dejectum effe eum, qui
tactus non erit? Quid? detrufum dices?
nam eo verbo antea prætores in hoc interdicto uti folebant. Quid ais? poteftne detrudi
quifquam, qui non attingitur? nonne, fi
verbum fequi volumus, hoc intelligamus

neceffe

necesse est, eum detrudi, cui manus afferantur? necesse est, inquam, si ad verbum rem volumus attingere, neminem statu detrusum, qui non adhibita vi, manu demotus & actus praeceps intelligatur. Dejectus vero qui potest 50 esse quisquam, nisi in inferiorem locum de superiore motus? potest pulsus, fugatus, ejectus denique: illud vero nullo modo potest, dejectus esse quisquam, non modo qui tactus non sit, sed ne aequo quidem & plano loco. Quid ergo? hoc interdictum putamus eorum esse causa compositum, qui se praecipitatos ex locis superioribus dicerent? eos enim vere possumus dicere esse dejectos.

An non, cum voluntas, & consilium, & 18 sententia interdicti intelligatur, impudentiam summam, aut stultitiam singularem putabimus, in verborum errore versari: rem, & causam, & utilitatem communem non relinquere solum, sed etiam prodere? An hoc dubium est, quin neque verborum tanta copia 51 sit, non modo in nostra lingua, quae dicitur esse inops: sed ne in alia quidem ulla, res ut omnes suis certis ac propriis vocabulis nominentur? neque vero quidquam opus sit verbis, cum ea res, cujus causa verba quaesita sint, intelligatur? Quae lex, quod senatusconsultum,

quod magiſtratus ediſtum, quod fœdus, aut
paſtio, quod (ut ad privatas res redeam)
teſtamentum: quæ judicia, aut ſtipulationes,
aut paſti & conventi formula non infirmari
aut convelli poteſt, ſi ad verba rem defleſtere
velimus: conſilium autem eorum, qui ſcripſe-
runt, & rationem, & auſtoritatem relinqua-
52 mus? Sermo mehercule & familiaris & quo-
tidianus non cohærebit, ſi verba inter nos
aucupabimur. denique imperium domeſticum
nullum erit, ſi ſervulis hoc noſtris conceſſe-
rimus, ut ad verba nobis obediant: non ad
id, quod ex verbis intelligi poſſit, obtempe-
rent. Exemplis nunc uti videlicet mihi neceſſe eſt harum rerum omnium? Non occur-
rit unicuique veſtrûm aliud alii in omni genere exemplum, quod teſtimonio ſit, non ex
verbis aptum pendere jus, ſed verba ſervire
53 hominum conſiliis & auſtoritatibus? Ornate
& copioſe L. Craſſus, homo longe eloquen-
tiſſimus, paulo ante, quam nos in forum ve-
nimus, judicio centumvirali hanc ſententiam
defendit, & facile, cum contra eum pruden-
tiſſimus homo, Q. Mucius, diceret, probavit
omnibus, M'. Curium, qui heres inſtitutus eſſet ita, *mortuo poſtumo filio;* cum filius non
modo non mortuus, ſed ne natus quidem

effet, heredem effe oportere. Quid? verbis
fatis hoc caùtum erat? minime. Quæ res
igitur valuit? voluntas: quæ fi tacitis nobis
intelligi poffet, verbis omnino non uteremur:
quia non poteft; verba reperta funt, non
quæ impedirent, fed quæ indicarent voluntatem. Lex ufum auctoritatem fundi jubet effe 19
biennium. At utimur eodem jure in ædibus, 54
quæ in lege non appellantur. Si via fit immunita, jubet, qua velit, agere jumentum.
poteft hoc ex verbis intelligi, licere, fi via
fit in Brutiis immunita, agere, fi velit, jumentum per M. Scauri Tufculanum. Actio eft
in auctorem præfentem his verbis, QVAN-
DOQVIDEM TE IN JVRE CONSPICIO.
Hac actione Appius ille Cæcus uti non poffet,
fi tam vere homines verba confectarentur, ut
rem, cujus caufa verba funt, non confidera-
rent. Teftamento fi recitatus heres effet pu-
pillus Cornelius, isque jam annos xx haberet; vobis interpretibus amitteret hereditatem. Veniunt in mentem mihi permulta: vo- 55
bis plura, certo fcio. verum, ne nimium multa
complectamur, atque ab eo, quod propofitum eft, longius aberret oratio: hoc ipfum
interdictum, de quo agitur, confideremus.
Intelligetis enim in eo ipfo, fi in verbis jus

conftituamus, omnem utilitatem nos hujus
interdicti, dum verfuti & callidi volumus effe,
amiffuros. VNDE TV, AVT FAMILIA,
AVT PROCVRATOR TVVS. Si me villi-
cus tuus folus dejeciffet: non familia dejeciffet, ut opinor, fed aliquis de familia. Recte
igitur diceres te reftituiffe? quippe. Quid
enim facilius eft, quam probari iis, qui Latine fciant, in uno fervulo familiæ nomen
non valere? Si vero ne habeas quidem fervum, præter eum, qui me dejecerit: clames
videlicet, Si habeo familiam, a familia mea
fateor te effe dejectum. neque dubium eft,
quin, fi ad rem judicandam verbo ducimur,
non re, familiam intelligamus, quæ conftet
ex fervis pluribus; quin unus homo, familia
non fit. verbum certe hoc non modo poftu-
56 lat, fed etiam cogit. At vero ratio juris, in-
terdictique vis, & prætorum voluntas, &
hominum prudentium confilium & auctoritas,
refpuat hanc defenfionem, & pro nihilo putet.
20 Quid ergo? ifti homines Latine non loquuntur? immo vero tantum loquuntur, quantum
eft fatis ad intelligendam voluntatem: cum
fibi hoc propofuerint, ut, five me tu dejeceris, five tuorum quifpiam, five fervorum, five amicorum, ut fervos non numero

distinguant, fed appellent uno familiae nomine. De liberis autem quifquis eft, procura- 57 toris nomine appelletur: non quo omnes fint aut appellentur procuratores, qui negotii noftri aliquid gerant; fed in hac re, cognita fententia interdicti, verba fubtiliter exquiri omnia noluerunt. Non enim alia caufa eft aequitatis in uno fervo, & in pluribus: non alia ratio juris in hoc genere duntaxat, utrum me tuus procurator dejecerit is, qui legitime procurator dicitur omnium rerum ejus, qui in Italia non fit, abfitve reipublicae caufa, quafi quidam paene dominus, hoc eft, alieni juris vicarius: an tuus colonus, aut vicinus, aut cliens, aut libertus, aut quivis, qui illam vim, dejectionemque, tuo rogatu, aut tuo nomine, fecerit. Quare, fi ad eum reftituen- 58 dum, qui vi dejectus eft, eandem vim habet aequitatis ratio: ea intellecta, certe nihil ad rem pertinet, quae verborum vis fit ac nominum. Tam reftitues, fi tuus me libertus dejecerit, nulli tuo praepofitus negotio, quam fi procurator dejecerit: non quo omnes fint procuratores, qui aliquid noftri negotii gerunt; fed quod in hac re quaeri nihil attinet. Tam reftitues, fi unus fervulus, quam fi familia dejecerit univerfa: non quo idem fit

fervulus unus, quod familia; verum quia non,
quibus verbis quidque dicatur, quæritur, fed
quæ res agatur. Etiam, ut jam longius a
verbo recedamus, ab æquitate ne tantulum
quidem; fi tuus fervus nullus fuerit, fed
omnes alieni, ac mercenarii: tamen & ipfi
tuæ familiæ genere & nomine continebuntur.
21 Perge porro hoc idem interdictum fequi,
59 HOMINIBVS COACTIS. Neminem coë-
geris: ipfi convenerint fua fponte. certe cogit is, qui congregat homines & convocat.
coacti funt ii, qui ab aliquo funt unum in
locum congregati. Si non modo convocati
non funt, fed ne convenerunt quidem: fed ii
modo fuerunt, qui etiam antea, non, vis ut
fieret, verum colendi, aut pafcendi caufa,
effe in agro confueverant; defendes, homines coactos non fuiffe: & verbo quidem fu-
perabis, me ipfo judice; re autem, ne con-
fiftes quidem ullo judice. Vim enim multitudinis reftitui voluerunt, non folum convoca-
tæ multitudinis: fed, quia plerumque, ubi
multitudine opus eft, homines cogi folent,
ideo de coactis compofitum interdictum eft:
quod, etiamfi verbo differre videbitur, re tamen erit unum, & omnibus in caufis idem
valebit, in quibus perfpicitur una atque eadem

caufa æquitatis. ARMATISVE. Quid dice-60
mus? armatos, fi Latine loqui volumus, quos
appellare vere poffumus? opinor eos, qui fcu-
tis, telisque parati, ornatique funt. Quid
igitur? fi glebis, aut faxis, aut fuftibus aliquem de fundo præcipitem egeris; juffusque
fis, quem bominibus armatis dejeceris, reftituere: reftituiffe te dices? Verba fi valent:
fi caufæ non ratione, fed vocibus ponderan-
tur: me auctore dicito. vinces profecto, non
fuiffe armatos eos, qui faxa jacerent, quæ de
terra ipfi tollerent: non effe arma cæfpites,
neque glebas: non fuiffe armatos eos, qui
prætereuntes ramum defringerent arboris:
arma effe fuis nominibus, alia ad tegendum,
alia ad nocendum: quæ qui non habuerint,
eos inermes fuiffe vinces.   Verum fiquidem 61
erit armorum judicium; tum ifta dicito: juris
judicium cum erit & æquitatis; cave in ifta
tam frigida, tam jejuna calumnia delitefcas.
non enim reperies quemquam judicem, aut
recuperatorem, qui, tamquam fi arma militis infpiciunda fint, ita probet armatum: fed
perinde valebit, quafi paratiffimi fuerint, fi
reperientur ita parati fuiffe, ut vim vitæ aut
corpori potuerint afferre.   Atque, ut magis 22
intelligas, quam verba nihil valeant: fi tu 62

folus, aut quivis unus cum fcuto, cum gladio, impetum in me feciffet, atque ego ita
dejectus effem: auderesne dicere, interdictum effe de armatis hominibus: hic autem
hominem armatum unum fuiffe? Non, opinor, tam impudens effes. Atqui vide, ne
multo nunc fis impudentior. nam tum quidem
omnes mortales implorare poffes, quod homines in tuo negotio Latine loqui oblivifce-
rentur; quod inermes armati judicarentur ;
quod, cum interdictum effet de pluribus,
commiffa res effet ab uno; unus homo plu-
63 res effe homines judicaretur. Verum in his
caufis non verba veniunt in judicium, fed ea
res, cujus caufa verba hæc in interdictum
conjecta funt. Vim, quæ ad caput & ad vitam pertinet, reftitui fine ulla exceptione voluerunt. Ea fit plerumque per homines coactos, armatosque: quæ fi alio confilio, eodem periculo facta fit; eodem jure effe voluerunt. Non enim major eft injuria, fi tua
familia, quam fi tuus villicus: non fi tui fervi, quam fi alieni, ac mercenarii: non, fi
tuus procurator, quam fi vicinus, aut liber-
us: non, fi coactis hominibus, quam
fi voluntariis, aut etiam affiduis & domeft i-
cis: non, fi armatis, quam fi inermibus, qui

vim haberent armatorum ad nocendum: non,
si pluribus, quam si uno armato. Quibus
enim rebus plerumque vis sit, ejusmodi hæ
res appellantur interdicto, si per alias res
eadem facta vis est: ea, tametsi verbis interdicti non concluditur, tamen sententia juris
atque auctoritate retinetur.

Venio nunc ad illum tuum: *Non dejeci,* 23
si non sivi accedere. Puto te ipsum, Piso, per- 64
spicere, quanto ista sit angustior, iniquior-
que defensio, quam si illa uterere: *Non fue-*
runt armati: cum fustibus & saxis fuerunt.
Si mehercule mihi, non copioso homini ad
dicendum, optio detur, utrum malim defendere, non esse dejectum eum, cui vi & armis ingredienti sit occursum, an, armatos non
fuisse eos, qui sine scutis ac sine ferro fuerint:
omnino, ad probandum utramque rem videam
infirmam, nugatoriamque esse: ad dicendum
autem, in altera videar mihi aliquid reperire
posse, non fuisse armatos eos, qui neque ferri
quidquam, neque scutum ullum habuerint:
hic vero hæream, si mihi defendendum sit,
eum, qui pulsus, fugatusque sit, non esse
dejectum. Atque illud in tota defensione tua 65
mihi maxime mirum videbatur, te dicere,
jurisconsultorum auctoritati obtemperari non

oportere. Quod ego tametfi non nunc primum, neque in hac caufa folum, audio, tamen admodum mirabar, abs te quam ob rem
diceretur. nam ceteri tum ad iftam hortationem decurrunt, cum fe in caufa putant habere æquum & bonum, quod defendant. fi
contra verbis & litteris, & (ut dici folet)
fummo jure contenditur: folent ejusmodi ini-
quitati boni & æqui nomen, dignitatemque
opponere. Tum illud, quod dicitur, S I V E,
N I V E, irrident: tam aucupia verborum,
& litterarum tendiculas in invidiam vocant:
tum vociferantur, ex æquo & bono, non ex
callido, verfutoque jure, rem judicari oportere: fcriptum fequi, calumniatoris effe: boni
judicis, voluntatem fcriptoris, auctoritatem-
66 que defendere. In ifta vero caufa, cum tu fis
is, qui te verbo, litteraque defendas: cum
tuæ fint hæ partes, Unde dejectus es? an
inde, quo prohibitus es accedere, ejectus es,
non dejectus? Cum tua fit hæc oratio: Fateor, me homines coëgiffe: fateor, armaffe:
fateor, tibi mortem effe minitatum: fateor,
hoc interdicto prætoris vindicari, fi voluntas
& æquitas valeat: fed ego invenio in interdicto verbum unum, ubi delitefcam: non dejeci te ex eo loco, quem in locum prohibui

ne venires. In ista defensione accusas eos, qui 24
consuluntur, quod aequitatis censeant rationem, non verbi, haberi oportere. Et hoc 67
loco Scaevolam, dixisti, causam apud eentum-
viros non tenuisse: quem ego antea commemoravi, quod idem faceret, quod tu nunc
(tametsi ille in aliqua causa faciebat, tu in
nulla facis) tamen probasse nemini, quod defendit, quia verbis oppugnare aequitatem videbatur. Cum id miror, te hoc in hac re,
alieno tempore, & contra, quam ista causa
postulasset, defendisse: tum illud vulgo in judiciis, & nonnumquam ab ingeniosis hominibus defendi, mihi mirum videri solet, nec
jurisconsultis concedi, nec jus civile in causis
semper valere oportere. Nam qui hoc dispu- 68
tant, si id dicunt, non recte aliquid statuere
eos, qui consulantur: non hoc debent dicere,
juri civili, sed hominibus stultis, obtemperari
non oportere. sin illos recte respondere concedunt, & aliter judicari dicunt oportere:
male judicari oportere dicunt: neque enim
fieri potest, ut aliud judicari de jure, aliud
responderi oporteat: nec ut quisquam juris
numeretur peritus, qui id statuat esse jus,
quod non oporteat judicari. At est aliquando 69
contra judicatum. Primum utrum recte, an

perperam? fi recte, id fuit jus, quod judicatum eft: fin aliter; non dubium eft, utrum
judices an jurisconfulti vituperandi fint. deinde, fi de jure vario quippiam judicatum eft;
non potius contra jurisconfultos ftatuunt, fi
aliter pronuntiatum eft, ac Mucio placuit,
quam ex eorum auctoritate, fi, ut Manilius
ftatuebat, fic eft judicatum. Etenim ipfe
Craffus non ita caufam apud centumviros egit,
ut contra jurisconfultos diceret: fed ut hoc
doceret, illud, quod Scævola defendebat, non
effe juris: & in eam rem non folum rationes
afferret, fed etiam Q. Mucio, focero fuo, mul-
tisque peritiffimis hominibus auctoribus uteretur. Nam qui jus civile contemnendum
putat, is vincula revellit non modo judiciorum, fed etiam utilitatis, vitæque communis:
qui autem interpretes juris vituperat; fi im-
peritos juris effe dicit; de hominibus, non
de jure civili detrahit. fin peritis non putat
effe obtemperandum, non homines lædit, fed
leges ac jura labefactat. Quod vobis venire
in mentem profecto neceffe eft, nihil effe in
civitate tam diligenter, quam jus civile, retinendum. etenim, hoc fublato, nihil eft,
quare exploratum cuiquam poffit effe, quid
fuum, aut quid alienum fit: nihil eft, quod

æquabile inter omnes, atque unum omnibus
esse possit. Itaque in ceteris controversiis at- 71
que judiciis, cum quæritur, aliquid factum
necne sit, verum an falsum proferatur: &
fictus testis subornari solet, & interponi falsæ
tabulæ: nonnumquam, honesto ac probabili
nomine, bono viro judici error objici, improbo facultas dari, ut, cum sciens perperam
judicarit, testimonium aut tabulas secutus esse
videatur. In jure nihil est ejusmodi, recuperatores: non tabulæ falsæ, non testis improbus: denique nimia ista, quæ dominatur in
civitate, potentia, in hoc solo genere quiescit:
quid agat, quomodo aggrediatur judicem, qua
denique digitum proferat, non habet. Illud 72
enim potest dici judici ab aliquo non tam ve-
recundo homine, quam gratioso: Judica hoc
factum esse, aut numquam esse factum vel
cogitatum: crede huic testi: has comproba
tabulas. hoc non potest: Cui filius agnatus
sit, ejus testamentum non esse ruptum, judica: quod mulier sine tutore auctore pro-
miserit, deberi. Non est aditus ad hujusmodi
res, neque potentiæ cujusquam, neque gratiæ: denique, quo majus hoc, sanctiusque
videatur, ne pretio quidem corrumpi judex
in ejusmodi causa potest. Iste vester testis, 73

qui aufus eft dicere, FECISSE VIDERI
EVM, de quo, ne cujus rei argueretur quidem, fcire potuiffet, ipfe numquam auderet
judicare, deberi viro dotem, quam mulier
nullo auctore dixiffet. O rem præclaram,
vobisque ob hoc retinendam, recuperatores!
26 Quod enim eft jus civile? quod neque inflecti
gratia, neque perfringi potentia, neque adul-
terari pecunia poffit: quod fi non modo oppreffum, fed etiam defertum, aut negligentius adfervatum erit; nihil eft, quod quisquam fefe habere certum, aut a patre acceptu-
74 rum, aut relicturum liberis arbitretur. Quid
enim refert, ædes, aut fundum relictum a
patre, aut aliqua ratione habere bene partum,
fi incertum fit, quæ [cum omnia tua,] jure
mancipii fint, ea poffisne retinere? fi parum
fit communitum jus? fi civili ac publica lege
contra alicujus gratiam teneri non poteft?
Quid, inquam, prodeft, fundum habere, fi,
quæ decentiffime defcripta a majoribus jura
finium, poffeffionum, aquarum, itinerumque
funt, hæc perturbari aliqua ratione, commu-
tarique poffunt? Mihi credite: major here-
ditas venit unicuique veftrûm in iisdem bonis, a jure, & a legibus, quam ab iis, a
quibus illa ipfa bona relicta funt. nam, ut

perveniat ad me fundus, teftamento alicujus
fieri poteft: ut retineam, quod meum factum
fit, fine jure civili non poteft. Fundus a patre
relinqui poteft: at ufucapio fundi, hoc eft,
finis follicitudinis, ac periculi litium, non a
patre relinquitur, fed a legibus. Aquæductus,
hauftus, iter, actus, a patre: fed rata auctoritas harum rerum omnium a jure civili fumitur. Quapropter non minus diligenter ea, 75
quæ a majoribus accepiftis, publica patrimo-
nia juris, quam privatæ rei veftræ retinere
debetis: non folum, quod hæc jure civili fepta
funt, fed etiam quod patrimonium unius incommodo dimittitur; jus amitti non poteft,
fine magno incommodo civitatis.

In hac ipfa caufa, recuperatores, fi hoc 27
nos non obtinebimus, vi, armatis hominibus
dejectum effe eum, quem vi, armatis hominibus pulfum, fugatumque effe conftet: Cæcina rem non amittet, quam ipfam animo
forti, fi tempus ita ferret, amitteret; in poffeffionem in præfentia non reftituetur: nihil 76
amplius: populi Romani caufa, civitatis jus,
bona, fortunæ, poffeffionesque in dubium, in-
certumque revocabuntur: veftra auctoritate
hoc conftituetur, hoc præfcribetur: quicum
tu pofthac de poffeffione contendes, eum, fi

ingreffum modo dejeceris, in prædium reftituas oportebit: fin autem ingredienti, cum
armata multitudine obvius fueris, & ita ve-
nientem repuleris, fugaris, averteris; non
reftitues. tum ftatueritis vim in cæde folum,
non etiam in animo: nifi cruor appareat, vim
non effe factam: injuriarum delictum effe,
qui prohibitus fit; nifi ex eo loco, ubi vefti-
77 gium impreflerit, dejici neminem poffe. Juris
igitur retineri fententiam, & æquitatem plurimum valere oportere; an verbo ac littera
jus omne torqueri; vos ftatuite, recuperatores, utrum utilius effe videatur. Hoc loco
percommode accidit, quod non adeft is, qui
paulo ante affuit, & adeffe nobis frequenter
in hac caufa folet, vir ornatiffimus, C. Aquillius: (nam ipfo præfente, de virtute ejus &
prudentia timidius dicerem; quod & ipfe pudore quodam afficeretur ex fua laude, & me
fimilis ratio pudoris a præfentis laude tarda-
ret,) cujus auctoritati, dictum eft, ab illa
caufa concedi nimium non oportere. Vereor,
de tali viro ne plus dicam, quam vos aut fen-
tiatis, aut apud vos commemorari velitis.
78 Quapropter hoc dicam, numquam ejus auc̃to-
ritatem nimium valere, cujus prudentiam populus Romanus in cavendo, non in decipiendo
perfpexerit:

perfpexerit: qui juris civilis rationem numquam ab æquitate fejunxerit: qui tot annos ingenium, laborem, fidem fuam populo Romano promtam, expofitamque præbuerit: qui ita juftus & bonus vir eft, ut natura, non difciplina confultus effe videatur: ita peritus ac prudens, ut ex jure civili, non fcientia folum quædam, verum etiam bonitas nata videatur: cujus tantum eft ingenium, ita promta fides, ut, quidquid inde haurias, purum, liquidumque te haurire fentias. Quare? permagnam initis a nobis gratiam, cum eum auctorem noftræ defenfionis effe dicitis. Illud autem miror, cur vos aliquid contra me fentire dicatis, cum eum auctorem vos pro me appelletis, noftrum nominetis. Verumtamen quid ait ifte nofter auctor? Omnibus, quidquid verbis actum, pronuntiatumque fit, convenit. Ego ex ifto genere confultorum non 28 nominem, ut opinor, iftum ipfum, quo nos auctore rem iftam agere, & defenfionem caufæ conftituere vos dicitis. qui cum iftam difputationem mecum ingreffus effet, non poffe probari, quemquam effe dejectum, nifi ex eo loco, in quo fuiffet: rem & fententiam interdicti mecum facere fatebatur: verbo me excludi dicebat: a verbo autem poffe recedi

80 non arbitrabatur. Cum exemplis uterer multis, etiam illa materia æquitatis, ab verbo &
ab scripto, plurimis sæpe in rebus, jus &
æqui, bonique rationem esse sejunctam; sem-
perque id valuisse plurimum, quod in se auctoritatis habuisset, æquitatisque plurimum:
consolatus est me, & ostendit, in hac ipsa causa
nihil esse, quod laborarem: nam verba ipsa
sponsionis facere mecum, si vellem diligenter
attendere. Quonam, inquam, modo? Quia
certe, inquit, dejectus est Cæcina vi hominibus armatis, aliquo ex loco: si non ex eo
loco, quem in locum venire voluit; at ex eo
certe, unde fugit. Quid tum? Prætor, inquit, interdixit, ut, unde dejectus esset, eo
restitueretur, hoc est, quicumque is locus esset, unde dejectus esset. Aebutius autem,
qui fatetur, aliquo ex loco dejectum esse Cæcinam, is, quo modo se restituisse dixit, ne-
81 cesse est male fecerit sponsionem. Quid est,
Pisio? placet tibi pugnare verbis? placet causam juris & æquitatis, &, non nostræ possessionis, sed omnino possessionum omnium, con-
stituere in verbo? Ego, quod mihi videretur,
quod a majoribus factitatum, quod horum
auctoritate, quibus judicandum est, dignum
esset, ostendi, id verum, id æquum, id utile

omnibus effe, fpectari, quo confilio & qua
fententia, non, quibus, quidque verbis effet
actum. Tu me ad verbum vocas? non ante
venio, quam recufaro. nego oportere, nego
obtineri poffe, nego ullam rem effe, quæ aut
comprehendi fatis, aut caveri, aut excipi poffit, fi aut præterito aliquo verbo, aut ambi-
gue pofito, fententia & re cognita, non id,
quod intelligitur, fed id, quod dicitur, valebit.

Quoniam fatis recufavi, venio jam quo 29
vocas. quæro abs te, fimne dejectus, non de 82
Fulciniano fundo: neque enim prætor, fi ex
eo fundo effem dejectus, ita me reftitui juffit; fed eo, unde dejectus effem: fum ex proximo vicini fundo dejectus, qua adibam ad
iftum fundum: fum de via: fum certe alicunde, five de privato, five de publico. eo reftitui fum juffus. reftituiffe te dixifti. nego
me ex decreto prætoris reftitutum effe. Quid
ad hæc dicimus? aut tuo, quemadmodum
dicitur, gladio, aut noftro, defenfio tua con-
ficiatur, neceffe eft. Si ad interdicti fententiam confugis, &, de quo fundo actum fit 83
tum, cum Aebutius reftituere jubebatur, id
quærendum effe dicis, neque æquitatem rei
verbi laqueo capi putas oportere: in meis
caftris, præfidiisque verfaris. mea, mea eft ifta

defenſio: ego hoc vociferor: ego omnes homines, deosque teſtor: cum majores vim armatam nulla juris defenſione texerint, non veſtigium ejus, qui dejectus ſit, ſed factum illius, qui dejecerit, in judicium venire: dejectum eſſe, qui fugatus ſit: vim eſſe factam, 84 cui periculum mortis ſit injectum. Iſtum locum fugis & reformidas, & me ex hoc, ut ita dicam, campo æquitatis ad iſtas verborum anguſtias & ad omnes litterarum angulos revocas: in iis ipſis includere vis inſidiis, quas mihi conaris opponere. Non dejeci, ſed ejeci. Peracutum hoc tibi videtur: hic eſt mucro defenſionis tuæ. in eum ipſum cauſa tua incurrat, neceſſe eſt. Ego enim tibi refero: ſi non ſum ex eo loco dejectus, quo prohibitus ſum accedere; at ex eo ſum dejectus, quo acceſſi, unde fugi. Si prætor non diſtinxit locum, quo me reſtitui juberet, & reſtitui juſ- 85 ſit; non ſum ex decreto reſtitutus. Velim, recuperatores, hoc totum, ſi vobis verſutius, quam mea conſuetudo defendendi fert, videbitur, ſic exiſtimetis: primum alium, non me, excogitaſſe: deinde hujus rationis non modo non inventorem, ſed ne probatorem quidem eſſe me: idque me non ad meam defenſionem attuliſſe, ſed illorum defenſioni

retuliffe: me poffe pro meo jure dicere, neque in hac re, quam ego protuli, quæri
oportere, quibus verbis prætor interdixerit,
fed de quo loco fit actum, cum interdixit:
neque in vi armatorum fpectari oportere, in
quo loco fit facta vis, verum fitne facta: te
vero nullo modo poffe defendere, in qua re
tu velis, verba fpectari oportere: in qua re
nolis, non oportere. Verumtamen, ecquid 30
mihi refpondetur ad illud, quod antea dixi, 86
non folum re & fententia, fed verbis quoque
hoc interdictum ita effe compofitum, ut nihil
commutandum videretur? Attendite diligenter, quæfo, recuperatores. Eft enim veftrl
ingenii, non meam, fed majorum prudentiam cognofcere: non enim fum id dicturus,
quod ego invenerim, fed quod illos non fugerit. Cum de vi interdicitur, duo genera
caufarum effe intelligebant, ad quæ interdictum pertineret: unum, fi qui ex eo loco,
in quo effet: alterum, fi ab eo loco, quo
veniret, vi dejectus effet: & horum utrumque, neque præterea quidquam, poteft accidere, recuperatores. Id adeo, fi placet, con- 87
fiderate. Si qui meam familiam de meo fundo
dejecerit, ex eo me loco dejecerit. fi qui mihi
præfto fuerit cum armatis hominibus extra

meum fundum, & me introire prohibuerit; non ex eo, fed ab eo loco me dejecerit. Ad hæc duo genera rerum, unum verbum, quod fatis declararet utrasque res, invenerunt: ut, five ex fundo, five a fundo dejectus effem, uno atque eodem interdicto reftituerer, VN-DE TV. Hoc verbum, VNDE, utrumque declarat: & ex quo loco, & a quo loco. Unde dejectus eft Cinna? ex urbe. Unde dejectus *? ab urbe. Unde dejecti Galli? a Capitolio. Unde, qui cum Graccho fuerunt? ex Capitolio. Videtis igitur, hoc uno verbo figni-88 ficari res duas, & ex quo, & a quo loco. Cum autem eo reftitui jubet, ita jubet: ut, fi Galli a majoribus noftris poftularent, ut eo reftituerentur, unde dejecti effent, & aliqua vi hoc affequi poffent: non, opinor, eos in cuniculum, qua aggreffi erant, fed in Capitolium reftitui oporteret. hoc enim intelligitur. VNDE TV DEJECISTI, five ex quo loco, five a quo loco: EO RESTITVAS. hoc jam fimplex eft, in eum locum reftituas: five ex hoc loco dejecifti, reftitue in hunc locum: five ab hoc loco, reftitue in eum locum, non ex quo, fed a quo dejectus eft. Ut fi qui ex alto, cum ad patriam acceffiffet, tempeftate fubito rejectus optaret, ut, cum

effet a patria dejectus, eo reftitueretur; hoc,
opinor, optaret, ut, a quo loco depulfus
effet, in eum fe fortuna reftitueret, non in
falum, fed in ipfam urbem, quam petebat:
fic, (quoniam vim verborum neceffario fimi-
litudine rerum aucupamur,) qui poftulat,
ut, a quo loco dejectus eft, hoc eft, unde
dejectus eft, eo reftituatur; hoc poftulat, ut in
eum ipfum locum reftituatur. Cum verba nos 31
eo ducunt, tum res ipfa hoc fentire atque in- 89
telligere cogit. Etenim, Pifo, (redeo nunc
ad illa principia defenfionis meæ,) fi quis te
ex ædibus tuis vi, hominibus armatis dejecerit, quid ages? opinor, hoc interdicto, quo
nos ufi fumus, perfequere. Quid? fi qui jam
de foro redeuntem, armatis hominibus domum tuam te introire prohibuerit, quid ages?
utere eodem interdicto. Cum igitur prætor
interdixerit, unde dejectus es, ut eo refti-
tuaris: tu hoc idem, quod ego dico, & quod
perfpicuum eft, interpretabere: cum illud
verbum, VNDE, in utramque rem valeat,
eoque tu reftitui fis juffus: tam te in ædes
reftitui oportere, fi e veftibulo, quam fi ex
interiore ædium parte dejectus fis.

Ut vero jam, recuperatores, nulla dubi- 90
tatio fit, five rem, five verba fpectare vultis,

quin fecundum nos judicetis, exoritur hic
jam, obrutis rebus omnibus & perditis, illa
defenfio, eum dejici poffe, qui tum poffideat:
qui non poffideat, nullo modo poffe. Itaque,
fi ego fim a tuis ædibus dejectus, reftitui non
oportere: fi ipfe fis, oportere. Numera, quam
multa in ifta defenfione falfa fint, Pifo. Ac
primum illud attende, te jam ex illa ratione
effe depulfum, quod negabas quemquam dejici poffe, nifi qui in eo loco fuerit: nunc,
qui poffideat, eum, etiamfi non fuerit in eo
91 loco, dejici poffe concedis. Cur ergo aut in
illud quotidianum interdictum, VNDE IL-
LE ME VI DEJECIT, additur, CVM
EGO POSSIDEREM, fi dejici nemo poteft,
qui non poffidet : aut in hoc interdictum,
DE HOMINIBVS ARMATIS, non addi-
tur, fi oportet quæri, poffederit, necne?
Negas dejici, nifi qui poffideat. Oftendo, fi
fine armatis, coactisve hominibus dejectus
quifquam fit, eum, qui fateatur fe dejeciffe,
vincere fponfionem, fi oftendat, eum non
poffediffe. Negas dejici, nifi qui poffideat.
Oftendo ex hoc interdicto, DE ARMATIS
HOMINIBVS, qui poffit oftendere non poffediffe eum, qui dejectus fit, condemnari
tamen fponfionis neceffe effe, fi fateatur effe

dejectum. Dupliciter homines dejiciuntur: 32
aut fine coactis, armatisve hominibus, aut 92
per ejusmodi rationem, aut per vim. Ad duas
diffimiles res duo dejuncta interdicta funt.
In illa vi quotidiana non fatis eft, poffe docere fe dejectum, nifi oftendere poffit, cum
poffideret, tum dejectum. ne id quidem fatis
eft, nifi docet, ita fe poffediffe, ut nec vi,
nec clam, nec precario poffederit. Itaque is,
qui fe reftituiffe dixit, magna voce fæpe confiteri folet, fe vi dejeciffe: verum illud addit: Non poffidebat: vel etiam, cum hoc
ipfum conceffit, vincit tamen fponfionem, fi
planum facit, ab fe illum aut vi, aut clam,
aut precario poffediffe. Videtisne, quot de- 93
fenfionibus eum, qui fine armis ac multitudine vim fecerit, uti poffe majores voluerunt?
hunc vero, qui ab jure, officio, bonis moribus, ad ferrum, ad arma, ad cædem confu-
gerit, nudum in caufa deftitutum videtis:
ut, qui armatus de poffeffione contendiffet,
inermis plane de fponfione certaret. Ecquid
igitur intereft, Pifo, inter hæc interdicta?
ecquid intereft, utrum hoc additum, *cum
A. Caecina poffederit*, necne? Ecquid te ratio juris, ecquid interdictorum diffimilitudo,
ecquid auctoritas majorum commovet? Si

effet additum: de eo quæri oporteret. addi-
94 tum non eft: tamen oportebit? Atque ego
in hoc Cæcinam non defendo. poffedit enim
Cæcina, recuperatores: & id, tametfi extra
caufam eft, percurram tamen brevi, ut non
minus hominem ipfum, quam jus commune
defenfum velitis. Cæfenniam poffediffe propter
ufumfructum, non negas. Qui colonus habuit conductum de Cæfennia fundum; cum
idem ex eadem conductione fuerit in fundo.
Dubium eft, quin, fi Cæfennia tum poffidebat, cum erat colonus in fundo, poft ejus
mortem heres eodem jure poffederit? Deinde ipfe Cæcina, cum circuiret prædia, venit
in iftum fundum; rationes a colono accepit.
95 funt in eam rem teftimonia. Poftea cur, Aebuti, de ifto potius fundo, quam de alio, fi
quem habes, Cæcinæ denuntiabas, fi Cæcina
non poffidebat? Ipfe porro Cæcina cur fe
moribus deduci volebat; idque tibi, de amicorum, etiam de ipfius C. Aquillii fententia
refponderat?

33 At enim Sulla legem tulit. Ut nihil de
illo tempore, nihil de calamitate reipublicæ
querar, hoc tibi refpondeo: adfcripfiffe eundem Sullam in eandem legem, SI QVID
JVS NON ESSET ROGARI, EJVS EA

LEGE NIHILVM ROGATVM. Quid eft,
quod jus non fit, quod populus jubere aut
vetare non poffit? Ut ne longius abeam, declarat ifta adfcriptio, effe aliquid, nam, nifi
effet, hoc in omnibus legibus non adfcriberetur. Sed quæro abs te, putesne, fi popu- 96
lus jufferit, me tuum, aut item, te meum
fervum effe: id juffum ratum atque firmum
futurum? Perfpicis hoc nihil effe, ut in ceteris, quæ rogavit. Primum illud concedis,
non, quidquid populus jufferit, ratum effe
oportere. deinde nihil rationis affers, quamobrem, fi libertas adimi nullo modo poffit,
civitas poffit. nam & eodem modo de utraque re traditum nobis eft; &, fi femel civitas adimi poteft, retineri libertas non poteft.
Qui enim poteft jure Quiritium liber effe is,
qui in jure Quiritium non eft? Atque ego 97
hanc adolefcentulus caufam, cum agerem
contra hominem difertiffimum noftræ civitatis, Cottam, probavi. Cum Arretinæ mulieris
libertatem defenderem, & Cotta decemviris
religionem injeciffet, non poffe facramentum
noftrum juftum judicari, quod Arretinis
ademta civitas effet, & ego vehementius
contendiffem, civitatem adimi non potuiffe:
decemviri prima actione non judicaverunt:

poftea, re quæfita & deliberata, facramentum
noftrum juftum judicaverunt. Atque hoc, &
contra dicente Cotta, & Sulla vivo, judicatum eft. Jam vero in ceteris, ut omnes, qui
in eadem caufa funt, & lege agant, & fuum
jus perfequantur, & omnes jure civili, fine
cujufquam aut magiftratus, aut judicis, aut
periti hominis, aut imperiti dubitatione,
utantur, quid ego commemorem? dubium
98 nemini veftrûm eft. Certe quæri hoc folere
me non præterit, (ut ex me ea, quæ tibi in
mentem non veniunt, audias,) quemadmodum, fi civitas adimi non poffit, in colonias
Latinas fæpe noftri cives profecti fint. Aut
fua voluntate, aut legis multa profecti funt:
quam multam fi fufferre voluiffent, tum ma-
34 nere in civitate potuiffent. Quid? quem pater
patratus dedidit; aut fuus pater, populusve
vendidit, quo is jure amittit civitatem? Ut
religione civitas folvatur, civis Romanus tra-
ditur: qui cum eft acceptus, eft eorum, quibus eft deditus: fi non accipiunt, ut Manci-
num Numantini, retinet integram caufam &
jus civitatis. Si pater vendidit eum, quem
in fuam poteftatem fufceperat, ex poteftate
99 dimittit. Jam populus cum eum vendidit, qui
miles factus non eft, non adimit ei libertatem,

sed judicat, non effe eum liberum, qui, ut
liber sit, adire periculum noluit: cum autem
incensum vendit, hoc judicat; cum is, qui
in servitute justa fuerit, censu liberetur, eum,
qui, cum liber effet, censeri noluerit, ipsum
sibi libertatem abjudicasse. Quodsi maxime
iisce rebus adimi libertas aut civitas potest;
non intelligunt, qui hæc commemorant, si
per has rationes adimi majores posse voluerunt, alio modo noluisse? Nam, ut hæc ex 100
jure civili protulerunt, sic afferant velim, quibus lege aut Romana civitas aut libertas
erepta sit. Nam quod ad exilium attinet, per-
spicue intelligi potest, quale sit. Exilium
enim, non supplicium est, sed perfugium,
portusque supplicii. nam qui volunt pœnam
aliquam subterfugere, aut calamitatem, eo
solum vertunt; hoc est, sedem ac locum mu-
tant. Itaque nulla in lege nostra reperietur,
ut apud ceteras civitates, maleficium ullum
exsilio esse multatum: sed cum homines, vincula, neces, ignominiasque vitant, quæ sunt
legibus constitutæ, confugiunt quasi ad aram,
in exsilium: qui si in civitate legis vim subire
vellent, non prius civitatem, quam vitam
amitterent: quia nolunt; non adimitur his
civitas, sed ab his relinquitur atque deponitur.

Nam, cum ex noftro jure duarum civitatum
nemo effe poffit, tum amittitur hæc civitas
denique, cum is, qui profugit, receptus eft
101 in exfilium, hoc eft, in aliam civitatem. Non
me præterit, recuperatores, tametfi de hoc
jure multa prætereo, tamen me longius pro-
lapfum effe, quam ratio veftri judicii poftu-
larit. Verum id feci, non quod vos in hac
caufa hanc defenfionem defiderare arbitrarer,
fed ut omnes intelligerent, nec ademtam cuiquam civitatem effe, nec adimi poffe. Hoc
cum eos fcire volui, quibus Sulla voluit injuriam facere, tum omnes ceteros novos,
veteresque cives. Neque enim ratio afferri
poteft, cur, fi cuiquam novo civi potuerit
adimi civitas, non omnibus patriciis, omni-
35 bus antiquiffimis civibus poffit. Nam ad hanc
102 quidem caufam nihil hoc pertinuiffe, primum
ex eo intelligi poteft, quod vos ea de re judicare non debetis: deinde quod Sulla ipfe
ita tulit de civitate, ut non fuftulerit horum
nexa atque hereditates. jubet enim eodem
jure effe, quo fuerint Ariminenfes: quos quis
ignorat duodecim coloniarum fuiffe, & a populo Romano hereditates capere potuiffe?
Quodfi adimi civitas A. Cæcinæ lege potuiffet, magis illam rationem tamen omnes boni

quæreremus, quemadmodum fpectatiffimum, pudentiffimumque hominem, fummo confilio, fumma virtute, fumma auctoritate domeftica præditum, levatum injuria, cIvem retinere poffemus, quam uti nunc, cum de jure civitatis nihil potuerit deperdere, quifquam exfiftat, nifi tui, Sexte, fimilis & ftultitia & impudentia, qui huic civitatem ademtam effe dicat. Qui quoniam, recuperatores, fuum 103 jus non deferuit, neque quicquam illius audaciæ, petulantiæque conceffit; derelinquo jam communem caufam, populique Romani jus in veftra fide ac religione depono. Is ho- 36 mo ita fe probatum vobis, veftrique fimilibus femper voluit, ut id non minus in hac caufa laborarit, nec contenderit aliud, quam ne jus fuum diffolute relinquere videretur: nec minus vereretur, ne contemnere Aebutium, quam ne ab eo contemtus effe exiftimaretur.

Quapropter fi quid extra judicium eft, 104 quod homini tribuendum fit: habetis hominem fingulari pudore, virtute cognita, & fpectata fide, ampliffimis viris Etruriæ totius, in utraque fortuna cognitum multis fignis & virtutis & humanitatis. Si quid in contraria parte in homine offendendum fit: habetis eum, ut nihil dicam amplius, qui fe

homines coëgiffe fateatur. Sin, hominibus
remotis, de caufa quæritis: cum judicium
de vi fit: is, qui arguitur, vim fe hominibus
armatis fecifle fateatur: verbo fe, non æquitate defendere conetur: id quoque ei verbum
ipfum ereptum effe videatis : auctoritatem
fapientiffimorum hominum facere nobiscum :
in judicium non venire, utrum Cæcina poffederit, necne; tamen doceri poffediffe :
multo etiam minus quæri, A. Cæcinæ fundus fit, necne; me tamen idipfum docuiffe,
fundum effe Cæcinæ: cum hæc ita fint, ftatuite, quid vos tempora reipublicæ de armatis hominibus, quid illius confeffio de vi,
quid noftra decifio de æquitate, quid ratio
interdicti de jure admoneant, ut judicetis.

M. TVLLII

M. TVLLII CICERONIS

PRO

LEGE MANILIA,

SEV

DE IMPERATORE POMPEJO

DELIGENDO, AD POPVLVM

ORATIO, TERTIADECIMA.

QVAMQVAM mihi femper frequens con- I fpectus vefter multo jucundiffimus; hic au- I tem locus, ad agendum ampliffimus, ad dicendum ornatiffimus eft vifus, Quirites: tamen hoc aditu laudis, qui femper optimo cuique maxime patuit, non mea me voluntas, fed meæ vitæ rationes ab ineunte ætate fufceptæ, prohibuerunt. Nam, cum antea per ætatem nondum hujus auctoritatem loci attingere auderem; ftatueremque, nihil huc, nifi perfectum ingenio, elaboratum induftria, afferri oportere: omne meum tempus amicorum temporibus tranfmittendum putavi.

2 Ita neque hic locus vacuus umquam fuit ab
iis, qui veftram caufam defenderent; & meus
labor, in privatorum periculis cafte, integre-
que verfatus, ex veftro judicio fruftum eft
ampliffimum confecutus. Nam cum, propter
dilationem comitiorum, ter prætor primus
centuriis cunftis renuntiatus fum, facile intellexi, Quirites, & quid de me judicaretis,
& quid aliis præfcriberetis. Nunc cum &
auftoritatis in me tantum fit, quantum vos
honoribus mandandis effe voluiflis ; & ad
agendum facultatis tantum, quantum homini
vigilanti ex forenfi ufu prope quotidiana dicendi exercitatio potuit afferre: certe, &, fi
quid auftoritatis in me eft, ea apud eos utar,
qui eam mihi dederunt; &, fi quid etiam
dicendo confequi poffum, iis oftendam potiffimum, qui ei quoque rei fruftum fuo judicio
3 tribuendum effe cenfuerunt. Atque illud in
primis mihi lætandum jure effe video, quod
in hac infolita mihi ex hoc loco ratione dicendi, caufa talis oblata eft, in qua oratio deeffe nemini poteft. Dicendum eft enim de Cn.
Pompeji fingulari, eximiaque virtute; hujus
autem orationis difficilius eft exitum, quam
principium invenire. Ita mihi non tam copia,
quam modus in dicendo quærendus eft.

Atque, ut inde oratio mea proficiscatur, 2
unde hæc omnis causa ducitur: bellum gra- 4
ve & periculosum vestris vectigalibus atque
sociis a duobus potentissimis regibus infer-
tur, Mithridate & Tigrane; quorum alter
relictus, alter lacessitus, occasionem sibi ad
occupandam Asiam oblatam esse arbitratur.
Equitibus Romanis, honestissimis viris, af-
feruntur ex Asia quotidie litteræ, quorum
magnæ res aguntur, in vestris vectigalibus
exercendis occupatæ: qui ad me, pro neces-
situdine, quæ mihi est cum illo ordine, causam reipublicæ, periculaque rerum suarum
detulerunt: Bithyniæ, quæ nunc vestra pro- 3
vincia est, vicos exustos esse complures:
regnum Ariobarzanis, quod finitimum est
vestris vectigalibus, totum esse in hostium
potestate: Lucullum, magnis rebus gestis,
ab eo bello discedere: huic qui successerit,
non satis esse paratum ad tantum bellum ad-
ministrandum: unum ab omnibus sociis &
civibus ad id bellum imperatorem deposci atque expeti: eundem hunc unum ab hostibus
metui, præterea neminem.

Causa quæ sit, videtis: nunc, quid agen- 6
dum sit, considerate. Primum mihi videtur
de genere belli: deinde de magnitudine: tum

O 2

de imperatore deligendo effe dicendum. Genus eft belli ejusmodi, quod maxime veftros animos excitare atque inflammare ad ftudium perfequendi debeat. Agitur enim populi Romani gloria, quæ vobis a majoribus, cum magna in rebus omnibus, tum fumma in re militari tradita eft : agitur falus fociorum atque amicorum, pro qua multa majores veftri magna & gravia bella gefferunt: aguntur certiffima populi Romani vectigalia & maxima; quibus amiffis, & pacis ornamenta, & fubfidia belli requiretis: aguntur bona multorum civium, quibus eft a vobis & ipforum & reipublicæ caufa confulendum.

37 Et quoniam femper appetentes gloriæ præter ceteras gentes, atque avidi laudis fuiftis, delenda vobis eft illa macula, Mithridatico bello fuperiore fufcepta : quæ penitus jam infedit atque inveteravit in populi Romani nomine: quod is, qui uno die, tota Afia, tot in civitatibus, uno nuntio, atque una litterarum fignificatione cives Romanos necandos, trucidandosque denotavit, non modo adhuc pœnam nullam, fuo dignam fcelere, fufcepit, fed ab illo tempore annum jam tertium & vicefimum regnat: & ita regnat, ut fe non Ponto, neque Cappadociæ latebris

occultare velit, sed emergere e patrio regno,
atque in vestris vectigalibus, hoc est, in
Asiæ luce versari. Etenim adhuc ita vestris
cum illo rege contenderunt imperatores, ut
ab illo insignia victoriæ, non victoriam re-
portarent. Triumphavit L. Sulla, triumphavit L. Murena de Mithridate, duo for-
tissimi viri, & summi imperatores: sed ita
triumpharunt, ut ille pulsus, superatusque
regnaret. Verumtamen illis imperatoribus
laus est tribuenda, quod egerunt: venia dan-
da, quod reliquerunt: propterea quod ab
eo bello Sullam in Italiam respublica, Mu-
renam Sulla revocavit. Mithridates autem 4
omne reliquum tempus, non ad oblivionem 9
veteris belli, sed ad comparationem novi
contulit: qui posteaquam maximas ædificas-
set, ornassetque classes; exercitusque per-
magnos, quibuscumque ex gentibus potuisset, comparasset, & se Bosporanis, finitimis suis, bellum inferre simulasset: usque
in Hispaniam legatos Ecbatanis misit ad eos
duces, quibuscum tum bellum gerebamus:
ut, cum duobus in locis disjunctissimis, maximeque diversis, uno consilio a binis hostium copiis bellum terra, marique gerere-
tur, vos ancipiti contentione districti, de

10 Imperio dimicaretis. Sed tamen alterius partis periculum, Sertorianæ atque Hispaniensis, quæ multo plus firmamenti ac roboris habebat, Cn. Pompeji divino consilio ac singulari virtute depulsum est: in altera parte ita res a L. Lucullo, summo viro, est administrata, ut initia illa gestarum rerum magna atque præclara, non felicitati ejus, sed virtuti; hæc autem extrema, quæ nuper acciderunt, non culpæ, sed fortunæ tribuenda esse videantur. Sed de Lucullo dicam alio loco, & ita dicam, Quirites, ut neque vera laus ei detracta oratione nostra, 11 neque falsa afficta esse videatur. De vestri imperii dignitate atque gloria, quoniam is est exorsus orationis meæ, videte, quem vo5 bis animum suscipiendum putetis. Majores vestri sæpe, mercatoribus ac naviculariis injuriosius tractatis, bella gesserunt: vos tot civium Romanorum millibus, uno nuntio, atque uno tempore necatis, quo tandem animo esse debetis? Legati quod erant appellati superbius, Corinthum patres vestri, totius Græciæ lumen, exstinctum esse voluerunt: vos eum regem inultum esse patiemini, qui legatum populi Romani consularem, vinculis ac verberibus, atque omni supplicio

excruciatum necavit? Illi libertatem civium
Romanorum imminutam non tulerunt: vos
vitam ereptam negligetis? Jus legationis
verbo violatum illi perfecuti funt: vos legatum, omni fupplicio interfectum, relinque-
tis? Videte, ne, ut illis pulcherrimum fuit, 12
tantam vobis imperii gloriam relinquere; fic
vobis turpiffimum fit, illud, quod accepiftis, tueri & confervare non poffe. Quid,
quod falus fociorum fummum in periculum
ac difcrimen vocatur? Regno expulfus eft
Ariobarzanes, rex, focius populi Romani
atque amicus: imminent duo reges toti
Afiæ, non folum vobis inimiciffimi, fed etiam
veftris fociis atque amicis: civitates autem
omnes, cuncta Afia atque Græcia veftrum
auxilium exfpectare, propter periculi magnitudinem, coguntur: imperatorem a vobis
certum depofcere, cum præfertim vos alium
miferitis, neque audent, neque id fe facere
fummo fine periculo poffe arbitrantur. Vi- 13
dent & fentiunt hoc idem, quod vos, unum
virum effe, in quo fumma fint omnia, &
eum prope effe, (quo etiam carent ægrius)
cujus adventu ipfo atque nomine, tametfi
ille ad maritimum bellum venerit, tamen
impetus hoftium repreffos effe intelligunt ac

retardatos. Hi vos, quoniam libere loqui
non licet, tacite rogant, ut se quoque sicut
ceterarum provinciarum socios, dignos existimetis, quorum salutem tali viro commen-
detis : atque hoc etiam magis, quam ceteros, quod ejusmodi in provinciam homines
cum imperio mittimus, ut, etiamsi ab hoste
defendant, tamen ipsorum adventus in urbes sociorum non multum ab hostili ex-
pugnatione differant. Hunc audiebant antea, nunc praesentem vident, tanta' temperantia, tanta mansuetudine, tanta humanitate, ut ii beatissimi esse videantur, apud
6 quos ille diutissime commoratur. Quare, si
14 propter socios, nulla ipsa injuria lacessiti,
majores vestri cum Antiocho, cum Philippo,
cum Aetolis, cum Poenis bella gesserunt :
quanto vos studio convenit, injuriis provo-
catos, sociorum salutem una cum imperii
vestri dignitate defendere ; praesertim cum
de vestris maximis vectigalibus agatur? Nam
ceterarum provinciarum vectigalia, Quirites, tanta sunt, ut iis ad ipsas provincias
tutandas vix contenti esse possimus: Asia vero tam opima est & fertilis, ut & ubertate
agrorum, & varietate fructuum, & magnitudine pastionis, & multitudine earum rerum,

quæ exportantur, facile omnibus terris an-
tecellat. Itaquæ hæc vobis provincia, Quirites, fi & belli utilitatem & pacis dignitatem fuftinere vultis, non modo a calamitate,
fed etiam a metu calamitatis eft defendenda. Nam ceteris in rebus, cum venit cala- 15
mitas, tum detrimentum accipitur. at in
vectigalibus non folum adventus mali, fed
etiam metus ipfe affert calamitatem. Nam
cum hoftium copiæ non longe abfunt, etiamfi
irruptio facta nulla fit, tamen pecora relin-
quuntur, agricultura deferitur, mercatorum
navigatio conquiefcit. Ita neque ex portu,
neque ex decumis, neque ex fcriptura vectigal confervari poteft. quare fæpe totius anni
fructus uno rumore periculi, atque uno
belli terrore amittitur. Quo tandem ani- 16
mo effe exiftimatis aut eos, qui vectigalia
nobis penfitant, aut eos, qui exercent atque exigunt, cum duo reges cum maximis
copiis prope adfint? cum una excurfio equitatus perbrevi tempore totius anni vectigal
auferre poffit? cum publicani familias maximas, quas in falinis habent, quas in agris,
quas in portubus atque cuftodiis, magno
periculo fe habere arbitrentur? Putatisne
vos illis rebus frui poffe, nifi eos, qui vobis

fructuofi funt, confervaveritis, non folum
(ut antea dixi) calamitate, fed etiam cala-
7 mitatis formidine liberatos? Ac ne illud
17 quidem vobis negligendum eft, quod mihi
ego extremum propofueram, cum effem de
belli genere dicturus, quod ad multorum
bona civium Romanorum pertinet: quorum
vobis, pro veftra fapientia, Quirites, ha-
benda eft ratio diligenter. Nam & publicani, homines & honeftiffimi & ornatiffimi,
fuas rationes & copias in illam provinciam
contulerunt: quorum ipforum per fe res &
fortunæ curæ vobis effe debent. Etenim fi
vectigalia, nervos effe reipublicæ, femper
duximus, eum certe ordinem, qui exercet
illa, firmamentum ceterorum ordinum recte
18 effe dicemus. Deinde ceteris ex ordinibus
homines gnavi & induftrii partim ipfi in
Afia negotiantur, quibus vos abfentibus confulere debetis: partim fuas & fuorum in ea
provincia pecunias magnas collocatas habent.
Erit igitur humanitatis veftræ, magnum eorum civium numerum calamitate prohibere:
fapientiæ, videre, multorum civium calamitatem a republica fejunctam effe non poffe. Etenim illud primum parvi refert, vos
publicanis amiffa vectigalia poftea victoria

recuperare. neque enim iisdem redimendi
facultas erit, propter calamitatem, neque
aliis voluntas, propter timorem. Deinde, 19
quod nos eadem Afia, atque idem iste Mithridates initio belli Afiatici docuit; id quidem
certe calamitate docti memoria retinere debemus. Nam tum, cum in Afia res magnas
permulti amiferant, fcimus, Romæ, folu-
tione impedita, fidem concidiffe. Non enim
poffunt una in civitate multi rem atque fortunas amittere, ut non plures fecum in
eandem calamitatem trahant. A quo periculo prohibite rempublicam, & mihi credite, id quod ipfi videtis. hæc fides, atque
hæc ratio pecuniarum, quæ Romæ, quæ
in foro verfatur, implicita eft cum illis pecuniis Afiaticis & cohæret. ruere illa non
poffunt, ut hæc non eodem labefactata mo-
tu concidant. Quare videte, num dubitandum vobis fit, omni ftudio ad id bellum in-
cumbere, in quo gloria nominis veftri, falus fociorum, vectigalia maxima, fortunæ
plurimorum civium cum republica defen-
dantur.

Quoniam de genere belli dixi, nunc de 8
magnitudine pauca dicam. Poteft enim hoc 20
dici: belli genus effe ita neceffarium, ut fit

gerendum ; non effe ita magnum, ut fit
pertimefcendum. In quo maxime laborandum eft, ne forte a vobis, quæ diligentiffime providenda funt, contemnenda effe videantur. Atque, ut omnes intelligant, me
L. Lucullo tantum impertire laudis, quantum forti viro, & fapientiffimo homini, &
magno imperatori debeatur: dico, ejus adventu maximas Mithridatis copias, omnibus
rebus ornatas atque inftruftas fuiffe, ur-
bemque Afiæ clariffimam, nobisque amicif-
fimam, Cyzicenorum, obfeffam effe ab ipfo
rege maxima multitudine, & oppugnatam
vehementiffime, quam L. Lucullus virtute,
affiduitate, confilio, fummis obfidionis peri-
21 culis liberavit : ab eodem imperatore claffem magnam & ornatam, quæ ducibus Ser-
torianis ad Italiam ftudio inflammato raperetur, fuperatam effe atque depreffam ;
magnas hoftium præterea copias multis præliis effe deletas : patefaftumque noftris legionibus effe Pontum, qui ante populo Romano ex omni aditu claufus effet : Sinopen
atque Amifum, quibus in oppidis erant do-
micilia regis, omnibus rebus ornata atque
referta, ceterasque urbes Ponti & Cappadociæ permultas, uno aditu atque adventu

effe captas: regem fpoliatum regno patrio
atque avito, ad alios fe reges, atque alias
gentes fupplicem contuliffe: atque hæc
omnia, falvis populi Romani fociis, atque
integris vectigalibus, effe gefta. Satis opinor hoc effe laudis; atque ita, Quirites, ut
hoc vos intelligatis, a nullo iftorum, qui
huic obtrectant legi atque caufæ, L. Lucullum fimiliter ex hoc loco effe laudatum. Re- 9
quiretur fortaffe nunc, quemadmodum, cum 22
hæc ita fint, reliquum poffit effe magnum
bellum. Cognofcite, Quirites. non enim
hoc fine caufa quæri videtur. Primum ex
fuo regno fic Mithridates profugit, ut ex eodem Ponto Medea illa quondam profugiffe
dicitur: quam prædicant in fuga, fratris fui
membra in iis locis, qua fe parens perfe-
queretur, diffipaviffe, ut eorum collectio
difperfa, mœrorque patrius, celeritatem
perfequendi retardaret. Sic Mithridates fugiens, maximam vim auri atque argenti,
pulcherrimarumque rerum omnium, quas
& a majoribus acceperat, & ipfe bello
fuperiore ex tota Afia direptas, in fuum
regnum congefferat, in Ponto omnem reliquit. Hæc dum noftri colligunt omnia diligentius, rex ipfe e manibus effugit. ita illum

23 in perfequendi ftudio mœror, hos lætitia retardavit. Hunc in illo timore & fuga Tigranes, rex Armenius, excepit, diffidentemque rebus fuis confirmavit, & afflictum erexit, perditumque recreavit. cujus in regnum pofteaquam L. Lucullus cum exercitu venit: plures etiam gentes contra imperatorem noftrum concitatæ funt. Erat enim metus injectus iis nationibus, quas numquam populus Romanus neque laceffandas bello, neque tentandas putavit. erat etiam alia gravis atque vehemens opinio, quæ per animos gentium barbararum pervaferat, fani locupletiffimi & religiofiffimi diripiendi in eas oras noftrum exercitum effe adductum. Ita nationes multæ atque magnæ novo quodam terrore ac metu concitabantur. Nofter autem exercitus, etfi urbem ex Tigranis regno ceperat, & prœliis ufus erat fecundis, tamen nimia longinquitate locorum ac defiderio fuorum commovebatur.

24 Hic jam plura non dicam. fuit enim illud extremum, ut ex iis locis a militibus noftris reditus magis maturus, quam proceffio longior quæreretur. Mithridates autem & fuam manum jam confirmarat, & eorum, qui fe ex ejus regno collegerant, & magnis

adventitiis multorum regum & nationum copiis juvabatur. Hoc jam fere fic fieri folere
accepimus, ut regum afflictæ fortunæ facile
multorum opes alliciant ad mifericordiam,
maximeque eorum, qui aut reges funt, aut
vivunt in regno ; quod regale iis nomen,
magnum & fanctum effe videatur. Itaque 25
tantum victus efficere potuit, quantum incolumis numquam eft aufus optare. Nam
cum fe in regnum recepiffet fuum, non fuit
eo contentus, quod ei præter fpem accide-
rat, ut illam, pofteaquam pulfus erat, terram umquam attingeret: fed in exercitum
veftrum, clarum atque victorem, impetum
fecit. Sinite hoc loco, Quirites, (ficut
poëtæ folent, qui res Romanas fcribunt,)
præterire me noftram calamitatem: quæ tanta fuit, ut eam ad aures L. Luculli non ex
prœlio nuntius, fed ex fermone rumor afferret. Hic in ipfo illo malo, graviffima- 26
que belli offenfione, L. Lucullus, qui tamen
aliqua ex parte iis incommodis mederi fortaffe potuiffet, veftro juffu coactus, quod
imperii diuturnitati modum ftatuendum veteri exemplo putaviftis, partem militum, qui
jam ftipendiis confectis erant, dimifit, partem
Glabrioni tradidit. Multa prætereo confulto:

fed ea vos conjectura perfpicitis : quantum
illud bellum factum putetis , quod conjun-
gant reges potentiffimi , renovent agitatæ
nationes , fufcipiant integræ gentes , novus
imperator vefter accipiat , vetere pulfo ex-
10 ercitu. Satis mihi multa verba feciffe vi-
27 d or , quare hoc bellum effet , genere ipfo
neceffarium , magnitudine periculofum : re-
ftat, ut de imperatore ad id bellum deligendo, ac tantis rebus perficiendo , dicendum
effe videatur.

Utinam, Quirites , virorum fortium atque innocentium copiam tantam haberetis,
ut hæc vobis deliberatio difficilis effet, quem-
nam potiffimum tantis rebus ac tanto bello
præficiendum putaretis ! Nunc vero cum fit
unus Cn. Pompejus , qui non modo eorum
hominum, qui nunc funt, gloriam, fed etiam
antiquitatis memoriam virtute fuperarit :
quæ res eft, quæ cujusquam animum in hac
28 caufa dubium facere poffit ? Ego enim fic
exiftimo, in fummo imperatore quatuor has
res ineffe oportere, fcientiam rei militaris,
virtutem, auctoritatem, felicitatem. Quis
igitur hoc homine fcientior umquam aut fuit,
aut effe debuit ? qui e ludo atque pueritiæ
difciplina , bello maximo , atque acerrimis
hoftibus,

hoftibus, ad patris exercitum, atque in militiæ difciplinam profectus eft? qui extrema
pueritia miles fuit fummi imperatoris? ineunte adolefcentia maximi ipfe exercitus imperator? qui fæpius cum hofte conflixit,
quam quisquam cum inimico concertavit?
plura bella geffit, quam ceteri legerunt?
plures provincias confecit, quam alii concu-
piverunt? cujus adolefcentia ad fcientiam
rei militaris non alienis præceptis, fed fuis
imperiis; non offenfionibus belli, fed victoriis; non ftipendiis, fed triumphis eft eru-
dita? Quod denique genus belli effe poteft,
in quo illum non exercuerit fortuna reipublicæ? Civile, Africanum, Transalpinum, Hifpanienfe, mixtum ex civitatibus atque ex
bellicofiffimis nationibus, fervile, navale
bellum, varia & diverfa genera, & bellorum
& hoftium, non folum gefta ab hoc uno,
fed etiam confecta, nullam rem effe decla-
rant in ufu militari pofitam, quæ hujus viri
fcientiam fugere poffit.

Jam vero virtuti Cn. Pompeji quæ poteft II
par oratio inveniri? quid eft, quod quis- 29
quam aut dignum illo, aut vobis novum, aut
cuiquam inauditum poffit afferre? Neque
enim illæ funt folæ virtutes imperatoriæ,

Cicero. T. VI.   P

quæ vulgo exiſtimantur , labor in negotio ,
fortitudo in periculis, induſtria in agendo ,
celeritas in conficiendo, conſilium in provi-
dendo : quæ tanta ſunt in hoc uno, quanta
in omnibus reliquis imperatoribus, quos aut
30 vidimus , aut audivimus, non fuerunt. Teſtis eſt Italia, quam ille ipſe victor, L. Sulla, hujus virtute & ſubſidio confeſſus eſt liberatam. Teſtis eſt Sicilia, quam multis undique cinctam periculis, non terrore belli,
ſed celeritate conſilii , explicavit. Teſtis eſt
Africa , quæ magnis oppreſſa hoſtium copiis , eorum ipſorum ſanguine redundavit.
Teſtis eſt Gallia, per quam legionibus noſtris
in Hiſpaniam iter , Gallorum internecione
patefactum eſt. Teſtis eſt Hiſpania, quæ ſæ-
piſſime plurimos hoſtes ab hoc ſuperatos ,
proſtratosque conſpexit. Teſtis eſt iterum &
ſæpius Italia, quæ, cum ſervili bello, tætro
periculoſeque, premeretur, ab hoc auxilium
abſente expetivit: quod bellum exſpectatio-
ne Pompeji attenuatum atque imminutum
31 eſt; adventu ſublatum ac ſepultum. Teſtes
vero jam omnes oræ, atque omnes exteræ
gentes ac nationes, denique maria omnia,
tum univerſa, tum in ſingulis omnes ſinus
atque portus. Quis enim toto mari locus

per hos annos aut tam firmum habuit præsidium, ut tutus effet, aut tam fuit abditus, ut lateret? Quis navigavit, qui non se aut mortis aut servitutis periculo committeret, cum aut hieme, aut referto prædonum mari navigaret? Hoc tantum bellum, tam turpe, tam vetus, tam late divifum, atque difperfum, quis umquam arbitraretur aut ab omnibus imperatoribus uno anno, aut omnibus annis ab uno imperatore confici poffe? Quam provinciam tenuiftis a prædonibus liberam per hosce annos? quod vectigal vobis tutum fuit? quem focium defendiftis? cui præfidio claffibus veftris fuiftis? quam multas exiftimatis infulas effe defertas? quam multas aut metu relictas, aut a prædonibus captas urbes effe fociorum? Sed quid ego longinqua commemoro? Fuit hoc quondam, fuit proprium populi Romani, longe a domo bellare, & propugnaculis imperii fociorum fortunas, non fua tecta, defendere. Sociis ego veftris mare claufum per hosce annos dicam fuiffe, cum exercitus noftri a Brundifio numquam, nifi fumma hieme, transmiferint? qui ad vos ab exteris nationibus venirent, captos querar; cum legati populi Romani redemti fint?

P 2

mercatoribus tutum mare non fuiſſe dicam,
cum duodecim ſecures in prædonum pote-
33 ſtatem pervenerint? Cnidum, aut Colopho-
nem, aut Samum, nobiliſſimas urbes, in-
numerabilesque alias, captas eſſe commemorem, cum veſtros portus, atque eos portus, quibus vitam & ſpiritum ducitis, in
prædonum fuiſſe poteſtate ſciatis? An vero
ignoratis, portum Cajetæ celeberrimum atque pleniſſimum navium, inſpectante prætore, a prædonibus eſſe direptum? Ex Mi-
ſeno autem, ejus ipſius liberos, qui cum
prædonibus antea ibi bellum geſſerat, a
prædonibus eſſe ſublatos? Nam quid ego
Oſtienſe Incommodum, atque illam labem
atque ignominiam Reipublicæ querar, cum,
prope inſpectantibus vobis, claſſis ea, cui
conſul populi Romani præpoſitus eſſet, a
prædonibus capta atque oppreſſa eſt? Proh
dii immortales! tantamne uniûs hominis incredibilis ac divina virtus tam brevi tempore lucem afferre reipublicæ potuit, ut
vos, qui modo ante oſtium Tiberinum claſſem hoſtium videbatis, ii nunc nullam intra
Oceani oſtium prædonum navem eſſe audia-
34 tis? Atque hæc, qua celeritate geſta ſint,
quanquam videtis, tamen a me in dicendo

prætereunda non funt. Quis enim umquam,
aut obeundi negotii, aut confequendi quæftus ftudio, tam brevi tempore, tot loca
adire, tantos curfus conficere potuit, quam'
celeriter, Cn. Pompejo duce, belli impetus
navigavit? qui nondum tempeftivo ad navi-
gandum mari Siciliam adiit, Africam explo-
ravit: inde Sardiniam cum claffe venit, atque hæc tria frumentaria fubfidia reipublicæ
firmiffimis præfidiis, claffibusque munivit.
Inde, fe cum in Italiam recepiffet, duabus 35
Hifpaniis & Gallia Cisalpina præfidiis ac navibus confirmata, miffis item in oram Illy-
rici maris, & in Achaiam, omnemque Græciam navibus, Italiæ duo maria maximis
claffibus, firmiffimisque præfidiis adornavit:
ipfe autem, ut a Brundifio profeftus eft,
undequinquagefimo die totam ad imperium
populi Romani Ciliciam adjunxit: omnes,
qui ubique prædones fuerunt, partim capti,
interfeftique funt, partim unius hujus imperio ac poteftati fe dediderunt. Idem Cre-
tenfibus, cum ad eum ufque in Pamphiliam
legatos, deprecatoresque mififfent, fpem de-
ditionis non ademit, obfidesque imperavit.
Ita tantum bellum, tam diuturnum, tam
longe, lateque difperfum, quo bello omnes

gentes ac nationes premebantur, **Cn. Pom-**
pejus extrema hieme apparavit, ineunte ve-
13 re fufcepit, media aeftate confecit. Eft haec
36 divina atque incredibilis virtus imperatoris.
quid ceterae, quas paulo ante commemorare
coeperam, quantae atque quam multae funt?
Non enim folum bellandi virtus in fummo
atque perfecto imperatore quaerenda eft: fed
multae funt artes eximiae, hujus adminiftrae,
comitesque virtutis. Ac primum quanta innocentia debent effe imperatores? quanta
deinde omnibus in rebus temperantia? quanta fide? quanta facilitate? quanto ingenio?
quanta humanitate? Quae breviter, qualia
fint in Cn. Pompejo, confideremus. Summa
enim omnia funt, Quirites: fed ea magis
ex aliorum contentione, quam ipfa per fefe
37 cognofci atque intelligi poffunt. Quem enim
poffumus imperatorem aliquo in numero putare, cujus in exercitu veneant centuria-
tus atque venierint? quid hunc hominem
magnum aut amplum de republica cogitare,
qui pecuniam, ex aerario depromtam ad bellum adminiftrandum, aut propter cupiditatem provinciae magiftratibus diviferit, aut
propter avaritiam Romae in quaeftu relique-
rit? Veftra admurmuratio facit, Quirites,

ut agnofcere videamini, qui hæc fecerint:
ego autem neminem nomino. quare irafci
mihi nemo poterit, nifi qui ante de fe voluerit confiteri. Itaque, propter hanc avaritiam
imperatorum, quantas calamitates, quocum-
que ventum fit, noftri exercitus ferant, quis
ignorat? Itinera, quæ per hosce annos in 38
Italia per agros atque oppida civium Romanorum noftri imperatores fecerunt, recordamini: tum facilius ftatuetis, quid apud exteras nationes fieri exiftimetis. Utrum plures arbitramini per hosce annos militum
veftrorum armis hoftium urbes, an hibernis,
fociorum civitates effe deletas? Neque enim
poteft exercitum is continere imperator, qui
fe ipfum non continet: neque feverus effe
in judicando, qui alios in fe feveros effe judices non vult. Hic miramur, hunc homi- 39
nem tantum excellere ceteris, cujus legio-
nes fic in Afiam pervenerunt, ut non modo
manus tanti exercitus, fed ne veftigium quidem cuiquam pacato nocuiffe dicatur? Jam
vero, quemadmodum milites hibernent, quotidie fermones ac litteræ perferuntur. non
modo, ut fumtum faciat in militem, nemini
vis affertur; fed ne cupienti quidem cuiquam
permittitur. Hiemis enim, non avaritiæ

perfugium majores noftri in fociorum atque
14 amicorum tectis effe voluerunt. Age vero
4º ceteris in rebus quali fit temperantia, con-
fiderate. Unde illam tantam celeritatem, &
tam incredibilem curfum inventum putatis?
Non enim illum eximia vis remigum, aut ars
inaudita quædam gubernandi, aut venti aliqui novi, tam celeriter in ultimas terras
pertulerunt: fed hæ res, quæ ceteros remo-
rari folent, non retardarunt: non avaritia
ab inftituto curfu ad prædam aliquam devo-
cavit, non libido ad voluptatem, non amœ-
nitas ad delectationem, non nobilitas urbis
ad cognitionem, non denique labor ipfe ad
quietem. Poftremo figna, & tabulas, cete-
raque ornamenta Græcorum oppidorum, quæ
ceteri tollenda effe arbitrantur, ea fibi ille
41 ne vifenda quidem exiftimavit. Itaque omnes
quidem nunc in his locis Cn. Pompejum,
ficut aliquem non ex hac urbe miffum, fed
de cœlo delapfum, intuentur: nunc denique
incipiunt credere, fuiffe homines Romanos
hac quondam abftinentia: quod jam nationibus exteris incredibile ac falfo memoriæ proditum videbatur. Nunc imperii veftri fplendor illis gentibus lucet: nunc intelligunt,
non fine caufa majores fuos tum, cum hæ

temperantia magiftratus habebamus, fervire
populo Romano, quam imperare aliis, maluiffe. Jam vero ita faciles aditus ad eum
privatorum, ita liberæ querimoniæ de aliorum injuriis effe dicuntur; ut is, qui dignitate principibus excellit, facilitate par infi-
mis effe videatur. Jam quantum confilio, 42
quantum dicendi gravitate & copia valeat,
in quo ipfo ineft quædam dignitas imperatoria, vos, Quirites, hoc ipfo in loco fæpe
cognoftis. Fidem vero ejus inter focios quantam exiftimari putatis, quam hoftes omnium
gentium fanctiffimam judicarint? Humanitate jam tanta eft, ut difficile dictu fit,
utrum hoftes magis virtutem ejus pugnantes
timuerint, an manfuetudinem victi dilexe-
rint. Et quisquam dubitabit, quin huic tantum bellum transmittendum fit, qui ad omnia
noftræ memoriæ bella conficienda, divino
quodam confilio natus effe videatur?

Et, quoniam auctoritas multum in bel- 15
lis quoque adminiftrandis atque imperio mi- 43
litari valet; certe nemini dubium eft, quin
ea re idem ille imperator plurimum poffit.
Vehementer autem pertinere ad bella admi-
niftranda, quid hoftes, quid focii de imperatoribus veftris exiftiment, quis ignorat,

cum fciamus, homines in tantis rebus, ut
aut contemnant, aut metuant, aut oderint,
aut ament, opinione non minus famæ, quam
aliqua certa ratione commoveri? Quod igitur nomen umquam in orbe terrarum clarius fuit? cujus res geftæ pares? de quo
homine vos, id quod maxime facit auctoritatem, tanta & tam præclara judicia feci-
44 ftis? An vero ullam ufquam effe oram tam
defertam putatis, quo non illius diei fama
pervaferit, cum univerfus populus Romanus
referto foro, repletisque omnibus templis,
ex quibus hic locus confpici poteft, unum
fibi ad commune omnium gentium bellum
Cn. Pompejum imperatorem depopofcit? Itaque, ut plura non dicam, neque aliorum
exemplis confirmem, quantum auctoritas valeat in bello; ab eodem Cn. Pompejo omnium
rerum egregiarum exempla fumantur: qui
quo die a vobis maritimo bello præpofitus
eft imperator, tanta repente vilitas annonæ
ex fumma inopia & caritate rei frumentariæ
confecuta eft, unius fpe & nomine, quantam vix e fumma ubertate agrorum diutur-
45 na pax efficere potuiffet. Jam, accepta in
Ponto calamitate, ex eo prælio, de quo
vos paulo ante invitus admonui, cum focii

pertimuiffent, hoftium opes, animique cre-
viffent, fatis firmum præfidium provincia
non haberet ; amififfetis Afiam, Quirites,
nifi ad id ipfum ejus temporis divinitus Cn.
Pompejum ad eas regiones fortuna populi
Romani attuliffet. Hujus adventus & Mithri-
datem, infolita inflammatum victoria, continuit, & Tigranem, magnis copiis minitantem
Afiæ, retardavit. Et quisquam dubitabit,
quid virtute profecturus fit, qui tantum auctoritate profecerit? aut quam facile imperio atque exercitu focios & vectigalia con-
fervaturus fit, qui ipfo nomine ac rumore
defenderit? Age vero, illa res quantam de- 16
clarat ejusdem hominis apud hoftes populi 46
Romani auctoritatem, quod ex locis tam lon-
ginquis, tamque diverfis, tam brevi tempore omnes uni huic fe dediderunt? quod
Cretenfium legati, cum in eorum infula nofter imperator, exercitusque effet, ad Cn.
Pompejum in ultimas prope terras venerunt,
eique fe omnes Cretenfium civitates dedere
velle dixerunt? Quid? idem ifte Mithridates, nonne ad eundem Cn. Pompejum, legatum ufque in Hifpaniam mifit: eumque
Pompejus legatum femper judicavit: ii, quibus femper erat moleftum, ad eum potiffimum

effe miffum, fpeculatorem, quam legatum judicari maluerunt? Poteftis igitur jam conftituere, Quirites, hanc auctoritatem, multis poftea rebus geftis, magnisque veftris judiciis amplificatam, quantum apud illos reges, quantum apud exteras nationes valituram effe exiftimetis.

47 Reliquum eft, ut de felicitate, quam præftare de fe ipfo nemo poteft, meminiffe & commemorare de altero poffumus, ficut æquum eft homini de poteftate deorum, timide & pauca dicamus. Ego enim fic exiftimo: Maximo, Marcello, Scipioni, Mario, & ceteris magnis imperatoribus, non folum propter virtutem, fed etiam propter fortunam, fæpius imperia mandata, atque exercitus effe commiffos. Fuit enim profecto quibusdam fummis viris quædam ad amplitudinem & gloriam, & ad res magnas bene gerendas divinitus adjuncta fortuna: de hujus autem hominis felicitate, quo de nunc agimus, hac utar moderatione dicendi, non ut in illius poteftate fortunam pofitam effe dicam, fed ut præterita meminiffe, reliqua fperare videamur, ne aut invifa diis immortalibus oratio noftra, aut ingrata effe videatur. 48 Itaque non fum prædicaturus, Quirites,

quantas ille res dómi, militiæque, terra, marique, quantaque felicitate gefferit : ut ejus
femper voluntatibus non modo cives affen-
ferint, focii obtemperarint, hoftes obedie-
rint, fed etiam venti, tempeftatesque obfe-
cundarint.   Hoc breviffime dicam, neminem
umquam tam impudentem fuiffe, qui a diis
immortalibus tot & tantas res tacitus auderet optare, quot & quantás dii immortales
ad Cn. Pompejum detulerunt. quod ut illi
proprium ac perpetuum fit, Quirites, cum
communis falutis atque imperii, tum ipfius
hominis caufa (ficúti facitis) velle & optare debetis.

Quare cum & bellum ita neceffarium fit, 49
ut negligi non poffit: ita magnum, ut ac-
curatiffime fit adminiftrandum : & cum ei
imperatorem præficere poffitis, in quo fit
eximia belli fcientia, fingularis virtus, clariffima auctoritas, egregia fortuna : dubitabitis, Quirites, quin hoc tantum boni, quod
vobis a diis immortalibus oblatum & datum
eft, in rempublicam confervandam atque am-
plificandam conferatis ? Quodfi Romæ Cn. 17
Pompejus privatus effet hoc tempore ; tamen 50
ad tantum bellum is erat deligendus atque
mittendus. nunc, cum ad ceteras fummas

utilitates hæc quoque opportunitas adjunga-
tur, ut in iis ipfis locis adfit, ut habeat exercitum, ut ab iis, qui habent, accipere
ftatim poffit : quid exfpectamus ? aut cur
non, ducibus diis immortalibus, eidem, cui
cetera fumma cum falute reipublicæ commiffa funt, hoc quoque bellum regium com-
mittimus ?

51 At enim vir clariffimus , amantiffimus
reipublicæ, veftris beneficiis ampliffimis affectus, Q. Catulus; itemque fummis ornamentis honoris, fortunæ, virtutis, ingenii
præditus, Q. Hortenfius, ab hac ratione
diffentiunt: quorum ego auctoritatem apud
vos multis locis plurimum valuiffe, & valere
oportere confiteor; fed in hac caufa, tametfi
cognofcitis auctoritates contrarias virorum
fortiffimorum & clariffimorum, tamen, omif-
fis auctoritatibus, ipfa re & ratione exqui-
rere poffumus veritatem : atque hoc facilius, quod ea omnia, quæ adhuc a me dicta
funt, iidem ifti vera effe concedunt; & neceffarium bellum effe, & magnum, & in
52 uno Cn. Pompejo fumma effe omnia. Quid
igitur ait Hortenfius ? Si uni omnia tribuenda funt, unum digniffimum effe Pompejum: fed ad unum tamen omnia deferri

non oportere. Obfolevit jam ifta oratio, re
multo magis quam verbis refutata. Nàm tu
idem, Q. Hortenfi, multa, pro tua fumma
copia ac fingulari facultate dicendi, & in
fenatu contra virum fortem A. Gabinium,
graviter, ornateque dixifti, cum is de uno
imperatore contra prædones conftituendo legem promulgaffet; & ex hoc ipfo loco permulta item contra legem eam verba fecifti.
Quid? tum, per deos immortales! fi plus 53
apud populum Romanum auctoritas tua,
quam ipfius populi Romani falus & vera
caufa valuiffet, hodie hanc gloriam atque
hoc orbis terræ imperium teneremus? An
tibi tum imperium effe hoc videbatur, cum
populi Romani legati, prætores, quæftores-
que capiebantur? cum ex omnibus provinciis commeatu, & privato, & publico, pro-
hibebamur? cum ita claufa erant nobis
omnia maria, ut neque privatam rem trans-
marinam, neque publicam jam obire poffemus? Quæ civitas antea umquam fuit, non 18
dico Athenienfium, quæ fatis late quondam 54
mare tenuiffe dicitur; non Carthaginienfium,
qui permultum claffe, maritimisque rebus
valuerunt; non Rhodiorum, quorum ufque
ad noftram memoriam difciplina navalis &

gloria remansit: quæ civitas umquam antea tam tenuis, quæ tam parva insula fuit, quæ non portus suos, & agros, & aliquam partem regionis atque oræ maritimæ per se ipsa defenderet? At hercle aliquot annos continuos ante legem Gabiniam ille populus Romanus, cujus, usque ad nostram memoriam, nomen invictum in navalibus pugnis permanserat, magna ac multo maxima parte non modo utilitatis, sed dignitatis atque

55 imperii caruit. Nos, quorum majores Antiochum regem classe Persenque superarunt, omnibusque navalibus pugnis Carthaginienses, homines in maritimis rebus exercitatissimos, paratissimosque vicerunt; ii nullo in loco jam prædonibus pares esse poteramus: nos quoque, qui antea non modo Italiam tutam habebamus, sed omnes socios in ultimis oris auctoritate nostri imperii salvos præstare poteramus; tum, cum insula Delos, tam procul a nobis in Aegeo mari posita, quo omnes undique cum mercibus atque oneribus commeabant, referta divitiis, parva, sine muro nihil timebat; iidem non modo provinciis, atque oris Italiæ maritimis, ac portubus nostris, sed etiam Appia jam via carebamus: & his temporibus non

pudebat

pudebat magiftratus populi Romani, in hunc
ipfum locum efcendere, cum eum vobis majores veftri exuviis nauticis & claffium fpoliis
ornatum reliquiffent. Bono te animo tum, 19
Q. Hortenfi, populus Romanus, & ceteros, 56
qui erant in eadem fententia, dicere exiftimavit ea, quæ fentiebatis : fed tamen in falute communi idem populus Romanus dolori
fuo maluit, quam auctoritati veftræ obtem-
perare. Itaque una lex, unus vir, unus
annus, non modo nos illa miferia ac turpitudine liberavit; fed etiam effecit, ut aliquando vere videremur omnibus gentibus ac
nationibus terra, marique imperare. Quo 57
mihi etiam indignius videtur obtrectatum
effe adhuc, Gabinio dicam, anne Pompejo,
an utrique? (id quod eft verius:) ne lega-
retur A. Gabinius Cn. Pompejo, expetenti ac
poftulanti. Utrum ille, qui poftulat legatum, ad tantum bellum, quem velit, idoneus
non eft, qui impetret, cum ceteri ad expi-
landos focios, diripiendasque provincias,
quos voluerunt, legatos eduxerint? an ipfe,
cujus lege falus ac dignitas populo Romano
atque omnibus gentibus conftituta eft, ex-
pers effe debet gloriæ ejus imperatoris atque ejus exercitus, qui confilio ipfius atque

Cicero. T. VI.   Q

58 periculo eft conftitutus? An C. Falcidius,
Q. Metellus, Q. Cœlius Latinienfis, Cn. Lentulus, quos omnes honoris caufa nomino,
cum tribuni plebis fuiffent, anno proximo
legati effe potuerunt: in hoc uno Gabinio
funt tam diligentes, qui in hoc bello, quod
lege Gabinia geritur, in hoc imperatore atque exercitu, quem per fe ipfe conftituit,
etiam præcipuo jure effe deberet? de quo
legando fpero confules ad fenatum·relaturos.
qui fi dubitabunt, aut gravabuntur; ego me
profiteor relaturum; neque me impediet
cujusquam, Quirites, inimicum edictum,
quo minus, fretus vobis, veftrum jus, be-
neficiumque defendam : neque, præter in-
terceffionem, quidquam audiam; de qua (ut
arbitror) ifti ipfi, qui minantur, etiam atque etiam, quid liceat, confiderabunt. Mea
quidem fententia, Quirites, unus A. Gabinius, belli maritimi, rerumque geftarum
auctor, comes Cn. Pompejo adfcribitur:
propterea quod alter uni id bellum fufcipien-
dum veftris fuffragiis detulit; alter delatum,
fufceptumque confecit.

20 Reliquum eft, ut de Q. Catuli auctoritate
59 & fententia dicendum effe videatur. qui cum
ex vobis·quæreret, fi in uno Cn. Pompejo

omnia poneretis, fi quid eo factum effet, in quo fpem effetis habituri; cepit magnum fuæ virtutis fructum, ac dignitatis, cum omnes prope una voce, IN EO IPSO VOS SPEM HABITVROS ESSE dixiftis. Etenim talis eft vir, ut nulla res tanta fit ac tam difficilis, quam ille non & confilio regere, & integritate tueri, & virtute conficere poffit. Sed in hoc ipfo ab eo vehementiffime diffentio, quod, quo minus certa eft hominum ac minus diuturna vita, hoc magis respublica, dum per deos immortales licet, frui debet fummi hominis vita atque virtute.   At enim 60 nihil novi fiat contra exempla atque inftituta majorum.   Non dico hoc loco, majores noftros femper, in pace confuetudini, in bello utilitati paruiffe; femper ad novos cafus temporum, novorum confiliorum rationes accommodaffe : non dicam, duo bella maxima, Punicum & Hifpanienfe, ab uno imperatore effe confecta : duas urbes potentiffimas, quæ huic imperio maxime minabantur, Carthaginem atque Numantiam, ab eodem Scipione effe deletas : non commemorabo, nuper ita vobis, patribusque veftris effe vifum, ut in uno C. Mario fpes imperii poneretur, ut idem cum Jugurtha, idem

cum Cimbris, idem cum Theutonis bellum
61 adminiſtraret: in ipſo Cn. Pompejo, in quo
novi conſtitui nihil vult Q. Catulus, quam
multa ſint nova, ſumma Q. Catuli voluntate
2I conſtituta, recordamini. Quid enim tam
novum, quam adoleſcentulum, privatum,
exercitum difficili reipublicæ tempore conficere? confecit. huic præeſſe? præfuit. rem
optime ductu ſuo gerere? geſſit. Quid tam
præter conſuetudinem, quam homini per-
adoleſcenti, cujus a ſenatorio gradu ætas
longe abeſſet, imperium atque exercitum
dari? Siciliam permitti, atque Africam, bel-
lumque in ea adminiſtrandum? fuit in his
provinciis ſingulari innocentia, gravitate,
virtute: bellum in Africa maximum confecit, victorem exercitum deportavit. Quid
vero tam inauditum, quam equitem Romanum triumphare? at eam quoque rem populus Romanus non modo vidit, ſed etiam
omni ſtudio viſendam & concelebrandam
62 putavit. Quid tam inuſitatum, quam ut,
cum duo conſules clariſſimi, fortiſſimique eſſent, eques Romanus ad bellum maximum,
formidoloſiſſimumque pro conſule mitteretur? miſſus eſt. quo quidem tempore, cum
eſſet nonnemo in ſenatu, qui diceret: *Non*

oportere mitti hominem privatum pro consule;
L. Philippus dixisse dicitur : *Non se illum
sua sententia pro consule, sed pro consulibus
mittere.* Tanta in eo reipublicæ bene ge-
rendæ spes constituebatur, ut duorum con-
sulum munus unius adolescentis virtuti com-
mitteretur. Quid tam singulare, quam ut
ex senatusconsulto, legibus solutus, consul
ante fieret, quam ullum alium magistratum
per leges capere licuisset? quid tam incredibile, quam ut iterum eques Romanus ex senatusconsulto triumpharet? Quæ in omnibus hominibus nova post hominum memoriam constituta sunt, ea tam multa non sunt,
quam hæc, quæ in hoc uno homine vidimus. Atque hæc tot exempla, tanta, ac 63
tam nova, profecta sunt in eundem hominem a Q. Catuli atque a ceterorum ejusdem dignitatis amplissimorum hominum auctoritate.

Quare videant, ne sit periniquum & non 22
ferendum, illorum auctoritatem de Cn. Pompeji dignitate a vobis comprobatam semper
esse; vestrum ab illis de eodem homine judicium, populique Romani auctoritatem im-
probari: præsertim cum jam suo jure populus
Romanus in hoc homine suam auctoritatem

vel contra omnes, qui diffentiunt, poffit defendere; propterea quod, iftis reclamanti-
bus, vos unum illum ex omnibus delegiftis,
64 quem bello prædonum præponeretis. Hoc
fi vos temere feciftis, & reipublicæ parum
confuluiftis; recte ifti ftudia veftra fuis confiliis regere conantur: fin autem vos plus
tum in republica vidiftis; vos, his repugnan-
tibus, per vosmetipfos dignitatem huic imperio, falutem orbi terrarum attuliftis: aliquando ifti principes, & fibi, & ceteris,
populi Romani univerfi auctoritati parendum
effe fateantur. Atque in hoc bello Afiatico
& regio, non folum militaris illa virtus,
quæ eft in Cn. Pompejo fingularis, fed aliæ
quoque virtutes animi multæ & magnæ requiruntur. Difficile eft in Afia, Cilicia, Syria, regnisque interiorum nationum ita verfari veftrum imperatorem, ut nihil aliud,
quam de hofte ac de laude, cogitet. Deinde
etiamfi qui funt pudore ac temperantia mo-
deratiores; tamen eos effe tales, propter
multitudinem cupidorum hominum nemo ar-
65 bitratur. Difficile eft dictu, Quirites, quanto in odio fimus apud exteras nationes,
propter eorum, quos ad eas per hos annos
cum imperio mifimus, injurias ac libidines.

Quod enim fanum putatis in illis terris noftris magiftratibus religiofum, quam civitatem fanctam, quam domum fatis claufam ac munitam fuiffe? urbes jam locupletes ac copiofæ requiruntur, quibus caufa belli propter diripiendi cupiditatem inferatur. Libenter hæc coram cum Q. Catulo & Q. Hortenfio difputarem, fummis & clariffimis viris. noverunt enim fociorum vulnera: vident eorum calamitates: querimonias audiunt. Pro fociis vos contra hoftes exercitum mittere putatis, an hoftium fimulatione, contra focios atque amicos? quæ civitas eft in Afia, quæ non modo imperatoris, aut legati, fed unius tribuni militum animos ac fpiritus capere poffit? Quare, etiamfi quem habetis, qui collatis fignis, exercitus regios fuperare poffe videatur: tamen, nifi erit idem, qui fe a pecuniis fociorum, qui ab eorum conjugibus ac liberis, qui ab ornamentis fanorum atque oppidorum, qui ab auro, gazaque regia, manus, oculos, animum cohibere poffit; non erit idoneus, qui ad bellum Afiaticum, regiumque mittatur. Ecquam putatis civitatem pacatam fuiffe, quæ locuples fit? ecquam effe locupletem, quæ iftis pacata effe videatur? Ora maritima,

Quirites, Cn. Pompejum non folum propter
rei militaris gloriam, fed etiam propter animi continentiam requifivit. Videbat enim
populum Romanum non locupletari quotannis pecunia publica, præter paucos; neque
nos quidquam aliud affequi claffium nomine,
nifi ut, detrimentis accipiendis, majore affici turpitudine videremur. Nunc, qua cupiditate homines in provincias, quibus ja-
&turis, quibus conditionibus proficifcantur,
ignorant videlicet ifti, qui ad unum defe-
renda effe omnia non arbitrantur? quafi vero
Cn. Pompejum non cum fuis virtutibus, tum
etiam alienis vitiis magnum effe videamus.
68 Quare nolite dubitare, quin huic uni credatis omnia, qui inter annos tot unus inventus fit, quem focii in urbes fuas cum
exercitu veniffe gaudeant. Quodfi auctoritatibus hanc caufam, Quirites, confirman-
dam putatis; eft vobis auctor, vir bellorum
omnium, maximarumque rerum peritiffi-
mus, P. Servilius; cujus tantæ res geftæ
terra, marique exftiterunt, ut, cum de bello deliberetis, auctor vobis gravior effe nemo debeat: eft C. Curio, fummis veftris beneficiis, maximisque rebus geftis, fummo ingenio & prudentia præditus: eft Cn. Lentulus,

in quo omnes, pro ampliffimis veftris hono-
noribus, fummum confilium, fummam gravitatem effe cognofcitis : eft C. Caffius, integritate, virtute, conftantia fingulari. Quare
videte, ut horum auctoritatibus, illorum
orationi, qui diffentiunt, refpondere poffe
videamur.

Quæ cum ita fint, C. Manili, primum 24
iftam tuam & legem, & voluntatem, & fen- 69
tentiam laudo, vehementiffimeque comprobo : deinde te hortor, ut, auctore populo
Romano, maneas in fententia, neve cujusquam vim aut minas pertimefcas. Primum
in te fatis effe animi, perfeverantiæque arbitror : deinde cum tantam multitudinem
cum tanto ftudio adeffe videamus, quantam
nunc iterum in eodem homine præficiendo
videmus; quid eft, quod aut de re, aut de
perficiendi facultate dubitemus? Ego autem,
quidquid in me eft ftudii, confilii, laboris,
ingenii, quidquid hoc beneficio populi Romani, atque hac poteftate prætoria, quidquid auctoritate, fide, conftantia poffum;
id omne ad hanc rem conficiendam, tibi &
populo Romano polliceor ac defero. teftor- 70
que omnes deos, & eos maxime, qui huic
loco, temploque præfident, qui omnium

mentes eorum, qui ad rempublicam adeunt,
maxime perfpiciunt, me hoc neque rogatu
facere cujufquam, neque quo Cn. Pompeji
gratiam mihi per hanc caufam conciliari putem, neque quo mihi ex cujusquam amplitudine, aut præfidia periculis, aut adjumenta
honoribus quæram : propterea quod pericula
facile, ut hominem præftare oportet, innocentia tecti repellemus : honores autem neque ab uno, neque ex hoc loco, fed eadem
noftra illa laboriofiffima ratione vitæ, fi veftra
71 voluntas feret, confequemur. Quamobrem,
quidquid in hac caufa mihi fufceptum eft,
Quirites, id omne me reipublicæ caufa fufcepiffe confirmo : tantumque abeft, ut aliquam
bonam gratiam mihi quæfiffe videar, ut multas etiam fimultates partim obfcuras, partim
apertas intelligam, mihi non neceffarias,
vobis non inutiles, fufcepiffe. Sed ego me
hoc honore præditum, tantis veftris beneficiis affectum, ftatui, Quirites, veftram voluntatem, & reipublicæ dignitatem, & falutem provinciarum atque fociorum, meis
omnibus commodis & rationibus præferre
oportere.

M. TVLLII CICERONIS

PRO

A. CLVENTIO AVITO

ORATIO, QVARTADECIMA.

ANIMADVERTI, judices, omnem ac- I
cufatoris orationem, in duas divifam effe [I]
partes: quarum altera mihi niti & magnopere confidere videbatur invidia jam inve-
terata judicii Juniani: altera tantummodo
confuetudinis caufa timide & diffidenter attingere rationem veneficii criminum; qua
de re lege eft hæc quæftio conftituta. Itaque mihi certum 'eft, hanc eandem diftribu-
tionem invidiæ & criminum, fic in defenfione fervare, ut omnes intelligant, nihil
me nec fubterfugere voluiffe reticendo, nec
obfcurare dicendo. Sed cum confidero, quo- 2
modo mihi in utraque re fit elaborandum,
altera pars, ea quæ propria eft judicii veftri,
& legitimæ veneficii quæftionis, per mihi
brevis & non magnæ in dicendo contentionis

fore videtur: altera autem, quæ procul a
judicio remota eft, quæ concionibus feditiofe concitatis accommodatior eft, quam
tranquillis, moderatisque judiciis, perfpicio, quantum in agendo difficultatis, & quan-
3 tum laboris fit habitura. Sed in hac tanta
difficultate illa me res tamen, judices, con-
folatur, quod vos de criminibus fic audire
confueftis, ut eorum omnem diffolutionem
ab oratore quæratis: ut non exiftimetis,
plus vos ad falutem reo largiri oportere,
quam quantum defenfor, purgandis criminibus, confequi, & dicendo probare potuerit. De invidia autem fic inter vos difcepta-
re debetis, ut non, quid dicatur a nobis,
fed quid oporteat dici, confideretis. Agitur
enim in criminibus, A. Cluentii proprium
periculum; in invidia, caufa communis.
Quamobrem alteram partem caufæ fic agemus, ut vos doceamus: alteram fic, ut ore-
mus. in altera, diligentia veftra nobis ad-
jungenda eft; in altera, fides imploranda.
nemo eft enim, qui invidiæ, fine veftro, ac
fine talium virorum fubfidio poffit refiftere.
4 Equidem quod ad me attinet, quo me vertam, nefcio. negem fuiffe illam infamiam
judicii corrupti? negem illam rem agitatam

in concionibus? jactatam in judiciis? com-
memoratam in senatu? evellam ex animis
hominum tantam opinionem? tam penitus
insitam? tam vetustam? non est nostri ingenii: vestri auxilii est, judices, hujus innocentiæ sic in hac calamitosa fama, quasi
in aliqua perniciosissima flamma, atque in
communi incendio subvenire. Etenim sicut 2
aliis in locis parum firmamenti & parum 5
virium veritas habet: sic in hoc loco falsa
invidia imbecilla esse debet. Dominetur in
concionibus, jaceat in judiciis: valeat in
opinionibus ac sermonibus imperitorum, ab
ingeniis prudentium repudietur: vehemen-
tes habeat repentinos impetus, spatio inter-
posito & causa cognita consenescat. denique
illa definitio judiciorum æquorum, quæ nobis a majoribus tradita est, retineatur: ut
in judiciis & sine invidia culpa plectatur,
& sine culpa invidia ponatur. Quamobrem 6
a vobis, judices, antequam de ipsa causa
dicere incipio, hæc postulo: primum id,
quod æquissimum est, ut ne quid huc præ-
judicati afferatis. etenim non modo auctoritatem, sed etiam nomen judicum amittemus,
nisi hic ex ipsis causis judicabimus, ac si ad
causas judicia jam facta domo deferemus.

deinde si quam opinionem jam vestris mentibus comprehendistis, si eam ratio convel-
let, si oratio labefactabit, si denique veritas
extorquebit; ne repugnetis, eamque animis
vestris aut libentibus, aut æquis remittatis.
tum autem, cum ego unaquaque de re dicam, & diluam, ne ipsi, quæ contraria
sunt, taciti cogitationi vestræ subjiciatis;
sed ad extremum exspectetis, & me meum
dicendi ordinem servare patiamini: cum per-
oraro, tum, si quid erit præteritum, a me
requiratis. Ego me, judices, ad eam causam accedere, quæ jam per annos octo continuos ex contraria parte audiatur, atque
ipsa opinione hominum tacita prope convi-
cta atque damnata sit, facile intelligo: sed,
si quis mihi deus vestram ad me audiendum
benivolentiam conciliarit; efficiam profecto,
ut intelligatis, nihil esse homini tam timen-
dum, quam invidiam: nihil innocenti, sus-
cepta invidia, tam optandum, quam æquum
judicium, quod in hoc uno denique falsæ
infamiæ finis aliquis atque exitus reperia-
tur. Quamobrem magna me spes tenet, si
ea, quæ sunt in causa, explicare, atque
omnia dicendo consequi potuero, hunc locum, confessumque vestrum, quem illi

horribilem A. Cluentio ac formidolofum fore
putaverunt, eum tandem ejus fortunæ mi-
feræ, multumque jactatæ portum ac perfugium futurum. Tametfi permulta funt, quæ
mihi, antequam de caufa dicam, de communibus invidiæ periculis dicenda effe videantur: tamen, ne diutius oratione mea
fufpenfa exfpectatio veftra teneatur, aggre-
diar ad crimen cum illa deprecatione, judices, qua mihi fæpius utendum effe intelligo, fic ut me audiatis, quafi hoc tempore
hæc caufa primum dicatur, ficuti dicitur;
non quafi fæpe jam dicta & numquam probata fit. Hodierno enim die primum veteris iftius criminis diluendi poteftas eft data:
ante hoc tempus error in hac caufa atque invidia verfata eft. Quamobrem dum multorum annorum accufationi breviter, diluci-
deque refpondeo, quæfo, ut me, judices,
ficuti facere inftituiftis, benigne, attenteque
audiatis.

Corrupiffe dicitur A. Cluentius judicium 4
pecunia, quo inimicum fuum innocentem, 9
Statium Albium, condemnaret. Oftendam,
judices, primum, (quoniam caput illius
atrocitatis atque invidiæ fuit, innocentem
pecunia circumventum) neminem umquam

majoribus criminibus, gravioribus teſtibus
eſſe in judicium vocatum : deinde ea de eo
praejudicia eſſe facta ab ipſis judicibus, a
quibus condemnatus eſt, ut non modo ab
iisdem, ſed ne ab aliis quidem ullis, abſolvi
ullo modo poſſet.   Cum haec docuero, tum
illud oſtendam, quod maxime requiri intelligo, judicium illud pecunia eſſe tentatum,
non a Cluentio, ſed contra Cluentium : faciamque, ut intelligatis, in tota illa cauſa
quid res ipſa tulerit, quid error affinxerit,
quid invidia conflarit.

10   Primum igitur illud eſt, ex quo intelligi
poſſit, debuiſſe Cluentium magnopere cauſae
confidere, quod certiſſimis criminibus &
teſtibus fretus ad accuſandum deſcenderit.
Hoc loco faciendum mihi, judices, eſt, ut
vobis breviter illa, quibus Albius condemnatus eſt, crimina exponam.   Abs te peto,
Oppianice, ut me invitum de patris tui
cauſa dicere exiſtimes, adductum fide atque
officio, defenſionis.   Etenim tibi ſi in prae
ſentia ſatisfacere non potuero, tamen multae mihi ad ſatisfaciendum reliquo tempore
facultates dabuntur: Cluentio niſi nunc ſatisfecero, poſtea mihi ſatisfaciendi poteſtas
non erit. Simul & illud quis eſt, qui dubitare

debeat,

debeat, contra damnatum & mortuum, pro incolumi & vivo dicere: cum illi, in quem dicitur, damnatio omne ignominiæ periculum jam abstulerit, mors vero etiam doloris; huic autem, pro quo dicitur, nihil possit offensionis accedere sine acerbissimo animi sensu ac dolore, & sine summo dedecore vitæ ac turpitudine? Atque, ut intel-ligatis, Cluentium non accusatorio animo, non ostentatione aliqua aut gloria adductum, sed nefariis injuriis, quotidianis insidiis, proposito ante oculos vitæ periculo, nomen Oppianici detulisse, paulo longius exordium rei demonstrandæ repetam: quod quæso, judices, ne moleste patiamini. Principiis enim cognitis, multo facilius extrema intelligetis.

A. Cluentius Avitus fuit, pater hujusce, judices, homo non solum municipii Larinatis, ex quo erat, sed etiam regionis illius & vicinitatis, virtute, existimatione, nobilitate facile princeps. Is cum esset mortuus, Sulla & Pompejo consulibus, reliquit hunc annos x v natum, grandem autem & nubilem filiam: quæ brevi tempore post patris mortem nupsit A. Aurio Melino, consobrino suo, adolescenti in primis, ut tum habebatur, inter fuos & honefte & nobili.

12 Cum effent hæ nuptiæ plenæ dignitatis, plenæ concordiæ, repente eft exorta mulieris importunæ nefaria libido, non folum dedecore, verum etiam fcelere conjuncta. Nam Saffia, mater hujus Aviti, (mater enim a me, nominis caufa, tametfi in hunc hoftili odio & crudelitate eft, mater, inquam, appellabitur: neque umquam illa ita de fuo fcelere & immanitate audiet, ut naturæ nomen amittat. quo enim ipfum nomen amantius, indulgentiusque maternum, hoc illius matris, quæ multos jam annos, & nunc cum maxime filium interfectum cupit, fingulare fcelus, majore odio dignum effe ducetis.) Ea igitur mater Aviti, Melini illius adolefcentis, generi fui, contra quam fas erat, amore capta, primo, neque id ipfum diu, quoquo modo poterat, in illa cupiditate continebatur: deinde ita flagrare cœpit amentia, fic inflammata ferri libidine, ut eam non pudor, non pudicitia, non pietas, non macula familiæ, non hominum fama, non filii dolor, non filiæ mœror a cupidi-

13 tate revocaret. Animum adolefcentis, nondum confilio ac ratione firmatum, pellexit iis omnibus rebus, quibus illa ætas capi ac

deliniri poteſt. Filia, quæ non ſolum illo
communi dolore muliebri in ejusmodi viri
injuriis angeretur, ſed nefarium matris pel-
licatum ferre non poſſet, de quo ne queri
quidem ſine ſcelere ſe poſſe arbitraretur, ceteros ſui tanti mali ignaros eſſe cupiebat:
in hujus amantiſſimi ſui fratris manibus &
gremio, mœrore & lacrymis confeneſcebat.
Ecce autem ſubitum divortium; quod ſola- 14
tium malorum omnium fore videbatur. Diſ-
cedit a Melino Cluentia: ut in tantis injuriis, non invita; ut a viro, non libenter.
Tum vero illa ègregia ac præclara mater
palam exſultare lætitia, ac triumphare gau-
dio cœpit, victrix filiæ, non libidinis. Itaque diutius ſuſpicionibus obſcuris lædi famam ſuam noluit: lectum illum genialem,
quem biennio ante filiæ ſuæ nubenti ſtrave-
rat, in eadem domo ſibi ornari & ſterni, ex-
pulſa atque exturbata filia, jubet. Nubit
genero ſocrus, nullis auſpicibus, nullis auctoribus, funeſtis ominibus omnium omnibus. O mulieris ſcelus incredibile, &, præ- 6
ter hanc unam, in omni vita inauditum! o 15
libidinem effrenatam & indomitam! o audaciam ſingularem! non timuiſſe, ſi minus
vim deorum, hominumque famam, at illam

ipfam noctem, facesque illas nuptiales? non limen cubiculi? non cubile filiæ? non parietes denique ipfos, fuperiorum teftes nuptiarum? perfregit ac proftravit omnia cupiditate ac furore: vicit pudorem libido, timo-16 rem audacia, rationem amentia. Tulit hoc commune dedecus jam familiæ, cognationis, nominis, graviter filius: augebatur autem ejus moleftia quotidianis querimoniis & affiduo fletu fororis: ftatuit tamen nihil, fibi in tantis injuriis ac tanto fcelere matris, gravius faciendum, quam ut illa matre ne uteretur: ne, quam videre fine fummo animi dolore non poterat, ea fi matre uteretur, non folum videre, fed etiam probare fuo judicio putaretur.

17 Initium quod huic cum matre fuerit fimultatis, audiftis. Pertinuiffe hoc ad caufam, tunc, cum reliqua cognoveritis, intelligetis. Nam illud me non præterit, cujusmodicunque mater fit, tamen in judicio filii de turpitudine parentis dici vix oportere. Non effem ad ullam caufam idoneus, judices, fi hoc, quod in communibus hominum fenfibus atque in ipfa natura pofitum atque infixum eft, id ego, cum ad amici pericula depellenda adhiberer, non viderem. Facile

intelligo, non modo reticere homines parentum injurias, fed etiam animo æquo ferre
oportere. Sed ego ea, quæ ferri poffunt,
ferenda; quæ taceri, tacenda effe arbitror.
Nihil in vita vidit calamitatis A. Cluentius, **18**
nullum periculum mortis adiit, nihil mali
timuit, quod non totum a matre effet conflatum & perfectum, quæ hoc tempore file-
ret omnia, atque ea, fi oblivione non poffet, tamen taciturnitate fua tecta effe pateretur: fed ea vero fic agit, ut prorfus reticere nullo modo poffit. Hoc enim ipfum
judicium, hoc periculum, illa accufatio,
omnis teftium copia, quæ futura eft, a matre initio eft adornata, a matre hoc tempore inftruitur, atque omnibus ejus opibus
& copiis comparatur: ipfa denique nuper
Larino, hujus opprimendi caufa, Romam
advolavit. Præfto eft mulier audax, pecu-
niofa, crudelis: inftituit accufatores, inftruit
teftes: fqualore hujus & fordibus lætatur:
exitium exoptat: fanguinem fuum profun-
dere omnem cupit, dummodo profufum hujus ante videat. Hæc nifi omnia perfpexe-
ritis in caufa, temere a nobis illam appellari putatote: fin autem erunt & aperta &
nefaria, Cluentio ignofcere debetis, quod

hæc a me dici patiatur : mihi ignofcere non
7 deberetis, fi tacerem. Nunc jam fumma-
19 tim exponam, quibus criminibus Oppianicus
damnatus fit; ut & conftantiam A. Cluentii,
& rationem accufationis perfpicere poffitis.
Ac primum caufa accufandi quæ fuerit, oftendam; ut id ipfum A. Cluentium vi & necef-
fitate coactum feciffe videatis.

20   Cum manifefto venenum deprehendiffet,
quod vir matris Oppianicus ei paraviffet;
& res non conjectura, fed oculis ac manibus teneretur, neque in caufa ulla dubitatio poffet effe: accufavit Oppianicum. quam
conftanter, & quam diligenter, poftea dicam: nunc hoc fcire vos volui, nullam huic
aliam accufandi caufam fuiffe, nifi uti propofitum vitæ periculum & quotidianas capitis infidias hac una ratione vitaret. Atque,
ut intelligatis, his accufatum effe criminibus
Oppianicum, ut neque accufator timere, neque reus fperare debuerit; pauca vobis illius
judicii crimina exponam : quibus cognitis,
nemo veftrûm mirabitur, illum, diffiden-
tem rebus fuis, ad Stalenum atque ad pecuniam confugiffe.

21   Larinas quædam fuit Dinea, focrus Oppianici: quæ filios habuit M. & Numerium

Aurios, & Cn. Magium, & filiam Magiam, nuptam Oppianico. M. Aurius adolefcentulus, bello Italico captus apud Afculum, in Q. Sergii fenatoris, ejus, qui inter ficarios damnatus eft, manus incidit, & apud eum fuit in ergaftulo. Numerius autem Aurius frater, mortuus eft, heredemque Cn. Magium, fratrem fuum, reliquit. Poftea Magia, uxor Oppianici, mortua eft: poftremo unus, qui reliquus erat Dineae filius, Cn. Magius, eft mortuus. Is fecit heredem illum adolefcentem Oppianicum, fororis fuae filium, eumque partiri cum Dinea matre juffit. Interim venit index ad Dineam, neque obfcurus, neque incertus, qui nuntiaret ei, filium ejus, M. Aurium, vivere, & in agro Gallico effe in fervitute. Mulier, 22 amiffis liberis, cum unius filii recuperandi fpes effet oftentata, omnes fuos propinquos, fillique fui neceffarios convocavit, & ab iis flens petivit, ut negotium fufciperent, adolefcentem inveftigarent, fibi reftituerent eum filium, quem tantum unum ex multis fortuna reliquum effe voluiffet. Haec cum agere inftituiffet, oppreffa morbo eft. itaque teftamentum fecit ejusmodi, ut illi filio H-S cccciↄↄↄↄ millia legaret, heredem

R 4

inftitueret eundem illum Oppianicum, nepotem fuum. atque his diebus paucis · eft
mortua. propinqui tamen illi, quemadmodum viva Dinea inftituerant, ita, mortua
illa, ad inveftigandum Aurium eum eodem
illo indice in agrum Gallicum profecti funt.
§ Interim Oppianicus, ut erat, ficuti multis
23 ex rebus reperietis, fingulari fcelere & audacia, per quendam Gallicanum, familiarem fuum, primum illum indicem pecunia
corrupit: deinde ipfum Aurium, non magna
jactura facta, tollendum, interficiendumque
curavit. Illi autem, qui erant ad propin-
quum inveftigandum & recuperandum profecti, litteras Larinum ad Aurios, illius
adolefcentis propinquos, fuosque neceffarios, mittunt; fibi difficilem effe invefti-
gandi rationem, quod intelligerent indicem
ab Oppianico effe corruptum. Quas litteras A. Aurius, vir fortis & experiens, &
domi nobilis, M. illius Aurii propinquus,
in foro, palam, multis audientibus, cum
adeffet Oppianicus, recitat, & clariffima
voce, fe nomen Oppianici, fi interfectum
M. Aurium comperiffet, delaturum effe te-
24 ftatur. Interim brevi tempore illi, qui
erant in agrum Gallicum profecti, Larinum

revertuntur: interfectum esse M. Aurium re-
nuntiant. Animi non solum propinquorum,
sed etiam omnium Larinatium odio Oppianici, & illius adolescentis misericordia,
commoventur. Itaque cum A. Aurius, qui
antea denuntiarat, clamore hominem ac minis insequi coepisset: Larino profugit, &
se in castra clarissimi viri, Q. Metelli, contulit. Post illam fugam, & sceleris & con- 25
scientiæ testem, numquam se judiciis, numquam legibus, numquam inermem inimicis
committere ausus est: sed per illam L. Sullæ vim atque victoriam, Larinum in summo
timore omnium cum armatis advolavit: quatuor viros, quos municipes fecerant, sustulit: se a Sulla, & alios præterea tres, factos esse dixit: & ab eodem sibi esse imperatum, ut Aurium illum, qui sibi delatio-
nem nominis, & capitis periculum ostenta-
rat, & alterum Aurium, & ejus C. filium,
& Sex. Virbium, quo sequestre in illo indice
corrumpendo dicebatur esse usus, proscriben-
dos, interficiendosque curaret. Itaque, illis
crudelissime interfectis, non mediocri ab eo
ceteri proscriptionis & mortis metù terreban-
tur. His rebus in causa, judicioque pate-
factis, quis est, qui illum absolvi potuisse

9 arbitraretur? Atque hæc parva funt: **cognof-cite reliqua**: ut non aliquando condemnatum effe Oppianicum, fed aliquandiu incolumem fuiffe miremini.

26 Primum videte hominis audaciam. Saf-fiam in matrimonium ducere, Aviti ma-trem, illam, cujus virum A. Aurium occi-derat, concupivit. Utrum impudentior hic, qui poftulet, an crudelior illa, fi nubat, difficile dictu eft. fed tamen utriusque hu-manitatem, conftantiamque cognofcite. Pe-27 tit Oppianicus, ut fibi Saffia nubat, & id magnopere contendit. illa autem non admi-ratur audaciam, non impudentiam afperna-tur, non denique illam Oppianici domum, viri fui fanguine redundantem, reformidat: fed quod haberet tres ille filios, idcirco fe ab his nuptiis abhorrere refpondit. Oppia-nicus, qui pecuniam Saffiæ concupiviffet, domo fibi quærendum remedium exiftimavit ad eam moram, quæ nuptiis afferebatur. Nam, cum haberet ex Novia infantem fi-lium: alter autem ejus filius, Papia na-tus, Theani Appuli, quod abeft a Larino xviii millia paffuum, apud matrem edu-caretur: arceffit fubito fine caufa puerum Theano: quod facere, nifi ludis publicis,

aut feftis diebus, antea non folebat. Mater,
nihil mali mifera fufpicans, mittit. Ille fe
Tarentum proficifci cum fimulaffet, eo ipfo
die puer, cum hora undecima in publico
valens vifus effet, ante noctem mortuus,
& poftridie, antequam luceret, combuftus
eft. Atque hunc tantum mœrorem matri 28
prius hominum rumor, quam quisquam ex
Oppianici familia renuntiavit. Illa cum uno
tempore audiffet, fibi non folum filium, fed
etiam exfequiarum munus ereptum, Larinum confeftim exanimata venit, & ibi de
integro funus jam fepulto filio fecit. Dies
nondum decem intercefferant, cum ille alter filius infans necatur. Itaque nubit Oppianico continuo Saffia, lætanti jam animo,
& fpe optima confirmato: nec mirum, quæ
fe non nuptialibus donis, fed filiorum fune-
ribus delinitam videret. Ita, quod ceteri
propter liberos pecuniæ cupidiores folent effe, ille propter pecuniam liberos amittere
jucundius effe duxit. Sentio, judices, vos 10
pro veftra humanitate, his tantis fceleribus, 29
breviter a me demonftratis, vehementer effe commotos. Quo tandem igitur animo
fuiffe illos arbitramini, quibus his de rebus
non modo audiendum fuit, verum etiam

judicandum? Vos auditis de eo, in quem
judices non æftis: de eo, quem non videtis: de eo, quem odiffe jam non poteftis:
de eo, qui & naturæ & legibus fatisfecit:
quem leges exfilio, natura morte multavit.
Auditis non ab inimico: auditis fine teftibus: auditis, cùm ea, quæ copiofiffime dici
poffunt, breviter a me, ftrictimque dicuntur. Illi audiebant de eo, de quo jurati
fententias ferre debebant: de eo, cujus
præfentis nefarium & confceleratum vultum intuebantur: de eo, quem oderant
propter audaciam: de eo, quem omni fupplicio dignum effe ducebant: audiebant ab
accufatoribus: audiebant verba multorum
teftium: audiebant, cum unaquaque de re
a P. Canutio, homine eloquentiffimo, gra-
30 viter & diu diceretur. Et eft quisquam,
qui, cum hæc cognoverit, fufpicari poffit,
Oppianicum judicio oppreffum & circumventum effe innocentem? Acervatim jam
reliqua, judices, dicam, ut ad ea, quæ
propiora hujus caufæ & adjunctiora funt,
perveniam.

Vos, quæfo, memoria teneatis, non mihi
hoc effe propofitum, ut accufem Oppianicum mortuum: fed, cum hoc perfuadere

vobis velim, judicium ab hoc non effe corruptum, hoc uti initio ac fundamento defenfionis, Oppianicum, hominem fcelera-
tiffimum & nocentiffimum effe damnatum :
qui uxori fuæ Cluentiæ, quæ amita hujus
Aviti fuit, cum ipfe poculum dediffet, fubito illa in media potione exclamavit, fe
maximo cum dolore mori: nec diutius vixit, quam locuta eft. nam in ipfo fermone
hoc & vociferatione mortua eft. & ad hanc
mortem tam repentinam, vocemque morientis, omnia praeterea, quae folent effe indicia & veftigia veneni, in illius mortuæ corpore fuerunt. Eodemque veneno C. Oppia- 31
nicum, fratrem, necavit. Neque eft hoc I I
fatis: tametfi in ipfo fraterno parricidio nullum fcelus praetermiffum videtur ; tamen,
ut ad hoc nefarium facinus accederet, aditum fibi aliis fceleribus ante munivit. Nam
cum effet gravida Auria, fratris uxor, &
jam appropinquare partus videretur; mulierem veneno interfecit, ut una illa, & quod
erat ex fratre conceptum, necaretur. Poftea
fratrem aggreffus eft: qui fero, jam exhau-
fto illo poculo [mortis], cum & de fuo &
de uxoris interitu clamaret, teftamentumque
mutare cuperet, in ipfa fignificatione hujus

voluntatis, eft mortuus. Ita mulierem, ne
partu ejus ab hereditate fraterna exclude-
retur, necavit: fratris autem liberos ptius
vita privavit, quam illi hanc ab natura pro-
priam lucem accipere potuerunt; ut omnes
intelligerent, nihil ei claufum, nihil fan-
&tum effe poffe, cujus ab audacia, fratris
liberos ne materni quidem corporis cuftodia
tegere potuiffet. Memoria teneo, Milefiam
32 quandam mulierem, cum effem in Afia,
quod ab heredibus fecundis accepta pecunia,
partum fibi ipfa medicamentis abegiffet, rei
capitalis effe damnatam: neque injuria; quæ
fpem parentis, memoriam nominis, fubfi-
dium generis, heredem familiæ, defignatum reipublicæ civem, fuftuliffet. Quanto
Oppianicus in eadem injuria majore fupplicio dignus? fiquidem illa, cum fuo corpori
vim attuliffet, fe ipfa cruciavit: hic autem
idem illud effecit per alieni corporis mortem atque cruciatum. Ceteri non videntur
in fingulis hominibus multa parricidia fufcipere poffe: Oppianicus inventus eft, qui in
12 uno corpore plures necaret. Itaque, cum
33 hanc confuetudinem, audaciamque cognofceret avunculus illius adolefcentis, Oppianici,
Cn. Magius; isque gravi morbo affe&tus effet,

& heredem illum fororis fuæ filium faceret:
amicis adhibitis, præfente matre fua, Dinea, uxorem fuam interrogavit, effetne
prægnans. quæ cum fe effe refpondiffet; ab
ea petivit, ut, fe mortuo, apud Dineam,
quæ tum ei mulieri focrus erat, quoad pa-
reret, habitaret, diligentiamque adhiberet,
ut id, quod conceperat, fervaret, ut falvum parere poffet. Itaque ei teftamento legat grandem pecuniam a filio, fi qui natus
effet: ab fecundo herede nihil legat. Quid 34
de Oppianico fufpicatus fit, videtis: quid
judicarit, obfcurum non eft. Nam, cum
ejus filium faceret heredem, eum tutorem
liberis non adfcripfit. Quid Oppianicus fecerit, cognofcite: ut illum Magium intelligatis longe animo profpexiffe morientem.
Quæ pecunia mulieri legata erat a filio, fi
qui natus effet, eam præfentem Oppianicus
non debitam mulieri folvit: fi hæc folutio
legatorum, & non merces abortionis appel-
landa eft. Quo illa pretio accepto, multis-
que præterea muneribus, quæ tum ex tabulis Oppianici recitabantur, fpem illam,
quam in alvo commendatam a viro conti-
nebat, victa avaritia fceleri Oppianici vendidit. Nihil poffe jam ad hanc improbitatem 35

addi videtur. attendite exitum. Quæ mulier obteſtatione viri decem illis menſibus ne domum quidem ullam, niſi ſocrus ſuæ, neſſe debuit, hæc quinto menſe poſt viri mortem ipſi Oppianico nupſit. quæ nuptiæ non diuturnæ fuerunt. erant enim non matrimonii dignitate, ſed ſceleris ſocietate conjunctæ.

13   Quid? illa cædes Aſinii Larinatis, ado-
36 leſcentis pecunioſi, quam clara tum, recenti re? quam omnium ſermone celebrata? Fuit Avilius quidam Larinas perdita nequitia, & ſumma egeſtate, arte quadam præditus ad libidines adoleſcentulorum excitandas accommodata : qui, ut ſe blanditiis & aſſentationibus in Aſinii conſuetudinem penitus immerſit, Oppianicus continuo ſperare cœpit, hoc ſe Avilio, tamquam aliqua machina admota, capere Aſinii adoleſcentiam, & fortunas ejus patrias expugnare poſſe. Ratio excogitata Larini eſt: res tranſlata Romam. iniri enim id conſilium facilius in ſolitudine, perfici rem ejusmodi commodius in turba poſſe arbitrati ſunt. Aſinius cum Avilio Romam eſt profectus. Hos veſtigiis Oppianicus conſecutus eſt. Jam ut Romæ vixerint, quibus conviviis, quibus flagitiis,

quantis

quantis & quam profufis fumtibus, non modo confcio, fed etiam conviva & adjutore
Oppianico, longum eft mihi dicere, præfertim ad alia properanti. Exitum hujus affi-
mulatæ familiaritatis cognofcite. Cum effet 37
adolefcens apud mulierculam quandam, atque ibi pernoctaret, & ibi diem pofterum
commoraretur : Avilius, ut erat conftitutum, fimulat fe ægrotare, & teftamentum
facere velle. Oppianicus obfignatores ad
eum, qui neque Afinium, neque Avilium
noffent, adducit, & illum Afinium appellat:
ipfe teftamento, Afinii nomine obfignato,
difcedit. Avilius illico convalefcit. Afinius
autem brevi illo tempore, quafi in hortulos
iret, in arenarias quasdam, extra portam
Efquilinam, perductus occiditur. Qui cum 38
unum jam & alterum diem defideraretur;
neque in iis locis, ubi ex confuetudine
quærebatur, inveniretur, & Oppianicus in
foro Larinatium dictitaret, nuper fe & fuos
amicos teftamentum ejus obfignaffe: liberti
Afinii, & nonnulli amici, quod eo die, quo
poftremum Afinius vifus erat, Avilium cum
eo fuiffe, & a multis vifum effe conftabat,
in eum invadunt, & hominem ante pedes
Q. Manilii, qui tum erat triumvir, conftituunt.

Cicero. T. VI. S

Atque ille continuo, nullo teſte, nullo indice, recentis maleficii conſcientia perterritus, omnia, ut a me paulo ante dicta funt,
exponit, Aſiniumque ab ſe, conſilio Oppia-
39 nici, interfectum fatetur. Extrahitur domo latitans Oppianicus a Manilio : index
Avilius ex altera parte coram tenetur. Hic
jam quid reliqua quæritis? Manilium plerique noratis. non ille honorem a pueritia,
non ſtudia virtutis, non ullum exiſtimatio-
nis bonæ fructum umquam cogitarat : ſed
ex petulanti atque improbo ſcurra, in diſcor-
diis civitatis, ad eam columnam, ad quam
multorum ſæpe conviciis perductus erat,
tum ſuffragiis populi pervenerat. Itaque rem
cum Oppianico tranſigit : pecuniam ab eo
accipit : cauſam & ſuſceptam & manifeſtam
relinquit. Ac tum in Oppianici cauſa crimen hoc Aſinianum cum teſtibus multis,
tum vero indicio Avilii probabatur: in quo,
inter allegatos, Oppianici nomen, primum
eſſe conſtabat, ejus, quem vos miſerum atque innocentem, falſo judicio circumventum
eſſe dicitis.

14   Quid? aviam tuam, Oppianice, Di-
40 neam, cui tu es heres, pater tuus non ma-
nifeſto necavit? ad quam cum adduxiſſet

medicum illum fuum, jam cognitum, &
faepe victorem, [per quem interfecerat plurimos,] mulier exclamat, fe ab eo nullo
modo velle curari, quo curante fuos omnes
perdidiffet. Tum repente Anconitanum quendam, L. Clodium, pharmacopolam circum-
foraneum, qui cafu tum Larinum veniffet,
aggreditur, & cum eo H-S quadringentis,
id quod ipfius tabulis tum eft demonftratum,
tranfigit. L. Clodius, qui properaret, cui
fora multa reftarent, fimul atque introdu-
ctus eft, rem confecit: prima potione mulierem fuftulit: neque poftea Larini pun-
ctum eft temporis commoratus. Eadem hac 41
Dinea teftamentum faciente, cum tabulas
prehendiffet Oppianicus, qui gener ejus fuiffet, digito legata delevit: &, cum id multis locis feciffet, poft mortem ejus, ne li-
turis coargui poffet, teftamentum, in alias
tabulas transfcriptum, fignis adulterinis obfignavit. Multa praetereo confulto. etenim
vereor, ne haec ipfa nimium multa effe videantur. Vos tamen eum fimilem fui fuiffe
in ceteris vitae partibus exiftimare debetis.
Illum tabulas publicas Larini cenforias corrupiffe, decuriones univerfi judicaverunt.
Cum illo jam nemo rationem, nemo rem

ullam contrahebat: nemo illum ex tam multis cognatis & affinibus tutorem umquam
liberis fuis fcripfit: nemo illum aditu, nemo congreffione, nemo fermone, nemo convivio dignum judicabat: omnes afpernaban-
tur, omnes abhorrebant, omnes, ut aliquam immanem ac perniciofam beftiam, pe-
42 ftemque fugiebant. Hunc tamen hominem
tam audacem, tam nefarium, tam nocentem, numquam accufaffet Avitus, judices,
fi id prætermittere, falvo capite fuo, potuiffet. Erat huic inimicus Oppianicus; fed
tamen erat vitricus: crudelis & huic infefta mater; attamen mater. poftremo nihil
tam remotum ab accufatione, quam Cluentius, & natura, & voluntate, & inftituta
ratione vitæ. Sed cum effet hæc illi propofita conditio, ut aut jufte, pieque accu-
faret, aut acerbe, indigneque moreretur;
accufare, quoquo modo poffet, quam illo
modo emori, maluit.

43 Atque, ut hæc ita effe perfpicere poffitis, exponam vobis Oppianici facinus manifefto compertum atque deprehenfum: ex
quo fimul utrumque, & huic accufare, &
illum condemnari, necesse fuisse intellige-
15 tis. Martiales quidam Larini appellabantur,

ministri publici Martis, atque ei deo veteribus inftitutis, religionibusque Larinatium confecrati: quorum cum fatis magnus numerus effet, cumque item, ut in Sicilia permulti Venerei funt, fic illi Larini in Martis familia numerarentur: repente Oppianicus eos omnes, liberos effe, civesque Romanos coepit defendere. Graviter id decuriones Larinatium, cunctique municipes tulerunt. Itaque ab Avito petiverunt, ut eam caufam fufciperet, publiceque defenderet. Avitus cum fe ab omni ejusmodi negotio removiffet, tamen pro loco, pro antiquitate generis fui, pro eo, quod fe non fuis folum commodis, fed etiam fuorum municipum, ceterorumque neceffariorum natum effe arbitrabatur, tantæ voluntati univerforum Larinatium deeffe noluit. Sufcepta 44 caufa, Romamque delata, magnæ quotidie contentiones inter Avitum & Oppianicum ex utriusque ftudio defenfionis excitabantur. Erat ipfe immani, acerbaque natura Oppianicus. incendebat ejus amentiam infefta atque inimica filio mater Aviti. magni autem illi fua intereffe arbitrabantur, hunc a caufa Martialium demovere. Suberat etiam alia caufa major, quæ Oppianici, hominis

avariffimi atque audaciffimi, mentem maxi-
45 me commovebat. Nam Avitus ufque ad illius judicii tempus, nullum teftamentum
umquam fecerat. neque enim legare ejusmodi matri poterat in animum inducere;
neque teftamento nomen omnino prætermittere parentis. Id cum Oppianicus fciret,
(neque enim erat obfcurum,) intelligebat,
Avito mortuo, bona ejus omnia ad matrem
effe ventura: quæ ab fefe poftea, aucta pecunia, majore præmio; orbata filio, minore periculo, necaretur. Itaque his rebus
incenfus, qua ratione Avitum veneno tol-
16 lere conatus fit, cognofcite. C. & L. Fa-
46 bricii, fratres, gemini fuerunt ex municipio Aletrinate, homines inter fe cum for-
ma, tum moribus fimiles, municipum autem fuorum diffimillimi: In quibus quantus
fplendor fit, quam prope æquabilis, quam
fere omnium conftans & moderata ratio vitæ, nemo veftrûm, ut mea fert opinio,
ignorat. His Fabriciis femper ufus eft Oppianicus familiariffime. Jam hoc fere fcitis
omnes, quantam vim habeat ad conjungen-
das amicitias, ftudiorum ac naturæ fimilitudo. Cum illi ita viverent, ut nullum quæftum turpem effe arbitrarentur: cum omnis

ab his fraus, omnes infidiæ, circumfcriptio-
nesque adolefcentium nafcerentur; cumque
effent vitiis atque improbitate omnibus noti : ftudiofe, ut dixi, ad eorum fe familiaritatem multis jam ante annis Oppianicus
applicarat. Itaque tum fic ftatuit, per C. 47
Fabricium (nam L. erat mortuus) infidias
Avito comparare. Erat illo tempore infirma valitudine Avitus. utebatur autem medico ignobili, fed fpeftato homine, Cleophanto : cujus fervum Diogenem Fabricius
ad venenum Avito dandum fpe & pretio fol-
licitare cœpit. Servus non incallidus, fed,
ut ipfa res declaravit, frugi atque integer,
fermonem Fabricii non eft afpernatus: rem
ad dominum detulit : Cleophantus autem
cum Avito eft locutus. Avitus ftatim cum
M. Bebrio fenatore, familiariffimo fuo, communicavit : qui qua fide, qua prudentia,
qua dignitate fuerit, meminiffe vos arbitror. Ei placuit, ut Diogenem Avitus eme-
ret a Cleophanto, quo facilius aut compre-
henderetur res ejus indicio, aut falfa effe
cognofceretur. Ne multis ; Diogenes emi-
tur : venenum diebus paucis, (multi viri
boni cum ex occulto interveniffent) pecuniaque obfignata, quæ ad eam rem dabatur,

S 4

in manibus Scamandri, liberti Fabriciorum,
48 deprehenditur. Proh dii immortales! Op-
17 pianicum quisquam his rebus cognitis, circumventum effe dicet? Quis umquam au-
dacior? quis nocentior? quis apertior in
judicium adductus eft? Quod ingenium, quæ
facultas dicendi, quæ a quoquam excogitata defenfio, huic uni crimini potuit obfifte-
re? fimul & illud quis eft qui dubitet, quin
hac re comperta, manifeftoque deprehenfa,
aut obeunda mors Cluentio, aut fufcipienda
accufatio fuerit?

49   Satis effe arbitror demonftratum, judices, iis criminibus accufatum effe Oppianicum, ut honefte abfolvi nullo modo potuerit. Cognofcite nunc ita reum citatum effe
illum, ut, re femel atque iterum præjudi-
cata, condemnatus in judicium venerit.
Nam Cluentius, judices, primum nomen
ejus detulit, cujus in manibus venenum de-
prehenderat. Is erat libertus Fabriciorum,
Scamander. integrum confilium : judicii
corrupti nulla fufpicio : fimplex in judicium
caufa, certa res, verum crimen allatum
eft. Hic tum Fabricius, is, de quo ante
dixi, qui, liberto damnato, fibi illud impendere periculum videret: quod mihi cum

Alettinatibus vicinitatem, & cum plerisque
eorum magnum ufum effe fciebat, frequen-
·tes eos ad me domum adduxit. Qui quamquam de homine, ficut neceffe erat, exifti-
mabant : tamen, quod erat ex eodem mu-
·nicipio , fuæ dignitatis effe arbitrabantur,
·eum, quibus rebus poffent, defendere; idque a me, ut facerem, & ut caufam Scamandri fufciperem , petebant : in qua caufa
patroni omne periculum continebatur. Ego, 50
qui neque illis talibus viris, ac tam aman-
tibus mei, rem poffem ullam negare ; neque illud crimen tantum ac tam manifeftum
effe arbitrarer, ficut ne illi quidem ipfi,
qui mihi tum illam caufam commendabant,
arbitrabantur: pollicitus iis fum, me omnia,
quæ vellent, effe facturum. Res agi cœpta 18
eft : citatus eft Scamander reus. Accufabat P. Canutius, homo in primis ingenio-
fus, & in dicendo exercitatus : accufabat
autem ille quidem Scamandrum verbis tri-
bus, VENENVM ESSE DEPREHEN-
SVM. omnia tela totius accufationis in Oppianicum conjiciebantur: aperiebatur caufa
infidiarum : Fabriciorum familiaritas com-
memorabatur: hominis vita & audacia proferebatur : denique omnis accufatio varie,

graviterque tractata, ad extremum manife-
51 sta veneni deprehensione conclusa est. Hic
ego tum ad respondendum surrexi, qua cura? dii immortales! qua sollicitudine animi? quo timore? Semper equidem magno
cum metu incipio dicere. quotiescumque dico, toties mihi videor in judicium venire,
non ingenii solum, sed etiam virtutis atque
officii; ne aut id profiteri videar, quod non
possim implere, quod est impudentiæ; aut
id non efficere, quod possim, quod est aut
perfidiæ, aut negligentiæ: tum vero ita sum
perturbatus, ut omnia timerem; si nihil dixissem, ne infantissimus; si multa in ejusmodi causa dixissem, ne impudentissimus
19 existimarer. Collegi me aliquando, & ita
constitui, fortiter esse agendum: illi ætati,
qua tum eram, solere laudi dari, etiamsi in
minus firmis causis hominum periculis non
defuissem. Itaque feci: sic pugnavi, sic
omni ratione contendi, sic ad omnia confu-
gi, quantum ego assequi potui, remedia ac
perfugia causarum, ut hoc, quod timide dicam, consecutus sim, ne quis illi causæ pa-
52 tronum defuisse arbitraretur. Sed, ut quidquid ego apprehenderam, statim accusator
extorquebat e manibus. Si quæsieram, an

inimicitiæ Scamandro cum Avito; fatebatur, nullas fuiſſe: ſed Oppianicum, cujus ille miniſter fuiſſet, huic inimiciſſimum fuiſſe atque eſſe dicebat. Sin autem illud egeram, nullum ad Scamandrum morte Aviti venturum emolumentum fuiſſe; concedebat: ſed ad uxorem Oppianici, hominis in uxoribus necandis exercitati, omnia bona Aviti ventura eſſe dicebat. Cum illa defenſione uſus eſſem, quæ in libertinorum cauſis honeſtiſſima ſemper exiſtimata eſt, Scamandrum patrono eſſe probatum; fatebatur: ſed quærebat, cui probatus eſſet ipſe patronus. Cum ego pluribus verbis in eo commoratus 53 eſſem, Scamandro factas inſidias eſſe per Diogenem, conſtitutumque inter eos de alia re fuiſſe, ut medicamentum, non venenum, Diogenes afferret: hoc cuivis uſu venire poſſe: quærebat, cur in ejusmodi locum, tam abditum, cur ſolus, cur cum obſignata pecunia veniſſet. Denique hoc loco cauſa teſtibus, honeſtiſſimis hominibus, premebatur. M. Bebrius de ſuo conſilio Diogenem emtum: ſe præſente Scamandrum cum veneno, pecuniaque deprehenſum eſſe dicebat. P. Quintilius Varus, homo ſumma religione & ſumma auctoritate præditus, de

insidiis, quæ sierent Avito, & de sollicita-
tione Diogenis, recenti re, secum Cleo-
54 phantum locutum esse dicebat. Atque in
illo judicio cum Scamandrum nos desendere
videremur, verbo ille reus erat, re quidem
vera, & periculo, & tota accusatione Oppianicus. Neque id obscure serebat, nec
dissimulare ullo modo poterat: aderat sre-
quens, advocabat, omni studio, gratiaque
pugnabat: postremo, id quod maximo malo
illi causæ suit, hoc ipso in loco, quasi reus
ipse esset, sedebat. Oculi omnium judicum
non in Scamandrum, sed in Oppianicum
conjiciebantur: timor ejus, perturbatio, sus-
pensus, incertusque vultus, crebra coloris
mutatio, quæ erant antea suspiciosa, hæc
20 aperta ac manisesta saciebant. Cum in con-
55 silium iri oporteret, quæsivit ab reo C. Junius, quæsitor ex lege illa Cornelia, quæ
tum erat, clam, an palam, de se sententiam
serri vellet. De Oppianici sententia respon-
sum est, quod is Aviti samiliarem Junium
esse dicebat, clam velle serri. Itum est in
consilium: omnibus sententiis, præter unam,
quam suam Stalenus esse dicebat, Scamander
prima actione condemnatus est. Quis tum
erat omnium, qui, Scamandro condemnato,

non judicium de Oppianico factum esse arbitraretur? quid est illa damnatione judicatum, nisi venenum id, quod Avito daretur, esse quæsitum? quæ porro tenuissima suspicio collata in Scamandrum est, aut conferri potuit, ut is sua sponte necare voluisse Avitum putaretur?

Atque, hoc tum judicio facto, & Op- 56 pianico, re & existimatione, jam; lege & pronuntiatione, nondum condemnato: tamen Avitus Oppianicum reum statim non fecit. Voluit cognoscere, utrum judices in eos solos essent severi, quos venenum habuisse ipsos comperissent, an etiam consilia, conscientiasque ejusmodi facinorum supplicio dignas judicarent. Itaque C. Fabricium, quem propter familiaritatem Oppianici conscium illi facinori fuisse arbitrabatur, reum statim fecit: utique ei locus primus constitueretur, propter causæ conjunctionem impetravit. Hic tum Fabricius non modo ad me meos vicinos & amicos, Aletrinates, non adduxit, sed ipse iis neque defensoribus uti postea, neque laudatoribus potuit. Rem 57 enim integram hominis non alieni, quamvis suspiciosam, defendere, humanitatis esse putabamus: judicatam labefactare conari,

impudentiæ. Itaque tum ille, inopia & ne-
cessitate coactus, in causa ejusmodi ad Ce-
pasios fratres confugit, homines industrios,
atque eo animo, ut, quæcunque dicendi
potestas esset data, in honore atque in be-
24 neficio ponerent. Jam hoc quoque prope
iniquissime comparatum est, quod in mor-
bis corporis, ut quisque est difficillimus, ita
medicus nobilissimus atque optimus quæritur: in periculis capitis, ut quæque causa
difficillima est, ita deterrimus, obscurissi-
58 musque patronus adhibetur. Citatur reus:
agitur causa: paucis verbis accusat, ut de
re judicata, Canutius. Incipit longo & al-
te petito procemio, respondere major Cepa-
sius. Primo attente auditur ejus oratio. eri-
gebat animum, jam demissum & oppressum,
Oppianicus. gaudebat ipse Fabricius. non
intelligebat, animos judicum, non illius eloquentia, sed defensionis impudentia commoveri. Posteaquam de re coepit dicere, ad
ea, quæ erant in causa, addebat etiam ipse
nova quædam vulnera. Hoc quamquam
sedulo faciebat, tamen interdum non defendere, sed prævaricari [accusationi] videbatur. Itaque cum callidissime se dicere putaret, & cum illa verba gravissima ex intimo

artificio depromſiſſet : *Reſpicite , judices ,
hominum fortunas : reſpicite dubios , varios-
que caſus : reſpicite C. Fabricii ſeneĉtutem.*
cùm hoc, *Reſpicite*, ornandæ orationis cauſa ſæpe dixiſſet, reſpexit ipſe: at C. Fabricius a ſubſelliis, demiſſo capite, diſceſſerat.
Hic judices ridere : ſtomachari atque acer- 59
be ferre patronus, cauſam ſibi eripi, & ſe
cetera de illo loco, *Reſpicite, judices*, non
poſſe dicere : nec quidquam propius eſt fa-
ĉtum, quam ut illum perſequeretur, & collo obtorto ad ſubſellia reduceret ; ut reliqua poſſet perorare.' Ita tum Fabricius ,
primum ſuo judicio, quod eſt graviſſimum,
deinde legis vi & ſententiis judicum eſt condemnatus.

Quid eſt , quod jam de Oppianici cauſa 22
plura dicamus ? Apud eosdem judices reus
eſt faĉtus, cum is duobus præjudiciis jam
damnatus eſſet : ab iisdem autem judicibus,
qui Fabriciorum damnatione de Oppianico
judicarant, locus ei primus eſt conſtitutus :
accuſatus eſt criminibus graviſſimis , & iis,
quæ a me breviter diĉta ſunt, & præterea
multis, quæ ego omnia nunc omitto : accuſatus eſt apud eos, qui & Scamandrum, mi-
niſtrum Oppianici, & Fabricium, conſcium

60 maleficii, condemnarant. Utrum, per deos
immortales! magis eft mirandum, quod is
condemnatus eft, an quod omnino refpondere aufus eft? Quid enim illi judices facere potuerunt? qui fi innocentes Fabricios
condemnaffent, tamen in Oppianico fibi conftare, & fuperioribus confentire judiciis debuerunt. An vero illi fua per fe ipfi judicia
refcinderent, cum ceteri foleant, in judicando, ne ab aliorum judiciis difcrepent,
providere? & illi, qui Fabricii libertum,
quia minifter in maleficio fuerat; patronum,
quia confcius, condemnaffent; ipfum principem atque architectum fceleris abfolve-
rent? & qui ceteros, nullo præjudicio facto, tamen ex ipfa caufa condemnaffent;
hunc, quem bis condemnatum jam accepe-
61 rant, liberarent? Tum vero illa judicia fe-
natoria, non falfa invidia, fed vera atque
infigni turpitudine notata, atque operta dedecore & infamia, defenfioni locum nullum
reliquiffent. Quid enim tandem illi judices
refponderent, fi quis ab iis quæreret? Condemnaftis Scamandrum, quo crimine? nempe quod Avitum, per fervum medici, veneno necare voluiffet. Quid Aviti morte Scamander confequebatur? nihil: fed adminifter

erat

erat Oppianici. Condemnaftis C. Fabricium. quid ita? quia, cum ipfe familiariffime Oppianico ufus, libertus autem ejus
in maleficio deprehenfus effet: illum exper-
tem ejus confilii fuiffe non probabatur. Si
igitur ipfum Oppianicum, bis fuis judiciis
condemnatum, abfolviffent, quis tantam turpitudinem judiciorum, quis tantam incon-
ftantiam rerum judicatarum, quis tantam
libidinem judicum, ferre potuiffet?

Quodfi hoc videtis, quod jam hac omni&
oratione patefactum eft, illo judicio reum
condemnari, præfertim ab iisdem judicibus,
qui duo præjudicia feciffent, neceffe fuiffe:
fimul illud videatis neceffe eft, nullam accufatori caufam effe potuiffe, cur judicium
vellet corrumpere. Quæro enim abs te, T.23
Atti, relictis jam ceteris argumentis omnibus, num Fabricios quoque innocentes con-
demnatos exiftimes: num etiam illa judicia
pecunia corrupta effe dicas; quibus judiciis
alter a Staleno folo abfolutus eft, alter etiam
ipfe fe condemnavit. Age, fi nocentes;
cujus maleficii? numquid præter venenum
quæfitum, quo Avitus necaretur, objectum
eft? numquid aliud in illis judiciis verfatum

eft, præter hasce infidias, Avito ab Oppianico per Fabricios factas? nihil, nihil, inquam, aliud, judices, reperietis. Exftat memoria: funt tabulæ publicæ: redargue me,
fi mentior: teftium dicta recita: doce, in
illorum judiciis quid, præter hoc venenum
63 Oppianici, non modo in criminis, fed in
maledicti loco fit objectum. Multa dici poffunt, quare ita neceffe fuerit judicari: fed
ego occurram exfpectationi veftræ, judices.
Nam, etfia vobis fic audior, ut numqnam
benignius, neque attentius quemquam audi-
tum putem: tamen vocat me alio jamdudum
tacita veftra exfpectatio, quæ mihi obloqui
videtur. Quid ergo? negasne, illud judicium effe corruptum? non nego: fed ab hoc
corruptum non effe confirmo. A quo igitur eft corruptum? opinor, primum, fi incertum fuiffet, quisnam exitus illius judicii
futurus effet; verifimilius tamen effet, eum
potius corrupiffe, qui metuiffet, ne ipfe condemnaretur, quam illum, qui veritus effet,
ne alter abfolveretur: deinde, cum effet
nemini dubium, quid judicari neceffe effet,
eum certe potius, qui fibi aliqua ratione
diffideret, quam eum, qui omni ratione

confideret: poftremo, certe potius illum,
qui bis apud eos judices offendiffet, quam
eum, qui bis caufam iis probaviffet. Unum 64
quidem certe, nemo erit tam iniquus Cluentio, qui mihi non concedat: fi conftet, corruptum illud effe judicium, aut ab Avito,
aut ab Oppianico effe corruptum. fi doceo
non ab Avito, vinco ab Oppianico. fi oftendo ab Oppianico, purgo Avitum. Quare,
etfi fatis docui, rationem nullam huic corrumpendi fuiffe (ex quo intelligitur, ab
Oppianico effe corruptum); tamen de illo
ipfo feparatim cognofcite. Atque ego illa 24
non argumentabor, quæ funt gravia vehementer: eum corrupiffe, qui in periculo
fuerit: eum, qui metuerit: eum, qui fpem
falutis in alia ratione non habuerit: eum,
qui femper fingulari fuerit audacia. multa
funt ejusmodi. verum cum habeam rem non
dubiam, fed apertam atque manifeftam,
enumeratio fingulorum argumentorum non
eft neceffaria. Dico, C. Aelio Staleno, ju- 65
dici, pecuniam grandem Statium Albium ad
corrumpendum judicium dediffe. Num quis
negat? Te appello, Oppianice; te, T. Atti:
quorum alter eloquentia damnationem

illam, alter tacita pietate deplorat. Audete
negare, ab Oppianico Staleno judici pecuniam
datam: negate, negate, inquam, in eo loco. quid reticetis? At negare non poteſtis,
quod repetiſtis, quod confeſſi eſtis, quod
abſtuliſtis. Quo tandem igitur ore mentionem corrupti judicii facitis, cum ab iſta
parte judici pecuniam ante judicium datam,
66 poſt judicium ereptam eſſe fateamini? Quonam igitur hæc modo geſta ſunt? repetam
paulo altius, judices, & omnia, quæ in
diuturna obſcuritate latuerunt, ſic aperiam,
ut eâ cernere oculis videamini. Vos quæſo, ut adhuc me attente audiſtis, item, quæ
reliqua ſunt, audiatis: profecto nihil a me
dicetur, quod non dignum hoc conventu &
ſilentio, dignum veſtris ſtudiis atque auribus
eſſe videatur.

Nam, ut primum Oppianicus, ex eo,
quod Scamander reus erat factus, quid ſibi
impenderet, cœpit ſuſpicari: ſtatim ſe ad
hominis egentis, audacis, in judiciis cor-
rumpendis exercitati, tum autem judicis,
Staleni familiaritatem applicavit. Ac primum Scamandro reo, tantum donis, datis,
muneribusque perfecerat, ut eo auctore

uteretur cupidiore, quam fides judicis po-
ftulabat. Poft autem, cum effet Scaman-67
der unius Staleni fententia abfolutus, patronus autem Scamandri ne fua quidem fententia liberatus, acrioribus faluti fuæ remediis fubveniendum putavit. Tum a Staleno,
ficut ab homine ad excogitandum acutiffi-
mo, ad audendum impudentiffimo, ad effi-
ciendum acerrimo (hæc enim ille & aliqua
ex parte habebat, & majore ex parte fe habere fimulabat) auxilium capiti & fortunis
fuis petere cœpit. Jam hoc non ignoratis, 25
judices, ut etiam beftiæ, fame dominante,
plerumque ad eum locum, ubi paftæ aliquando fint, revertantur. Stalenus ille 68
biennio ante, cum caufam bonorum Safinii
Atellæ recepiffet, fexcentis millibus num-
mûm fe judicium corrupturum effe dixerat.
quæ cum accepiffet a pupillo, fuppreffit; judicioque facto, nec Safinio, nec bonorum
æmtoribus reddidit. Quam cum pecuniam
profudiffet, & fibi nihil, non modo ad cu-
piditates fuas, fed ne ad neceffitatem quidem reliquiffet: ftatuit ad easdem fibi præ-
das ac fuppreffiones judiciales revertendum.
Itaque cum Oppianicum jam perditum, &

T 3

duobus jugulatum præjudiciis videret; promiſſis eum ſuis excitavit abjectum, & ſimul
ſaluti deſperare vetuit. Oppianicus orare
hominem cœpit, ut ſibi rationem oſtenderet
69 judicii corrumpendi. Ille autem (quemadmodum ex ipſo Oppianico poſtea eſt audi-
tum) negavit, quemquam eſſe in civitate,
præter ſe, qui id efficere poſſet. ſed primo
gravari cœpit, quod ædilitatem ſe petere
cum hominibus nobiliſſimis, & invidiam atque offenſionem timere dicebat. poſt exora-
tus, initio permagnam pecuniam popoſcit:
deinde ad id pervenit, quod confici potuit,
& ſeſtertiûm ſexcenta quadraginta millia deferri ad ſe domum juſſit. Quæ pecunia
ſimul atque ad eum delata eſt, homo impu-
riſſimus ſtatim cœpit in ejusmodi mente &
cogitatione verſari: nihil eſſe ſuis rationibus
utilius, quam Oppianicum condemnari: illo
abſoluto, pecuniam illam aut judicibus dif-
pertiendam, aut ipſi eſſe reddendam: damna-
70 to, repetiturum eſſe neminem. Itaque rem
excogitat ſingularem. Atque hæc, judices,
quæ vere dicuntur a nobis, facilius cre-
detis, ſi cum animis veſtris longo intervallo recordari C. Staleni vitam & naturam

volueritis. Nam perinde ut opinio eft de cujusque moribus, ita, quid ab eo factum &
non factum fit, exiftimari poteft. Cum ef-26
fet egens, fumtuofus, audax, callidus, per-
fidiofus, & cum domi fuæ, miferrimis in
locis & inaniffimis, tantum nummorum pofitum videret; ad omnem malitiam & fraudem verfare mentem fuam cœpit: Demne
judicibus? mihi igitur ipfi, præter periculum & infamiam, quid quæretur? nihil ex-
cogitem, quamobrem Oppianico damnari
neceffe fit? qui tandem? nihil enim eft,
quod fieri non poffit. Si quis eum forte cafus ex periculo eripuerit, nonne reddendum
eft? præcipitantem igitur impellamus, inquit, & perditum profternamus. Capit hoc 71
confilium, ut pecuniam quibusdam judicibus leviffimis polliceatur: deinde eam poftea
fupprimat: ut, quoniam graves homines
fua fponte fevere judicaturos putabat; hos,
qui leviores erant, deftitutione iratos Oppianico redderet. Itaque, ut erat femper
præpofterus atque perverfus, initium facit
a Bulbo: & eum, quod jamdiu nihil quæ-
fierat, triftem atque ofcitantem, leviter im-
pellit. Quid tu? inquit. ecquid me adjuvas,

Bulbe, ne gratis reipublicæ ferviamus? Ille
vero, fimul atque hoc audivit, Ne gratis:
Quo voles, inquit, fequar. fed quid affers?
Tum ei quadraginta millia, fi effet abfolutus Oppianicus, pollicetur: & eum, ut ceteros appellet, quibuscum loqui confueffet,
rogat: atque etiam ipfe conditor totius ne-
72 gotii, Guttam adfpergit huic Bulbo. Itaque minime amarus is vifus eft, qui aliquid
ex ejus fermone fpeculæ deguftarat. Unus
& alter dies interefferat, cum res parum
certa videbatur: fequefter & confirmator
pecuniæ defiderabatur. Tum appellat hilari
vultu hominem Bulbus, ut blandiffime poteft: Quid tu, inquit, Pæte? (hoc enim
fibi Stalenus cognomen ex imaginibus Aelio-
rum delegerat, ne, fi fe Ligurem feciffet,
nationis magis fuæ, quam generis uti cognomine videretur) qua de re mecum locutus
es, quærunt a me, ubi fit pecunia. Hic
ille planus improbiffimus, quæftu judiciario
paftus, qui illi pecuniæ, quam condiderat,
fpe jam atque animo incubaret, contrahit
frontem: (recordamini faciem, atque illos
ejus fictos, fimulatosque vultus:) queritur
fe ab Oppianico deftitutum: &, qui effet

totus ex fraude & mendacio factus, quique
ea vitia, quæ a natura habebat, etiam ftudio atque artificio quodam malitiæ condi-
viffet, pulchre affeverat fe ab Oppianico deftitutum : atque hoc addit teftimonii, fua
illum fententia, quam palam omnes laturi
effent, condemnatum iri.

Manarat fermo in confilio, pecuniæ quan- 27
dam mentionem inter judices effe verfatam. 73
res neque tam fuerat occulta, quam erat
occultanda : neque tam erat aperta, quam
reipublicæ caufa aperienda. In ea obfcuri-
tate ac dubitatione omnium, Canutio, peri-
to homini, qui quodam odore fufpicionis
Stalenum corruptum effe fenfiffet, neque
dum rem perfectam arbitraretur, placuit repente pronuntiare judices. Dixerunt, fe id
velle. Hic tum Oppianicus non magnopere
pertimuit. rem a Staleno perfectam effe arbitrabatur. In confilium erant ituri judices 74
xxxii. fententiis xvi abfolutio confici
poterat. H-S quadragena in fingulos judices diftributa, eum numerum fententiarum
conficere debebant, ut ad cumulum, fpe
majorum præmiorum, ipfius Staleni fententia feptimadecima accederet. Atque etiam

casu tum, quod illud repente erat factum,
Stalenus ipse non aderat. causam nescio
quam apud judicem defendebat. Facile hoc
Avitus patiebatur: facile Canutius: at non
Oppianicus, neque patronus ejus L. Quintius: qui cum esset eo tempore tribunus
plebis, convicium C. Junio, judici quæstionis, maximum fecit, VT NE SINE STA-
LENO IN CONSILIVM IRETVR: cum-
que id ei per viatores consulto negligentius
agi videretur, ipse a publico judicio ad privatum Staleni judicium profectus est, & illud pro potestate dimitti jussit: Stalenum
75 ipse ad subsellia adduxit. Consurgitur in
consilium, cum sententias Oppianicus, quæ
tum erat potestas, palam ferri velle dixisset,
ut Stalenus scire posset, quid cuique deberetur. Varia judicum genera: nummarii
pauci: sed omnes irati. Ut qui accipere in
campo consuerunt, iis candidatis, quorum
nummos suppressos esse putant, inimicissimi
solent esse; sic ejusmodi judices, infesti tum
reo venerant, ceteri nocentissimum esse arbitrabantur: sed spectabant sententias eorum, quos corruptos putabant; ut ex iis
constituerent, a quo judicium corruptum

videretur. Ecce tibi ejusmodi fortitio, ut 28
in primis Bulbo, & Staleno, & Guttæ effet
judicandum. Summa omnium exfpectatio,
quidnam fententiæ ferrent leves ac nummarii judices. Atque illi omnes fine ulla dubitatione condemnant. Hic tum injectus eft 76
hominibus fcrupulus, & quædam dubitatio,
quidnam effet actum. deinde homines fapientes, ex vetere illa difciplina judiciorum,
qui neque abfolvere hominem nocentiffimum
poffent, neque eum, de quo effet orta fufpicio, pecunia oppugnatum, re illa incognita, primo condemnare vellent ; non liquere dixerunt. Nonnulli autem feveri homines, hoc ftatuerunt, quo quisque animo
quid faceret, fpectari oportere: &, fi alii
pecunia accepta verum judicabant, tamen
nihilo minus fe fuperioribus fuis judiciis
conftare putabant oportere. Itaque damna-
runt. Quinque omnino fuerunt, qui illum veftrum innocentem Oppianicum five
imprudentia, five mifericordia, five aliqua
fufpicione, five ambitione adducti, abfol-
verent.

Condemnato Oppianico, ftatim L. Quin- 77
tius, homo maxime popularis, qui omnes

rumorum & concionum ventos colligere con-
fuesset, oblatam sibi facultatem putavit, ut
ex invidia senatoria posset crescere, quod
ejus ordinis judicia minus jam probari populo arbitrabatur. Habetur una atque altera concio vehemens & gravis: accepisse
pecuniam judices, ut innocentem reum condemnarent, tribunus plebis clamitabat: agi
fortunas omnium dicebat: nulla esse judicia:
qui pecuniosum inimicum haberet, incolumem esse neminem posse. Homines totius
ignari negotii, qui Oppianicum numquam
vidissent, virum optimum, & hominem pu-
dentissimum, pecunia oppressum arbitrarentur, incensi suspicione, rem in medium vo-
care coeperunt, & causam illam totam de-
78 poscere. Atque illo ipso tempore in aedes
T. Annii, hominis honestissimi, necessarii,
& amici mei, noctu Stalenus, arcessitus ab
Oppianico, venit. Jam cetera nota sunt
omnibus: ut cum illo Oppianicus egerit de
pecunia: ut ille se redditurum esse dixerit:
ut eorum sermonem omnem audierint viri
boni, qui tum consulto propter in occulto
stetissent: ut res patefacta, atque in forum
prolata, & pecunia omnis a Staleno extorta

atque erepta fit. Hujus Staleni perfona, 29
populo jam nota atque perfpecta, ab nulla
turpi fufpicione abhorrebat: fuppreffam effe
ab eo pecuniam, quam pro reo pronuntiaf-
fet, qui erant in concione, non intelligebant. neque enim docebantur. verfatam effe
in judicio mentionem pecuniæ fentiebant:
innocentem reum condemnatum effe audiebant: Staleni fententia condemnatum videbant: non gratis id eo factum effe, quod
hominem norant, judicabant. fimilis in Bulbo, in Gutta, in aliis nonnullis fufpicio
confiftebat. Itaque confiteor, (licet enim 79
jam impune, hoc præfertim in loco, confiteri,) quod Oppianici non modo vita, fed
etiam nomen atque illud tempus populo
ignotum fuiffet: indigniffimum porro videretur, circumventum effe innocentem pecunia: hanc deinde fufpicionem augeret Staleni improbitas, & nonnullorum ejus fimi-
lium judicum turpitudo: caufam autem ageret L. Quintius, homo cum fumma poteftate præditus, tum ad inflammandos animos
multitudinis accommodatus : fummam illi
judicio invidiam, infamiamque effe conflatam
atque in hanc flammam recentem, C. Junium,

qui illi quæftioni præfuerat, injeĉtum effe
memini, & illum hominem ædilitium, jam
prætorem opinionibus hominum conftitutum, non difceptatione dicendi, fed clamore hominum, de foro atque adeo de civitate
effe fublatum.

80 Neque me pœnitet hoc potius tempore,
quam illo, caufam A. Cluentii defendere.
Caufa enim manet eadem, quæ mutari nullo modo poteft: temporis iniquitas atque invidia receffit, ut, quod in tempore mali
fuit, nihil obfit: quod in caufa boni fuit,
profit. Itaque nunc quemadmodum audiar,
fentio, non modo ab iis, quorum judicium
atque poteftas eft; fed etiam ab illis, quorum tantum eft exiftimatio. At tum fi dicerem, non audirer: non quod alia res ef-
30 fet, immo eadem, fed tempus aliud. Id
adeo fic cognofcite. Quis tum auderet dicere, nocentem condemnatum effe Oppia-
ricum? quis nunc id audet negare? Quis
tum poffet arguere, ab Oppianico judicium
tentatum effe pecunia? quis id hoc tempore infitiari poteft? Cui tum liceret docere, Oppianicum reum factum effe tum
denique, cum duobus proximis præjudiciis

condemnatus effet? quis eft, qui id hoc tempore infirmare conetur? Quare, invidia re- 81 mota, quam dies mitigavit, oratio mea deprecata eft, veftra fides atque æquitas a veritatis difceptatione rejecit; quid eft præterea, quod in caufa relinquatur?

Verfatam effe in judicio pecuniam, conftat: ea, quæritur, unde profecta fit? ab accufatore, an ab reo. Accufator dicit hæc: Primum, graviffimis criminibus accufabam, ut nihil opus effet pecunia: deinde, condemnatum adducebam, ut ne eripi quidem pecunia poffet: poftremo, etiamfi abfolutus effet, mearum tamen omnium fortunarum ftatus incolumis maneret. Quid contra reus? Primum, ipfam multitudinem & atrocitatem criminum pertimefcebam: deinde, Fabriciis propter confcientiam mei fceleris condemnatis, me effe condemnatum, fentiebam: poftremo, in eum cafum veneram, ut omnis mearum fortunarum ftatus unius judicii periculo contineretur.

Age, quoniam corrumpendi judicii cau- 82 fas ille multas & graves habuit, hic nullam; profectio ipfius pecuniæ requiratur. Confecit tabulas diligentiffime Cluentius. hæc autem res habet hoc certe, ut nihil poffit neque additum, neque detractum de re familiari latere. anni funt octo, cum ista caufa in ista meditatione verfatur: cum omnia, quæ nunc ad eam rem pertinent, & ex hujus, & ex aliorum tabulis, agitatis, tractatis, inquiritis: cum interea Cluentianæ pecuniæ veftigium nullum invenitis. Quid? Albiana pecunia veftigiisne nobis odoranda eft, an ad ipfum cubile, vobis ducibus, venire poffumus? Tenentur uno in loco H. S ıɔcxl; tenentur apud hominem audacifiimum: tenentur apud judicem. Quid vultis amplius? At enim Stalenus non fuit ab Oppianico, fed a Cluentio ad judicium corrumpendum conftitutus. Cur eum, cum in confilium iretur, Cluentius & Canutius abeffe patiebantur? cur, cum in confilium mittebant, Stalenum judicem, cui pecuniam dederant, non requirebant? Oppianicus quærebat? Quintius flagitabat? Sine Staleno ne in confilium iretur, tribunicia poteftate perfectum eft. At condemnavit. Hanc enim damnationem dederat obfidem Bulbo & ceteris, ut deftitutus ab Oppianico videretur. Quare fi iftinc caufa corrumpendi judicii,

iftinc

iftinc pecunia, iftinc Stalenus, iftinc denique omnis fraus & audaciá eft: hinc pudor, honefta vita, & nulla fufpicio pecuniæ, nulla corrumpendi judicii caufa : patimini, veritate patefaɛta, atque omni errore fublato, eo tranfire illius turpitudinis infamiam, ubi cetera maleficia confiftant; ab eo invidiam difcedere aliquando, ad quem numquam acceffiffe culpam videatis.

At enim pecuniam Staleno dedit Oppia- 31 nicus, non ad corrumpendum judicium; fed 84 ad conciliationem gratiæ. Tene hoc, Atti, dicere, tali prudentia, etiam ufu atque exercitatione præditum ? Sapientiffimum effe dicunt eum, cui, quod opus fit, ipfi veniat in mentem : proxime accedere illum, qui alterius bene inventis obtemperet. In ftultitia contra eft. Minus enim ftultus eft is, cui nihil in mentem venit, quam ille, qui, quod ftulte alteri venit in mentem, comprobat. Iftam conciliationem gratiæ Stalenus tum recenti re, cum faucibus premeretur, excogitavit, five ut homines tum loquebantur, a P. Cethego admonitus, iftam dedit conciliationis & gratiæ fabulam. Nam 85, fuiffe hunc hominum fermonem, recordari poteftis: Cethegum, quod hominem odiffet, & quod ejus improbitatem verfari in republica nollet, & quod videret, eum, qui fe ab reo pecuniam, cum judex effet, clam atque extra ordinem accepiffe confeffus effet, falvum effe non poffe; minus ei fidele confilium dediffe. In hoc, fi improbus Cethegus fuit, videtur mihi adverfarium removere voluiffe. fin erat ejusmodi caufa, ut Stalenus nummos fe accepiffe negare non poffet; nihil autem erat periculofius, nec turpius, quam, ad quam rem accepiffet, 36 confiteri: non eft confilium Cethegi reprehendendum. Verum alia caufa tum Staleni fuit, alia nunc, Atti, tua eft. Ille, cum re premeretur, quodcumque diceret, honeftius diceret, quam fi, quod erat factum, fateretur. te vero illud idem, quod tum explofum & ejectum eft, nunc retuliffe demiror. Qui enim poterat tum in gratiam redire cum Oppianico Cluentius? qui cum matre habebat fimultates: hærebat in tabulis publicis reus & accufator: condemnati erant Fabricii: nec elabi alio accufatore poterat Albius, nec fine ignominia calumniæ 32 relinquere accufationem Cluentius. An ut

praevaricaretur? Jam id quoque ad corrum-.87
pendum judicium pertinet. Sed quid opus
erat ad eam rem judice sequestre? & omnino, quamobrem tota ista res per Stalenum
potius, hominem ab utroque alienissimum,
sordidissimum, turpissimum, quam per bonum aliquem virum ageretur, & amicum,
necessariumque communem? Sed quid ego
haec pluribus, quasi de re obscura, disputo;
cum ipsa pecunia, quae Staleno data est,
numero ac summa sua non modo, quanta
fuerit, sed etiam ad quam rem data fuerit,
ostendat? Sexdecim dico judices, ut Oppianicus absolveretur, corrumpendos fuisse: ad
Stalenum sexcenta & quadraginta millia nummum esse delata. Si, ut tu dicis, gratiae
conciliandae causa, quadraginta istorum ac-
cessio millium quid valet? si, ut nos dicimus, ut quadragena millia nummum sede-
cim judicibus darentur; non Archimedes melius potuit describere.

At enim judicia facta permulta sunt, a 88
Cluentio judicium esse corruptum. Immo
vero ante hoc tempus omnino ista ipsa res
suo nomine in judicium numquam est vocata. Ita multum agitata, ita diu jactata ista

V 2

res eft, ut hodierno die primum caufa illa
defenfa fit, hodierno die primum veritas vocem contra invidiam, his judicibus freta,
miferit. Verumtamen multa ifta judicia quæ
funt? Ego enim me ad omnia confirmavi,
& fic paravi, ut docerem, quæ facta poftea
judicia de illo judicio dicerentur, partim
ruinæ fimiliora aut tempeftati, quam judicio & difceptationi fuiffe: partim nihil contra Avitum valere: partim etiam pro hoc
effe: partim effe ejusmodi, ut neque appel-
lata umquam judicia fint, neque exiftimata.

89 Hic ego, magis ut confuetudinem fervem,
quam quod vos non veftra hoc fponte facia-
tis, petam a vobis, ut me, dum de his fin-
33 gulis difputo judiciis, attente audiatis. Condemnatus eft C. Junius, qui ei quæftioni
præfuerat. adde etiam illud, fi placet: tum
eft condemnatus, cum effet judex quæftionis. Non modo caufæ, fed ne legi quidem
quidquam per tribunum plebis laxamenti datum eft. Quo tempore illum a quæftione
ad nullum aliud reipublicæ munus abduci licebat, eo tempore ad quæftionem ipfe ab-
reptus eft. At quam quæftionem? Vultus
enim veftri, judices, me invitant, ut, quæ

reticenda putaram, libeat jam libere dicere.
Quid? illa tandem quæftio, aut difceptatio, 90
aut judicium fuit? putabo fuiffe: dicat, qui
vult hodie de illo populo concitato, cui tum
mos geftus eft: qua de re Junius caufam dixerit: quemcunque rogaris, hoc refpoude-
bit, quod pecuniam acceperit, quod innocentem circumvenerit. Eft hæc opinio. At,
fi ita effet: hac lege accufatum effe oportuit, qua accufatur Avitus. At ipfe ea lege
quærebat. Paucos dies exfpectaffet Quintius. At neque privatus accufare, nec, fe-
data jam invidia, volebat. Videtis igitur
non in caufa, fed in tempore ac poteftate
fpem omnem accufatoris fuiffe. Multam pe- 91
tivit. Qua lege? quod in legem non juraf-
fet: quæ res nemini umquam fraudi fuit:
& quod C. Verres, prætor urbanus, homo
fanctus & diligens, fubfortitionem ejus in
eo codice non haberet, qui tum interlitus
proferebatur. His de caufis C. Junius condemnatus eft, judices, leviffimis & infirmif-
fimis; quas omnino in judicium afferri non
oportuit. itaque oppreffus eft, non caufa,
fed tempore. Hoc vos Cluentio judicium 34
putatis obeffe oportere? Quam ob caufam? 92

V 3

Si ex lege fubfortitus non erat Junius, aut
fi in legem aliquando non juraverat: idcirco
illius damnatione aliquid de Cluentio judi-
cabatur ? Non, inquit: fed ille idcirco his
legibus condemnatus eft, quod contra aliam
legem commiferat. Qui hoc confitentur,
poffunt illud iidem judicium fuiffe defendere ? Ergo idcirco, inquit, infeftus tum prætor Junio fuit, quod illud judicium corruptum per eum putabatur. Num igitur hoc
tempore caufa mutata eft ? num alia res,
alia ratio illius judicii, alia natura totius negotii nunc eft, ac tum fuit ? non opinor,
ex iis rebus, quæ geftæ funt, rem ullam
93 potuiffe mutari. Quid ergo eft caufæ, quod
nunc noftra defenfio audiatur tanto filentio,
tunc Junio defendendi fui poteftas erepta fit ?
Quia tum in caufa nihil erat, præter invidiam, errorem, fufpicionem, conciones quotidianas, feditiofe ac populariter concitatas.
accufabat tribunus plebis idem in concionibus, idem ad fubfellia: ad judicium non
modo de concione, fed etiam cum ipfa concione veniebat. Gradus illi Aurelii tum novi, quafi pro theatro illi judicio ædificati
videbantur: quos ubi accufator concitatis

hominibus complerat, non modo dicendi ab
reo, fed ne furgendi quidem poteftas erat.
Nuper apud C. Orchinium, collegam meum, 94
locus ab judicibus Faufto Sullæ de pecuniis
refiduis non eft conftitutus: non quo illi aut
exlegem effe Sullam, aut caufam pecuniæ
publicæ contemtam atque abjectam putarent; fed quod, accufante tribuno plebis,
conditione æqua difceptari poffe non putarent. Quid? conferam Sullamne cum Junio? an hunc tribunum plebis cum Quintio? an vero tempus cum tempore? Sulla
maximis opibus, cognatis, affinibus, neceffariis, clientibus plurimis: hæc autem apud
Junium parva, & infirma, & ipfius labore
quæfita atque collecta. Hic tribunus plebis, modeftus, pudens, non modo non fe-
ditiofus, fed etiam feditiofis adverfarius: ille
autem acerbus, criminofus, popularis homo
ac turbulentus. Tempus hoc tranquillum
ac pacatum: illud omnibus invidiæ tempe-
ftatibus concitatum. Quæ cum ita effent,
in Faufto tamen illi judices ftatuerünt, iniqua conditione reum caufam dicere, cum
adverfario ejus ad jus accufationis fumma
vis poteftatis accederet. Quam quidem 35

95 rationem vos, judices, diligenter, pro veſtra ſapientia & humanitate, cogitare & penítus perſpicere debetis, quid mali, quantum periculi unicuique noſtrûm inferre poſſit vis tribúnicia, conflata præſertim invidia & concionibus ſeditioſe concitatis. Optimis hercle temporibus, tum, cum homines ſe non jactatione populari, ſed dignitate atque innocentia tuebantur, tamen nec P. Popillius, nec Q. Metellus, clariſſimi atque ampliſſimi viri, vim tribuniciam ſuſtinere potuerunt: nedum his temporibus, his moribus, his magiſtratibus, ſine veſtra ſapientia, ac ſine judiciorum remediis, ſalvi eſſe poſſimus.

96 Non fuit igitur illud judicium judicii ſimile, judices, non fuit: in quo non modus eſt habitus, non mós, conſuetudoque ſervata, non cauſa defenſa. Vis illa fuit, &, ut ſæpe jam dixi, ruina quædam atque tempeſtas, & quidvis potius, quam judicium, aut diſceptatio, aut quæſtio. Quod ſi quis eſt, qui illud judicium fuiſſe arbitretur, & qui his rebus judicatis ſtandum putet: is tamen hanc cauſam ab illa debet ſejungere. ab illo enim, ſive quod in legem non juraſſet, ſive quod ex lege ſubſortitus judicem

non effet, multa petita effe dicitur. Cluentii autem ratio cum illis legibus, quibus a Junio multa petita eft, nulla poteft ex parte effe conjuncta. At etiam Bulbus eft con- 97 demnatus. Adde, majeftatis; ut intelligas, hoc judicium cum illo non effe conjunctum. At eft hoc illi crimen objectum. Fateor: fed etiam legionem effe ab eo follicitatam in Illyrico, C. Cofconii litteris & multorum teftimoniis planum factum eft. quod crimen erat proprium illius quæftionis, & quæ res lege majeftatis tenebatur. At hoc obfuit ei maxime. Jam ifta divinatio eft: qua fi uti licet, vide, ne mea conjectura multo fit verior. Ego enim fic arbitror, Bulbum, quod homo nequam, turpis, improbus, multis flagitiis contaminatus in judicium fit adductus, idcirco facilius effe damnatum. tu mihi ex tota caufa Bulbi, quod tibi commodum eft, eligis, ut id effe fecutos judices dicas. Quapropter hoc Bulbi judicium 36 non plus obeffe huic caufæ debet, quam 98 illa, quæ commemorata funt ab accufatore, duo judicia, P. Popillii, & T. Guttæ: qui caufam de ambitu dixerunt: qui accufati funt ab iis, qui erant ipfi ambitus condemnati:

quos ego non idcirco effe arbitror in integrum reftitutos, quod planum fecerint, illos ob rem judicandam pecuniam accepiffe; fed quod judicibus probarint, quod in eodem genere, in quo ipfi offendiffent, alios reprehendiffent, fe ad praemia legis venire oportere. Quapropter neminem dubitare exiftimo, quin illa damnatio ambitus nulla ex parte cum caufa Cluentii, veftroque judicio conjuncta effe poffit. Quid, quod Stalenus eft condemnatus? non dico hoc tempore, judices, id quod nefcio an dici oporteat, illum majeftatis effe damnatum: non recito teftimonia hominum honeftiffimorum, quae in Stalenum funt dicta ab iis, qui M. Aemilio, clariffimo viro, legati, & praefecti, & tribuni militares fuerunt; quorum teftimoniis planum factum eft, maxime ejus opera, cum quaeftor effet, in exercitu feditionem effe conflatam. Ne illa quidem teftimonia recito, quae dicta funt, de H-S ɔc; quae ille cum accepiffet nomine judicii Safiniani, ficut in Oppianici judicio poftea, retinuit atque fuppreffit. Omitto & haec, & alia permulta, quae illo judicio in Stalenum dicta funt: hoc dico, eandem tum

99

100

fuiffe P. & L. Cominiis, equitibus Romanis, honeftiffimis hominibus, & difertis,
controverfiam cum Staleno, quem accufa-
bant, quæ nunc mihi eft cum Attio. Cominii dicebant idem, quod ego dico: Stalenum ab Oppianico pecuniam accepiffe, ut
judicium corrumperet: Stalenus concilian-
dæ gratiæ caufa fe accepiffe dicebat. Irri- 101
debatur hæc illius reconciliatio, & perfona
viri boni fufcepta, ficut in ftatuis inauratis,
quas pofuit ad Juturnæ: quibus fubfcripfit,
REGES AB SE IN GRATIAM ESSE
REDVCTOS. Exagitabantur omnes ejus
fraudes atque fallaciæ: tota vita in ejusmodi ratione verfata aperiebatur: egeftas domeftica, quæftus forenfis in medium proferebatur: nummarius interpres pacis & concordiæ, non probabatur. Itaque tum Sta-
lenvs, cum idem defenderet, quod Attius,
condemnatus eft. Cominii cum hoc agerent, 102
quod nos in tota caufa egimus, probaverunt. Quamobrem fi Staleni damnatione,
Oppianicum judicium corrumpere voluiffe,
Oppianicum judici ad emendas fententias
dediffe pecuniam, judicatum eft: cum ita
conftitutum fit, uti in illa culpa aut Cluentius

fit, aut Oppianicus: Cluentii nummus nullus judici datus ullo veſtigio reperitur: Oppianici pecunia poſt judicium factum a judice ablata eſt: poteſt eſſe dubium, quin illa damnatio Staleni, non modo non ſit contra Cluentium, ſed maxime noſtram cauſam, defenſionemque confirmet? Ergo adhuc Junii judicium video eſſe ejusmodi, ut incurſionem potius ſeditionis, vim multitudinis, impetum tribunicium, quam judicium appellandum putem.   Quodſi quis illud judicium appellet, tamen hoc confiteatur neceſſe eſt, nullo modo illam multam, quæ a Junio petita ſit, cum Cluentii cauſa poſſe conjungi. Illud igitur Junianum per vim factum eſt: Bulbi, & Popillii, & Guttæ, contra Cluentium non eſt: Staleni, etiam pro Cluentio eſt. Videamus ecquod aliud judicium, quod pro Cluentio ſit, proferre poſſimus.

37
103

Dixitne tandem cauſam C. Fidiculanius Falcula, qui Oppianicum condemnarat, cum præſertim, id quod fuit in illo judicio invidioſiſſimum, paucos dies ex ſubſortitione ſediſſet? dixit, & bis quidem dixit. In ſummam enim L. Quintius invidiam concionibus eum quotidianis, ſeditioſis & turbulentis,

adduxerat. Uno judicio multa eſt ab eo petita, ſicut ab Junio, quod non ſuæ decuriæ
munere, neque ex lege ſediſſet. paulo ſeda-
tiore tempore eſt accuſatus, quam Junius,
ſed eadem fere lege & crimine. Quia nulla
in judicio ſeditio, neque vis, neque turba
verſata eſt, prima actione facillime eſt abſolutus. Non numero hanc abſolutionem. ni-
hilominus enim poteſt, ut illam multam non
commiſerit, accepiſſe tamen * ob rem judicandam, quam Stalenus, qui cauſam nuſ-
quam eadem lege dixit. proprium crimen illud quæſtionis ejus non fuit. Fidiculanius 104
quid feciſſe dicebatur? accepiſſe a Cluentio
H-S cccc. Cujus erat ordinis? ſenatorii.
Qua lege in eo genere a ſenatore ratio repe-
ti ſolet, de pecuniis repetundis, ea lege
accuſatus, honeſtiſſime eſt abſolutus. Acta
eſt enim cauſa more majorum, ſine vi, ſine
metu, ſine periculo: dicta, & expoſita, &
demonſtrata ſunt omnia. Adducti judices
ſunt, non modo potuiſſe honeſte ab eo reum
condemnari, qui non perpetuo ſediſſet; ſed,
ſi aliud is judex nihil ſciſſet, niſi, quæ præjudicia de eo facta eſſe conſtarent, audire
præterea nihil debuiſſe. Tum etiam illi 38

105 quinque, qui imperitorum hominum rumuſculos aucupati, tum illum abſolverunt, jam ſuam clementiam laudari magnopere nolebant: a quibus ſi qui quæreret, ſediſſentne judices in C. Fabricium; ſediſſe ſe dicerent: ſi interrogarentur, num quo crimine is eſſet accuſatus, præterquam veneni ejus, quod quæſitum Avito diceretur; negarent: ſi deinde eſſent rogati, quid judicaſſent; condemnaſſe ſe dicerent. nemo enim abſolvit. Eodem modo quæſitum ſi eſſet de Scamandro, certe idem reſpondiſſent: tametſi ille una ſententia eſt abſolutus; ſed illam unam 106 nemo tum iſtorum ſuam dici vellet. Uter igitur facilius ſuæ ſententiæ rationem reddet: isne, qui ſe & ſibi, & rei judicatæ conſtitiſſe dicit: an ille, qui ſe in principem maleficii, lenem; in adjutores ejus, & conſcios, vehementiſſimum eſſe reſpondet? Quorum ego de ſententia non debeo diſputare. neque enim dubito, quin ii tales viri, ſuſpicione aliqua percuſſi repentina, de ſtatu ſuo declinarint. Quare eorum, qui abſolverunt, miſericordiam non reprehendo: eorum, qui in judicando ſuperiora judicia ſecuti ſunt ſua ſponte, non Staleni fraude, conſtantiam

comprobo: eorum vero, qui sibi non liquere
dixerunt, sapientiam laudo: qui absolvere
eum, quem nocentiffimum cognorant, &
quem ipfi bis jam antea condemnarant, nullo modo poterant; condemnare, cum tanta
confilii infamia & tam atrocis rei fufpicio
effet injecta, paulo pofterius patefacta re,
maluerunt. Ac ne ex facto folum fapientes 107
illos judicetis, fed etiam ex nominibus ipfis,
quod ii fecerint, rectiffime ac fapientiffime
factum probetis; quis P. Octavio Balbo ingenio prudentior, jure peritior, fide, religione, officio diligentior, aut fanctior commemorari poteft? non abfolvit. Quis Q. Con-
fidio conftantior? quis judiciorum, atque
ejus dignitatis, quæ in judiciis publicis verfari debet, peritior? quis virtute, confilio,
auctoritate præftantior? ne is quidem abfolvit. Longum eft de fingulorum virtute ita
dicere: quæ, quia cognita funt ab omnibus,
verborum ornamenta non quærunt. Qualis
vir M. Juventius Pedo fuit ex vetere illa judicum difciplina? qualis L. Caulius Mergus?
M. Bafilus? C. Caudinus? qui omnes in judiciis publicis, jam tum florente republica,
floruerunt. Ex eodem numero L. Caffius,

Cn. Hejus, pari & integritate & prudentia: quorum nullius sententia est Oppianicus absolutus. Atque ex his omnibus, natu minimus, ingenio, & diligentia, & religione par iis, quos antea commemoravi, P. Saturius, in eadem sententia fuit. O innocentiam Oppianici singularem! quo in reo, qui absolvit, ambitiosus: qui distulit, cautus: qui condemnavit, constans existimatur.

39 Hæc tum agitante Quintio, neque in concione, neque in judicio demonstrata sunt. neque enim ipse dici patiebatur, nec per multitudinem concitatam consistere cuiquam in dicendo licebat. Itaque ipse, postquam Junium pervertit, causam totam reliquit. paucis enim diebus illis & ipse privatus est factus, & hominum studia deferbuisse intelligebat. Quodsi, per quos dies Junium accusavit, Fidiculanium accusare voluisset, respondendi Fidiculanio potestas facta non esset. Ac primo quidem, omnibus illis judicibus, qui Oppianicum condemnarant, minabatur. Jam insolentiam noratis hominis: noratis animos ejus ac spiritus tribunicios. Quod erat odium? dii immortales! quæ superbia? quanta ignoratio sui? quam gravis

atque

atque intolerabilis arrogantia? qui illud etiam ipfum acerbe tulerit, (ex quo illa nata funt omnia,) non fibi ac defenfioni fuæ condonatum effe Oppianicum: proinde quafi non fatis figni effe debuerit, ab omnibus eum fuiffe defertum, qui fe ad patronum illum contuliffet. Erat enim Romæ fumma copia patronorum, hominum eloquentiffimorum atque ampliffimorum, quorum certe aliquis defendiffet equitem Romanum, in municipio fuo nobilem, fi honefte putaffet ejusmodi caufam poffe defendi. Nam Quintius 40 quidem, quam caufam umquam antea dixerat, cum annos ad quinquaginta natus effet? quis eum umquam non modo in patroni, fed in laudatoris, aut advocati loco viderat? qui quod Roftra jamdiu vacua, locumque illum, poft adventum L. Sullæ a tribunicia voce defertum, opprefferat, multitudinemque jam defuefactam a concionibus ad veteris confuetudinis fimilitudinem revocaverat, idcirco cuidam hominum generi paulifper jucundior fuit. Atque idem quanto in odio poftea fuis illis ipfis fuit, per quos in altiorem locum afcenderat? neque injuria. Facite enim, ut non folum mores ejus 113

& arrogantiam, sed etiam vultum atque amictum, atque illam usque ad talos demissam purpuram recordemini. Is, quasi non effet ullo modo ferendum, se ex judicio discessisse victum, rem a subselliis in Rostra detulit. Et jam querimur saepe, hominibus novis non satis magnos in hac civitate esse fructus? nego usquam umquam fuisse majores; ubi, si quis ignobili loco natus, ita vivat, ut nobilitatis dignitatem virtute tueri posse videatur, usque eo pervenit, quoad eum industria cum innocentia profecuta est. 112 Si quis autem hoc uno nititur, quod fit ignobilis; procedit saepe longius, quam si idem ille esset cum iisdem suis vitiis nobilissimus. ut Quintius (nihil enim dicam de ceteris) si fuisset homo nobilis; quis eum cum illa superbia atque intolerantia ferre potuisset? Quod eo loco fuit; ita tulerunt, ut, si quid haberet a natura boni, prodesse ei putarent oportere: superbiam autem atque arrogantiam ejus deridendam magis arbitrarentur propter humilitatem hominis, quam 41 pertimescendam. Sed, ut illuc revertar: quo tempore Fidiculanius est absolutus, tu, qui ea judicia facta commemoras, quaero,

quid tum esse existimas judicatum? certe
gratis judicasse. At condemnarat: at cau- 113
sam totam non audierat: at in concionibus
omnibus a L. Quintio vehementer erat &
saepe vexatus. Illa igitur omnia Quintiana,
iniqua, falsa, turbulenta, popularia, sedi-
tiosa judicia fuerunt. Esto: potuit esse innocens Falcula. Jam ergo aliquis Oppianicum gratis condemnavit: jam non eos Junius subsortitus est, qui pecunia accepta
condemnarent: jam potuit aliquis ab initio
non sedisse, & tamen Oppianicum gratis con-
demnasse. Verum, si innocens Falcula,
quaeso, quis nocens? si hic gratis condemnavit, quis accepit? Nego rem esse ullam in
quemquam illorum objectam, quae Fidiculanio objecta non sit: neque aliquid fuisse
in Fidiculanii causa, quod idem non esset in
ceterorum. Aut hoc judicium reprehendas 114
tur, cujus accusatio rebus judicatis niti videbatur, necesse est: aut, si hoc verum esse
concedis, Oppianicum gratis condemnatum
esse fateare.

Quamquam satis magno argumento esse
debet, quod ex tam multis judicibus, absoluto Falcula, nemo reus factus est. Quid

enim mihi damnatos ambitus colligitis, alia
lege, certis criminibus, plurimis teſtibus?
cum primum illi ipſi debuerint potius accu-
fari de pecuniis repetundis, quam ambitus.
Nam, ſi in ambitus judiciis hoc his obfuit,
cum alia lege cauſam dicerent; certe, ſi
propria lege hujus peccati adducti eſſent,
115 multo plus obfuiſſet. Deinde, ſi tanta vis
fuit iſtius criminis, ut, qua quisque lege ex
illis judicibus reus factus eſſet, tamen hac
plaga periret: cur, in tanta multitudine ac-
cuſatorum, tantis præmiis, ceteri rei facti
non ſunt? Hîc profertur id, quod judicium
appellari non oportet, P. Septimio Scævo-
læ litem eo nomine eſſe æſtimatam. Cujus
rei quæ conſuetudo ſit, quoniam apud homines peritiſſimos dico, pluribus verbis docere non debeo. Numquam enim ea diligentia, quæ ſolet adhiberi in ceteris judi-
116 ciis, eadem, reo damnato, adhibita eſt. In
litibus æſtimandis fere judices, aut, quod
ſibi eum, quem ſemel condemnarunt, inimicum putant eſſe, ſi qua in eum lis capitis illata eſt, non admittunt : aut, quod ſe
perfunctos jam eſſe arbitrantur, cum de reo
judicarunt, negligentius attendunt cetera.

Itaque & majeſtatis abſoluti ſunt permulti, quibus damnatis, de pecuniis repetundis, lites eſſent æſtimatæ: & hoc quotidie fieri videmus, ut, reo damnato de pecuniis repetundis, ad quos perveniſſe pecunias in litibus æſtimandis ſtatutum ſit, eos illi judices abſolvant: quod cum ſit, non judicia reſcinduntur, ſed hoc ſtatuitur, æſtimationem litiam, non eſſe judicium. Scævola condemnatus eſt aliis criminibus, frequentiſſimis Apuliæ teſtibus. omni contentione pugnatum eſt, ut lis hæc capitis æſtimaretur: quæ res ſi rei judicatæ pondus habuiſſet, ille poſtea vel iisdem, vel aliis inimicis, reus hac lege ipſa factus eſſet.

Sequitur id, quod illi judicium appellant, 42 majores autem noſtri numquam neque judi- 117 cium nominarunt, neque perinde, ut rem judicatam, obſervaverunt, animadverſio atque auctoritas cenſoria. Qua de re antequam incipio, perpauca mihi de meo officio verba faciunda ſunt: ut a me cum hujusce periculi, tum ceterorum quoque officiorum & amicitiarum ratio conſervata eſſe videatur. Nam mihi cum viris fortibus, qui cenſores proxime fuerunt, ambobus eſt amicitia:

cum altero vero (ficut & plerique veftrûm
fciunt) magnus ufus & fumma utriusque

118 officiis conftituta neceffitudo eft. Quare,
quidquid de fubfcriptionibus eorum mihi dicendum erit, eo dicam animo, ut omnem
orationem meam non de illorum facto, fed
de ratione cenforia habitam exiftimari velim:
a Lentulo autem, familiari meo, qui a me
pro eximia fua virtute, fummisque honoribus, quos a populo Romano adeptus eft,
honoris caufa nominatur, facile hoc, judices, impetrabo, ut, quam ipfe adhibere con-
fuevit in amicorum periculis fidem & diligentiam, tum vim animi, libertatemque dicendi; in hac mihi concedat, ut tantum mihi
fumam, quantum fine hujus periculo præterire non poffum. A me tamen, ut æquum
eft, omnia caute, pedetentimque dicentur,
ut neque fides hujus defenfionis relicta, neque cujusquam aut dignitas læfa, aut amicitia violata effe videatur.

119   Video igitur, judices, animadvertiffe
cenfores in judices quosdam illius confilii
Juniani, cum iftam ipfam caufam fubfcribe-
rent. Hic primum illud commune propo-
nam, numquam animadverfionibus cenforiis

hanc civitatem ita contentam, ut rebus judicatis, fuisse. neque in re nota consumam
tempus exemplis. ponam illud unum : C. Ge-
tam, cum a L. Metello & Cn. Domitio, censoribus, ex senatu ejectus esset, censorem
ipsum postea esse factum : & cujus mores
a censoribus erant reprehensi, hunc postea
& populi Romani, & eorum, qui in ipsum
animadverterant, moribus praefuisse. Quodsi
illud judicium putaretur; ut ceteri, turpi
judicio damnati, in perpetuum omni honore
ac dignitate privantur; sic hominibus ignominia notatis, neque ad honorem aditus,
neque in curiam reditus esset. Nunc, si quem 120
Cn. Lentuli, aut L. Gellii libertus furti con-
demnarit, is, omnibus ornamentis amissis,
numquam illam honestatis suae partem recuperabit: quos autem ipse L. Gellius & Cn.
Lentulus, duo censores, clarissimi viri sa-
pientissimique homines, furti & captarum pecuniarum nomine, notaverunt, ii non modo in senatum redierunt, sed etiam illarum
ipsarum rerum judiciis absoluti sunt. Ne- 43
minem voluerunt majores nostri non modo
de existimatione cujusquam, sed ne pecu-
niaria quidem de re minima esse judicem,

X 4

nisi qui inter adversarios conveniffet. Quapropter in omnibus legibus, quibus exceptum
eft, de quibus caufis aut magiftratum capere non liceat, aut judicem legi, aut alterum accufare, hæc ignominiæ caufa præter-
miffa eft. Timoris enim caufam, non vitio
221 pœnam in illa poteftate effe voluerunt. Itaque non folum, judices, illud oftendam,
quod jam videtis, populi Romani fuffragiis
fæpenumero cenforias fubfcriptiones effe deletas, verum etiam judiciis eorum, qui jurati ftatuere majore cum religione & diligentia debuerunt. Primum judices, fenatores, equitesque Romani in compluribus
jam reis, quos contra leges pecunias accepiffe fubfcriptum eft, fuæ potius religioni,
quam cenforum opinioni, paruerunt. Deinde prætores urbani, qui jurati debent optimum quemque in felectos judices referre,
numquam fibi ad eam rem cenforiam ignominiam impedimento effe oportere duxerunt.
222 Cenfores denique ipfi fæpenumero fuperiorum cenforum judiciis (fi ifta judicia appellari vultis) non fteterunt. atque etiam ipfi
inter fe cenfores fua judicia tanti effe arbitrantur, ut alter alterius judicium non modo

reprehendat, sed etiam rescindat: ut alter
de senatu moveri velit, alter retineat, &
ordine amplissimo dignum existimet: ut alter in ærarios referri, aut tribu moveri ju-
beat, alter vetet. Quare qui vobis in mentem venit, hæc appellare judicia, quæ a
populo Romano rescindi, ab juratis judicibus repudiari, a magistratibus negligi, ab
iis, qui eandem potestatem adepti sunt, commutari, inter collegas discrepare videatis?

Quæ cum ita sint: videamus, quid tan- 44
dem censores de illo judicio corrupto judi- 123
casse dicantur. Ac primum illud statuamus:
utrum, quia censores subscripserint, ita sit;
an, quia ita fuerit, illi subscripserint. Si
ideo, quia subscripserint: videte, quid aga-
tis, ne in unumquemque nostrûm censoribus in posterum potestatem regiam permit-
tatis: ne subscriptio censoria non minus calamitatis civibus, quàm illa acerbissima pro-
scriptio possit afferre: ne censorium stilum,
cujus mucronem multis remediis majores
nostri retuderunt, æque posthac atque illum
dictatorium gladium pertimescamus. Sin au- 124
tem, quod subscriptum est, quia verum est,
idcirco grave debet esse; hoc quæramus,

X 5

verum-fit, an falfum: removeantur auctoritates cenforiæ: tollatur id ex caufa, quod
in caufa non eft: doce, quam pecuniam
Cluentius dederit, unde dederit, quemadmodum dederit: unum denique aliquod a
Cluentio profectæ pecuniæ veftigium often-
de. Vince deinde, virum bonum fuiffe Oppianicum, hominem integrum: nihil de illo
umquam fecus effe exiftimatum: nihil denique præjudicatum. tum auctoritatem cenforum amplexato: tum illorum judicium cum
re conjunctum effe defendito. Dum vero
eum fuiffe Oppianicum conftabit, qui tabulas publicas municipii fui corrupiffe judica-
tus fit: qui teftamentum interleverit: qui,
fuppofita perfona, falfum teftamentum ob-
fignandum curarit: qui eum, cujus nomine
id obfignatum eft, interfecerit: qui avun-
culum filii fui in fervitute ac vinculis neca-
rit: qui municipes fuos profcribendos, oc-
cidendosque curarit: qui ejus uxorem, quem
occiderat, in matrimonium duxerit: qui pecuniam pro potione dederit: qui focrum,
qui uxorem, qui uno tempore fratris uxorem, fperatosque liberos, fratremque ipfum,
qui denique fuos liberos interfecerit: qui,

cum venenum privigno suo quæreret; manifesto fit deprehenfus: cujus miniftris, confciisque damnatis, ipfe adductus in judicium pecuniam judici dederit ad fententias judicum corrumpendas: dum hæc, inquam, de Oppianico conftabunt, nec ullo argumento Cluentianæ pecuniæ crimen tenebitur: quid eft, quod te ifta cenforia five voluntas five opinio adjuvare, aut hunc innocentem opprimere poffe videatur? Quid igitur cenfores fecuti funt? ne ipfi quidem; ut graviffime dicam, quidquam aliud dicent, præter fermonem atque famam. Nihil fe teftibus, nihil tabulis, nihil gratia aliquo argumento comperiffe, nihil denique, caufa cognita, ftatuiffe dicent. Quodfi ita feciffent: tamen id non ita fixum effe deberet, ut convelli non liceret. Non utar exemplorum copia, quæ fumma eft: non rem veterem, non hominem potentem aliquem, aut gratiofum proferam. Nuper hominem tenuem, fcribam ædilicium, D. Matrinium, cum defendiffem apud M. Junium, Q. Publicium prætores, & M. Plætorium, C. Flaminium, ædiles curules; perfuafi, ut fcribam jurati legerent eum, quem iidem ifti cenfores

45
126

ærarium reliquiffent. Cum enim in homine
nulla culpa reperiretur; quid ille meruiffet,
non quid de eo ftatutum effet, quærendum
127 effe duxerunt. Nam hæc quidem, quæ de
judicio corrupto fubfcripferint, quis eft, qui
ab illis fatis cognita & diligenter judicata
arbitretur? in M'. Aquillium & in T. Guttam video effe fubfcriptum. Quid eft hoc?
duos effe corruptos folos pecunia? Quid
ceteri? videlicet gratis condemnarunt? Non
eft igitur circumventus, non eft oppreffus
pecunia, non, ut illæ Quintianæ conciones
habebant, omnes, qui Oppianicum condemnarunt, in culpa funt ac fufpicione pe-
pendi. Duos folos video auctoritate cenforum affines ei turpitudini judicari. Aut illud afferant, (aliquid effe) quod de iis duobus habuerint compertum, de ceteris com-
46 periffe. Nam illud quidem minime proban-
128 dum eft, ad notationes, auctoritatemque
cenforiam exemplum illos a confuetudine
militari transtuliffe. Statuerunt enim ita
majores noftri, ut, fi a multis effet flagitium rei militaris admiffum, fortitione in
quofdam animadverteretur: ut metus videlicet ad omnes, pœna ad paucos perveniret.

Quod idem facere censores in delectu dignitatis, & in judicio civium, & in animadverfione vitiorum, qui convenit? Nam miles, qui locum non tenuit, qui hoftium impetum, vimque pertimuit, poteft idem poftea & miles effe melior, & vir bonus, & civis utilis. Quare, ne in bello, propter hoftium metum, delinqueret, amplior ei mortis & fupplicii metus eft a majoribus conftitutus: ne autem nimium multi pœnam capitis fubirent, idcirco illa fortitio comparata eft. Hoc tu idem facies, cenfor, in fenatu legendo? Si erunt plures, qui ob innocentem condemnandum pecuniam acceperint, ut non animadvertas in omnes, fed carpas, ut velis, & paucos ex multis ad ignominiam fortiare? Habebit igitur, te fciente & vidente, curia fenatorem, populus Romanus judicem, respublica civem fine ignominia quemquam, qui ad perniciem innocentis, fidem fuam & religionem pecunia commutarit? &, qui pretio adductus eripuerit patriam, fortunas, liberos civi innocenti, is cenforiæ feveritatis nota non inuretur? Tu es præfectus moribus, magifter veteris difciplinæ & feveritatis, fi aut retines

quamquam fciens in fenatu, fcelere tanto
contaminatum; aut ftatuis, qui in eadem
culpa fit; non eadem pœna affici convenire?
& quam conditionem fupplicii majores in
bello timiditati militis propofitam effe voluerunt, eandem tu in pace conftitues im-
probitati fenatoris? Quodfi exemplum hoc
ex re militari ad animadverfionem cenforiam
transferendum fuit; fortitione id ipfum factum effe oportuit. Sin autem fortiri ad
pœnam, atque hominum delictum fortunæ
judicio committere, minime cenforium eft;
certe in multorum peccato carpi paucos ad
ignominiam & turpitudinem, non oportet.
47 Verum omnes intelligimus, in iftis fub-
130 fcriptionibus ventum quendam popularem
effe quæfitum. Jactata res erat in concione
a tribuno feditiofo: incognita caufa, probatum illud erat: MVLTITVDINEM ILLI-
CITVM EST CONTRA DICERE: nemo
denique, ut defenderet contrariam partem,
laborabat. In invidiam porro magnam illa
judicia venerant. etenim paucis poftea menfibus alia vehemens erat in judiciis ex no-
tatione tabularum invidia verfata. Prætermitti a cenforibus, & negligi macula

judiciorum poffe non videbatur. Homines, quos ceteris vitiis atque omni dedecore infames videbant, eos hac quoque fubfcriptione notare voluerunt, & eo magis, quod illo ipfo tempore, illis cenforibus, erant judicia cum equeftri ordine communicata; ut viderentur per hominum idoneorum ignominiam fua auctoritate illa judicia cum equeftri ordine reprehendiffe. Quodfi hanc apud eos 131 ipfos cenfores mihi aut alii caufam agere licuiffet; hominibus tali prudentia certe probaviffem (res enim indicat) nihil ipfos habuiffe cogniti, nihil comperti: ex tota ifta fubfcriptione rumorem quendam & plaufum popularem effe quaefitum. Nam in P. Popillium, qui Oppianicum condemnarat, fubfcripfit L. Gellius, quod is pecuniam accepiffet, quo innocentem condemnaret. Jam id ipfum quantae divinationis eft, fcire, innocentem fuiffe reum, quem fortaffe numquam viderat, cum homines fapientiffimi, judices, ut nihil dicam de iis, qui condemnarunt, caufa cognita, fibi dixerint non liquere?

Verum efto. condemnat Popillium Gel- 132 lius: judicat, accepiffe a Cluentio pecuniam.

Negat hoc Lentulus. nam Popillium, quod
erat libertini filius, in fenatum non legit:
locum quidem fenatorium ludis & cetera ornamenta relinquit, & eum omni ignominia
liberat. quod cum facit, judicat, ejus fententia gratis effe Oppianicum condemnatum.
Et eundem Popillium poftea Lentulus in
ambitus judicio pro teftimonio diligentiffime
laudat. Quare, fi neque L. Gellii judicio
ftetit Lentulus, neque Lentuli exiftimatione
contentus fuit Gellius; &, fi uterque cenfor
cenforis opinione ftandum non putavit: quid
eft, quamobrem quisquam noftrûm cenforias
fubfcriptiones omnes fixas & in perpetuum
ratas putat effe oportere?

48 At in ipfum Avitum animadverterunt:
133 nullam quidem ob turpitudinem, nullum ob
totius vitæ, non dicam vitium, fed erratum.
Neque enim hoc homine fanctior, neque pro-
bior, neque in omnibus officiis retinendis diligentior effe quisquam poteft: neque illi aliter dicunt: fed eandem illam famam judicii
corrupti fecuti funt: neque ipfi fecus exiftimant, quam nos exiftimari volumus, de hujus pudore, integritate, virtute: fed pu-
tarunt prætermitti accufatorem non potuiffe,

cum

cum animadverfum effet in judices. Qua de
re tota fi unum factum ex omni antiquitate
protulero, plura non dicam. Non enim 134
mihi exemplum fummi & clariffimi viri, P.
Africani, praetereundum videtur: qui cum
effet cenfor, & in equitum cenfu C. Lici-
nius Sacerdos prodiiffet; clara voce, ut
omnis concio audire poffet, dixit, fe fcire,
illum verbis conceptis pejeraffe. fi quis contra dicere vellet, ufurum effe eum fuo teftimonio. deinde cum contra nemo diceret,
juffit equum traducere. Itaque is, cujus
arbitrio & populus Romanus & exterae gentes contentae effe confueverant, ipfe fua
fcientia ad ignominiam alterius contentus
non fuit. Quodfi hoc Avito facere licuiffet, facile, illis ipfis judicibus, & falfae
fufpicioni, & invidiae populariter excitatae
reftitiffet.

Unum etiam eft, quod me maxime con- 135
turbat, cui loco refpondere poffe vix videor, quod elogium recitafti de teftamento
Cneji Egnatii, patris, hominis honeftiffimi
videlicet, & fapientiffimi; idcirco fe exhere-
daffe filium, quod is ob Oppianici damnationem pecuniam accepiffet. De cujus hominis

levitate & inconstantia plura non dicam. Hoc
testamentum ipsum, quod recitas, ejusmodi
est, ut ille, cum eum filium exheredaret,
quem oderat, ei filio coheredes homines
alienissimos conjungeret, quem diligebat. Sed
tu, Atti, consideres, censeo, diligenter,
utrum censorum judicium grave velis esse, an
Egnatii. Si Egnatii: leve est, quod censores
de ceteris subscripserunt: ipsum enim Cn.
Egnatium, quem tu gravem esse vis, ex senatu ejecerunt. sin autem censorum: hunc
Egnatium, quem pater censoria subscriptione
exheredavit, censores in senatu, cum patrem
ejicerent, retinuerunt.

49
136 At enim senatus universus judicavit, illud corruptum esse judicium. Quomodo?
suscepit causam. An potuit rem delatam
ejusmodi repudiare? cum tribunus plebis,
populo concitato, rem pæne ad manus re-
vocasset: cum vir optimus, & homo inno-
centissimus, pecunia circumventus esse diceretur: cum invidia flagraret ordo senatorius:
potuit nihil decerni? potuit illa concitatio
multitudinis sine summo periculo reipublicæ
repudiari? At quid est decretum? quam
juste? quam sapienter? quam diligenter?

SI QVI SINT, QVORVM OPERA
FACTVM SIT, VT JVDICIVM PVBLI-
CVM CORRVMPERETVR. Utrum videtur fenatus id factum judicare: an, si factum sit, molefte, graviterque ferre? Si ipfe A. Cluentius fententiam de judiciis rogaretur, aliam non diceret, atque ii dixerunt, quorum fententiis Cluentium condemnatum effe dicitis. Sed quaero a vobis, num iftam 137 legem ex ifto fenatus confulto L. Lucullus conful, homo fapientiffimus, tulerit: num anno poft M. Lucullus & C. Caffius, in quos, tum confules defignatos, idem illud fenatus decreverit, non tulerunt? & quod tu Aviti pecunia factum effe arguis, neque id ulla vel tenuiffima fufpicione confirmas, factum eft primo illorum aequitate & fapientia confulum, ut id, quod fenatus decreverat, ad illud invidiae praefens incendium reftinguendum, id poftea referendum ad populum non arbitrarentur. Ipfe deinde populus Romanus, qui L. Quintii, tribuni plebis, fictis querimoniis antea concitatus, rem illam & rogationem flagitaiat, idem C. Junii filii, pueri parvuli, lacrymis commotus, maximo clamore & concurfu totam illam legem

138 & quæſtionem repudiavit. Ex quo intelligi
potuit id, quod ſæpe dictum eſt: ut mare,
quod ſua natura tranquillum ſit, ventorum
vi agitari atque turbari; ſic & populum Romanum ſua ſponte eſſe placatum, hominum ſeditioſorum vocibus, ut violentiſſimis
tempeſtatibus, concitari.

50 Eſt etiam reliqua permagna auctoritas,
quam ego turpiter pæne præterii. mea enim
eſſe dicitur. Recitavit ex oratione, neſcio
qua, Attius, quam meam eſſe dicebat, co-
hortationem quandam judicum ad honeſte
judicandum, & commemorationem tum aliorum judiciorum, quæ probata non eſſent,
tum illius ipſius judicii Juniani: perinde
quaſi ego non ab initio hujus defenſionis dixerim, invidioſum illud fuiſſe judicium:
aut, cum de infamia judiciorum diſputarem,
potuerim illud, quod tam populare eſſet,
139 in illo tempore præterire. Ego vero, ſi quid
ejusmodi dixi, neque cognitum commemo-
ravi, neque pro teſtimonio dixi: & illa oratio potius temporis mei, quam judicii &
auctoritatis fuit. Cum enim accuſarem, &
mihi initio propoſuiſſem, ut animos & populi
Romani & judicum commoverem: cumque

omnes offensiones judiciorum non ex mea
opinione, fed ex hominum rumore profer-
rem: istam rem, quæ tam populariter effet
agitata, præterire non potui. Sed errat
vehementer, fi quis in orationibus noftris,
quas in judiciis habuimus, auctoritates noftras confignatas fe habere arbitratur. Omnes
enim illæ orationes, caufarum & temporum
funt, non hominum ipforum ac patronorum.
Nam, fi caufæ ipfæ pro fe loqui poffent,
nemo adhiberet oratorem. Nunc adhibemur,
ut ea dicamus, non quæ noftra auctoritate
conftituantur; fed quæ ex re ipfa, caufaque
ducantur. Hominem ingeniofum, M. An- 140
tonium, ajunt folitum effe dicere, *idcirco fe*
nullam umquam orationem fcripfiffe, ut, fi
quid aliquando, quod non opus effet, ab fe
effet dictum; poffet fe negare dixiffe: perinde
quafi, quid a nobis dictum aut actum fit,
id nifi litteris mandaverimus, hominum memoria non comprehendatur. Ego vero in 51
ifto genere libentius cum multorum, tum
hominis eloquentiffimi & fapientiffimi, L.
Craffi, auctoritatem fequor, qui cum L.
Plancium defenderet, accufante M. Bruto,
homine in dicendo vehementi & calido, cum

Brutus, duobus recitatoribus conftitutis, ex
duabus ejus orationibus capita alterna, inter fe contraria, recitanda curaffet, quod
in diffuafione rogationis ejus, quæ contra
coloniam Narbonenfem ferebatur, quantum
poteft, de auctoritate fenatus detrahit; in
fuafione legis Serviliæ fummis ornat fenatum laudibus: & multa in equites Romanos
cum ex ea oratione afperius dicta recitaffet,
quo animi illorum judicum in Craffum in-
cenderentur; aliquantum effe commotus di-
141 citur.   Itaque in refpondendo primum ex-
pofuit utriusque rationem temporis, ut oratio ex re & caufa habita videretur: deinde,
ut intelligere poffet Brutus, quem hominem,
& non folum qua eloquentia, verum etiam
quo lepore & quibus facetiis præditum la-
ceffiffet; tres & ipfe excitavit recitatores
cum fingulis libellis, quos M. Brutus, pater illius accufatoris, de jure civili reliquit.
Eorum initia cum recitarentur, ea, quæ vobis nota effe arbitror: FORTE EVENIT,
VT RVRI IN PRIVERNATE ESSE-
MVS, EGO ET BRVTVS FILIVS:
fundum Privernatem flagitabat. IN AL-
BANO ERAMVS EGO ET BRVTVS

FILIVS: Albanum poſcebat. IN TIBVR-
TE FORTE CVM ASSEDISSEMVS,
EGO ET BRVTVS FILIVS: Tiburtem
fundum requirebat: Brutum autem, hominem ſapientem, quod filii nequitiam videret,
quæ prædia ei relinqueret, teſtificari dicebat voluiſſe. quodſi potuiſſet honeſte ſcri-
bere, ſe in balneis cum id ætatis filio fuiſſe,
non præteriſſet: eas ſe tamen ab eo balneas
non ex libris patris „ ſed ex tabulis & ex
cenſu quærere. Craſſus tum ita Brutum ul-
tus eſt, ut illum recitationis ſuæ pœniteret.
moleſte enim fortaſſe tulerat, ſe in iis orationibus reprehenſum, quas de republica
habuiſſet; in quibus forſitan magis requiratur conſtantia. Ego autem illa recitata eſſe 144
non moleſte fero. neque enim ab illo tempore, quod tum erat, neque ab ea cauſa,
quæ tum agebatur, aliena fuerunt: neque
mihi quidquam oneris ſuſcepi, cum iſta dixi, quo minus honeſte hanc cauſam & libere poſſem defendere. Quodſi velim confiteri, me cauſam A. Cluentii nunc cognoſce-
re, antea fuiſſe in illa opinione populari;
quis tandem id poſſit reprehendere? præſertim, judices, cum a vobis quoque ipſis

Y 4

hoc impetrare fit æquiſſimum, quod ego &
ab initio petivi, & nunc peto, ut, ſi quam
huc graviorem de illo judicio opinionem at-
tuliſtis, hanc, cauſa perſpecta, atque omni
veritate cognita, deponatis.

52   Nunc, quoniam ad omnia, quæ abs te
143 dicta ſunt, T. Atti, de Oppianici damnatione reſpondi : confiteare neceſſe eſt, te
opinionem multum fefelliſſe, quod exiſtima-
ris, me cauſam A. Cluentii non facto ejus,
ſed lege defenſurum. Nam hoc perſæpe di-
xiſti, tibi ſic renuntiari, me habere in animo cauſam hanc præſidio legis defendere.
Itane eſt? ab amicis videlicet imprudentes
prodimur; & eſt neſcio quis de iis, quos
amicos nobis arbitramur, qui noſtra conſilia
ad adverſarios deferat? Quisnam tibi hoc
renuntiavit? quis tam improbus fuit? Cui
ego autem narravi? Nemo, ut opinor, in
culpa eſt: ſed nimirum tibi iſtuc lex ipſa renuntiavit. Sed num tibi ita defendiſſe videor, ut tota in cauſa mentionem ullam fe-
cerim legis? num ſecus hanc cauſam defen-
diſſem, hac ſi lege Avitus teneretur? certe, ut hominem confirmare oportet, nullus eſt locus a me purgandi iſtius invidioſi

criminis prætermiffus. Quid ergo eft? quæ- 144
ret fortaffe quispiam, difpliceatne mihi, legum præfidio a capite periculum propulfare.
Mihi vero, judices, non difplicet: fed utor
inftituto meo. In hominis honefti, puden-
tisque judicio, non folum meo confilio uti
confuevi, fed multum etiam ejus, quem defendo, & confilio & voluntati obtempero.
Nam, ut hæc ad me caufa delata eft, qui
leges eas, ad quas adhibemur, & in quibus
verfamur, noffe deberem: dixi Avito ftatim, de eo, QVI COISSET, QVO QVIS
CONDEMNARETVR, illum effe liberum:
teneri autem noftrum ordinem. Atque ille
me orare & obfecrare cœpit, ut ne fefe
lege defenderem. Cum ego, quæ mihi viderentur, dicerem: traduxit me ad fuam
fententiam. affirmabat enim lacrymans, non
fe cupidiorem effe civitatis retinendæ, quam
exiftimationis. Morem homini geffi: & ta- 145
men idcirco feci, (neque enim id femper
facere debemus,) quod videbam, per fe
ipfam caufam copiofiffime fine lege poffe defendi. Videbam, in hac defenfione, qua
jam fum ufus, plus dignitatis: in illa, qua
me hic uti noluit, minus laboris futurum.

Quodfi nihil aliud effet actum, nifi ut hanc caufam obtinerem : lege recitata, peroraffem.

53 Neque me illa oratio commovet, quod ait Attius, indignum effe facinus, fi fenator judicio quemquam circumvenerit, legibus eum teneri : fi eques Romanus hoc idem fe-
146 cerit, non teneri. Ut tibi concedam, hoc indignum effe, (quod cujusmodi fit, jam videro,) tu mihi concedas neceffe eft, multo effe indignius, in ea civitate, quæ legibus teneatur, difcedi a legibus. Hoc enim vinculum eft hujus dignitatis, qua fruimur in republica, hoc fundamentum libertatis, hic fons æquitatis. mens, & animus, & confilium, & fententia civitatis, pofita eft in legibus. Ut corpora noftra fine mente; fic civitas fine lege, fuis partibus, ut nervis, ac fanguine, & membris, uti non poteft. Legum miniftri, magiftratus : legum interpretes, judices : legum denique idcirco omnes fervi fumus, ut liberi effe
147 poffimus. Quid eft, Q. Nafo, cur tu in ifto loco fedeas ? quæ vis eft, qua abs te hi judices, tali dignitate præditi, coërceantur ? vos autem, judices, quamobrem ex

tam magna multitudine civium tam pauci
de hominum fortunis fententiam fertis? quo
jure Attius, quæ voluit, dixit? cur mihi
tamdiu poteftas dicendi datur? quid fibi autem illæ fcribæ, quid lictores, quid ceteri,
quos apparere huic quæftioni video, volunt? Opinor hæc omnia lege fieri, totum-
que hoc judicium (ut antea dixi) quafi
mente quadam regi legis, & adminiftrari.
Quid ergo eft? hæc quæftio fola ita guber-
natur? quid M. Plætorii & C. Flaminii inter ficarios ? quid C. Orchinii peculatus ?
quid mea de pecuniis repetundis ? quid C.
Aquillii, apud quem nunc de ambitu caufa
dicitur? quid reliquæ quæftiones? Circum-
fpicite omnes reipublicæ partes : omnia legum imperio & præfcripto fieri videbitis.
Si quis apud me te, T. Atti, reum velit 148
facere : clames, te lege pecuniarum repe-
tundarum non teneri. neque hæc tua recu-
fatio confeffio fit captæ pecuniæ; fed laboris, fed periculi non legitimi declinatio.
Nunc, quid agatur, & quid abs te juris 54
conftituatur, vide. Jubet lex ea, qua lege
hæc quæftio conftituta eft, judicem quæftionis, hoc eft, Q. Voconium, cum iis

judícibus, qui ei obvenerint (vos appellat,
judices) quærere de veneno. In quem
quærere? infinitum eft. QVICVMQVE
FECERIT, VENDIDERIT, EMERIT,
HABVERIT, DEDERIT. Quid eadem
lex ftatim adjungit? Recita. DEQVE EJVS
CAPITE QVAERITO. Cujus? qui coie-
rit? convenerit? non ita eft. Quid ergo
eft? dic. QVI TRIBVNVS MILITVM
LEGIONIBVS QVATVOR PRIMIS,
QVIVE QVAESTOR, TRIBVNVS PLE-
BIS. Deinceps omnes magiftratus nomina-
vit. QVIVE IN SENATV SENTEN-
TIAM DIXIT, DIXERIT. Quid tum?
QVI EORVM COIIT, COIERIT,
CONVENIT, CONVENERIT, QVO
QVIS JVDICIO PVBLICO CONDEM-
NARETVR. Qui eorum. quorum? vide-
licet, qui fupra fcripti funt. quid intereft,
utro modo fcriptum fit? Etfi eft apertum,
tamen ipfa lex docet. Ubi enim omnes
mortales alligat, ita loquitur: QVI VE-
NENVM MALVM FECIT, FECERIT.
omnes viri, mulieres, liberi, fervi in judicium vocantur. Si item de coitione voluiffet: adjunxiffet, QVIVE COIERIT.

Nunc ita eft, DEQVE EJVS CAPITE
QVAERITO, QVI MAGISTRATVM
HABVERIT, QVIVE IN SENATV
SENTENTIAM DIXERIT: QVI EO-
RVM COIIT, COIERIT. Num is eft 149
Cluentius? certe non eft. Quis ergo eft
Cluentius? qui tamen defendi caufam fuam
lege nolit. Itaque abjicio legem: morem
Cluentio gero: tibi tamen, Atti, pauca,
quæ ab hujus caufa fejunëta funt, refpon-
debo. eft enim quiddam in hac caufa, quod
Cluentius ad fe; eft aliquid, quod ego ad
me putem pertinere. Hic fua putat intereffe, fe re ipfa, & gefto negotio, non lege
defendi: ego autem mea exiftimo intereffe,
me nulla in difputatione ab Attio videri effe
fuperatum. Non enim mihi hæc caufa fola
dicenda eft. omnibus hic labor meus pro-
pofitus eft, quicumque hac facultate defenfionis contenti effe poffunt. Nolo, quemquam
eorum, qui adfunt, exiftimare, me, quæ de
lege ab Attio diéta funt, fi reticuerim, com-
probare. Quamobrem, Cluenti, de te tibi
obfequor: neque ego legem recito, neque
hoc loco pro te dico; fed ea, quæ a me de-
fiderari arbitror, non relinquam.

55 Iniquum tibi videtur, Atti, effe, non
150 iisdem legibus omnes teneri. Primum (ut
id iniquiffimum effe confitear) hujusmodi
eft, ut commutatis eis opus fit legibus, non
ut iis, quæ funt, non pareamus. Deinde
quis umquam hoc fenator accufavit, ut,
cum altiorem gradum dignitatis, beneficio
populi Romani, effet confecutus, eo fe putaret durioribus legum conditionibus uti non
oportere? Quam multa funt commoda,
quibus caremus: quam multa molefta ac
difficilia, quæ fubimus? atque hæc omnia
tantum honoris & amplitudinis commodis
compenfantur. Converte nunc ad equeftrem
ordinem, atque in ceteros ordines; easdem
vitæ conditiones non perferent. putant enim,
minus multos fibi laqueos legum, & con-
ditionum, ac judiciorum propofitos effe
oportere, qui in fummum locum civitatis
aut non potuerint adfcendere, aut non pe-
151 tiverint. Atque, ut omittam alias leges
omnes, quibus non tenemur, ceteri autem
funt ordines liberati: hanc ipfam legem, NE
QVIS JVDICIO CIRCVMVENIRETVR,
C. Gracchus tulit: eam legem pro plebe,
non in plebem tulit. Poftea L. Sulla, homo

a populi caufa remotiffimus, tamen, cum
ejus rei quæftionem hac ipfa lege conftitue-
ret, qua vos hoc tempore judicatis, populum Romanum, quem ab hoc genere liberum acceperat, alligare novo quæftionis genere aufus non eft. Quod fi fieri poffe exi-
ftimaffet; pro illo odio, quod habuit in
equeftrem ordinem, nihil feciffet libentius,
quam omnem illam acerbitatem profcriptio-
nis fuæ, quæftus in veteres judices, in
hanc unam quæftionem contuliffet. Nec 152
nunc quidquam agitur, (mihi credite, judices, & profpicite id, quod providendum
eft,) nifi ut equefter ordo in hujusce legis
periculum includatur. Neque hoc agitur ab
omnibus, fed a paucis. nam ii fenatores,
qui fe facile tuentur integritate & innocentia, quales (ut vere dicam) vos eftis, &
ceteri, qui fine cupiditate vixerunt, equites
ordini fenatorio dignitate proximos, concordia conjunctiffimos effe cupiunt: fed ii,
qui fe volunt poffe omnia, neque præterea
quidquam effe, aut in homine ullo, aut in
ordine; hoc uno metu fe putant equites Romanos in poteftatem fuam redacturos, fi conftitutum effet, ut de iis, qui rem judicarent,

hujusmodi judicia fieri poffent. Vident enim auctoritatem hujus ordinis confirmari: vident judicia comprobari: hoc metu propofito, evellere fe aculeum feveritatis veftræ

153 poffe confidunt. Quis enim de homine audeat, paulo majoribus opibus prædito, vere & fortiter judicare; cum videat, fibi de eo, quod coierit, aut confenferit, caufam

56 effe dicendam? O viros fortes, equites Romanos, qui homini clariffimo ac potentiffimo, M. Drufo, tribuno plebis, reftiterunt, cum ille nihil aliud ageret cum illa cuncta, quæ tum erat, nobilitate, nifi uti, qui res judicaffent, hujuscemodi quæftionibus in judicium vocarentur. Tunc C. Flavius Pufio, Cn. Titinnius, C. Mæcenas, illa robora populi Romani, ceterique hujuscemodi ordinis, non fecerunt idem, quod nunc Cluentius, ut aliquid culpæ fufcipere fe putarent, recufando: fed apertiffime repugnarunt, cum hæc recufarent, & palam fortiffime atque honeftiffime dicerent, fe potuiffe judicio populi Romani in ampliffimum locum pervenire, fi fua ftudia ad honores petendos conferre voluiffent; fefe vidiffe, in ea vita qualis fplendor ineffet, quanta ornamenta,

quæ

quæ dignitas: quæ se non contemsisse, sed
ordine suo, patrumque suorum, contentos
fuisse: & vitam illam tranquillam & quie-
tam, remotam a procellis invidiarum, &
hujuscemodi judiciorum anfractu, sequi ma-
luisse. aut sibi ad honores petendos æta- 154
tem integram restitui oportere: aut, quoniam id non posset, eam conditionem vitæ,
quam secuti, petitionem reliquissent, ma-
nere: iniquum esse, eos, qui honorum ornamenta, propter periculorum multitudinem, prætermisissent, populi beneficiis esse
privatos, judiciorum novorum periculis non
carere: senatorem hoc queri non posse,
propterea quod ea conditione proposita petere cœpisset; quodque permulta essent ornamenta, quibus eam mitigare molestiam
posset: locus, auctoritas, domi splendor,
apud exteras nationes nomen & gratia, to-
ga prætexta, sella curulis, [insignia,] fasces,
exercitus, imperia, provinciæ: quibus in
rebus cum summum recte factis majores
nostri præmium, tum plura peccatis pericula
proposita esse voluerunt. Illi non hoc recu-
sabant, ea ne lege accusarentur, qua nunc
Avitus accusatur, quæ tunc erat Sempronia,

nunc .eſt Cornelia : intelligebant enim , ea
lege equeſtrem ordinem non teneri: ſed ne
155 nova lege alligarentur , laborabant. Avitus
ne hoc quidem umquam recuſavit, quo minus vel ea lege rationem vitæ ſuæ redderet,
qua non teneretur. Quæ ſi vobis conditio
placet : omnes id agamus , ut hæc quam
primum in omnes ordines quæſtio perfe-
ratur.

57 Interea quidem , per deos immortales !
quoniam omnia commoda noſtra, jura, libertatem, ſalutem denique legibus obtine-
mus, a legibus non recedamus: ſimul & illud quam ſit indignum, cogitemus, populum Romanum aliud nunc agere : vobis
rempublicam & fortunas ſuas commiſiſſe :
ipſum ſine cura eſſe : non metuere, ne lege
ea, quam numquam ipſe juſſerit, & quæ-
ſtione, qua ſe ſolutum liberumque eſſe arbitretur, per paucos judices adſtringatur.
156 Agit enim ſic cauſam T. Attius, adoleſcens
bonus & diſertus : omnes cives legibus teneri omnibus : vos attenditis & auditis ſilentio, ſicut facere debetis. A. Cluentius,
eques Romanus , cauſam dicit ea lege,
qua lege ſenatores, & ii, qui magiſtratum

habuerunt, foli tenentur: mihi per eum, recufare, & in arce legis præfidia conftituere
defenfionis meæ, non licet. Si obtinuerit
caufam Cluentius, (ficuti veftra æquitate
nixi confidimus,) exiftimabunt, id quod
erit, obtinuiffe propter innocentiam, quoniam ita defenfus fit: in lege autem, quam
attingere noluerit, præfidii nihil fuiffe. Hic 157
nunc eft quiddam, quod ad me pertineat,
de quo ante dixi, quod ego populo Romano
præftare debeam, quoniam is meæ vitæ
ftatus eft, ut omnis mihi cura atque opera
pofita fit in omnium periculis defendendis.
Video, quanta, & quam periculofa, & quam
infinita quæftio tentetur ab accufatoribus,
cum eam legem, quæ in noftrum ordinem
fcripta fit, in populum Romanum transfer-
re conentur. qua in lege eft, QVI COIE-
RIT: quod quam late pateat, videtis.
CONVENERIT: æque infinitum & incertum eft. CONSENSERIT: hoc vero cum
incertum & infinitum, tum obfcurum & oc-
cultum eft: FALSVMVE TESTIMO-
NIVM DIXERIT. Quis de plebe Romana
teftimonium dixit umquam, cui non hoc
periculum, T. Attio auctore, paratum effe

videatis? nam dicturum quidem certe, si hoc judicium plebi Romanæ propositum sit, 158 neminem umquam esse confirmo. Sed hoc polliceor omnibus, si cui forte hac lege negotium facessetur, qui lege non teneatur, si is uti me defensore voluerit, me ejus causam legis præsidio defensurum; & vel his judicibus, vel eorum similibus, facile probaturum, & omni me defensione usurum esse legis: qua nunc ut utar, ab eo, cujus voluntati mihi obtemperandum est, non conceditur. 58 Non enim debeo dubitare, judices, quin, si qua ad vos causa hujusmodi delata sit ejus, qui lege non teneatur, etiamsi is invidiosus, aut multis offensus esse videatur, etiamsi eum oderitis, etiamsi inviti absoluturi sitis, tamen absolvatis: & religioni 159 potius vestræ, quam odio pareatis. Est enim sapientis judicis, cogitare, tantum sibi a populo Romano esse permissum, quantum commissum & creditum sit; & non solum sibi potestatem datam, verum etiam fidem habitam esse meminisse: posse, quem oderit, absolvere; quem non oderit, condemnare: & semper, non quid ipse velit, sed quid lex & religio cogat, cogitare: animadvertere,

qua lege reus citetur, de quo reo cognoscat,
quæ res in quæstione verfetur. Cum hæc
funt videnda, tum vero illud est hominis
magni, judices, atque fapientis, cum illam,
judicandi caufa, tabellam fumferit, non fe
putare effe folum, neque fibi, quodcumque
concupierit, licere; fed habere in confilio
legem, religionem, æquitatem, fidem: libidinem autem, odium, invidiam, metum,
cupiditatesque omnes amovere: maximique
æftimare confcientiam mentis fuæ, quam ab
diis immortalibus accepimus; quæ a nobis
divelli non poteft: quæ fi optimorum confiliorum atque factorum teftis in omni vita
nobis erit, fine ullo metu, & fumma cum
honeftate vivemus. Hæc fi T. Attius aut 160
cognoviffet, aut cogitaffet; profecto ne conatus quidem effet dicere, id quod multis
verbis egit, judicem, quod ei videatur, ftatuere, & non devinctum legibus effe oportere. quibus de rebus mihi pro Cluentii voluntate, nimium; pro reipublicæ dignitate,
parum; pro veftra prudentia, fatis dixiffe
videor. Reliqua perpauca funt, quæ, quia
veftræ quæftionis erant, idcirco illi ftatuerunt fibi fingenda effe, & proferenda, ne

omnium turpiffimi reperirentur, fi in judi-
59 cium nihil, præter invidiam attuliffent. Atque, ut exiftimetis, neceffario me de his
rebus, de quibus jam dixerim, pluribus
egiffe verbis, attendite reliqua. profecto intelligetis, ea, quæ paucis demonftrari potuerunt, breviffime effe defenfa.

161 Cn. Decio Samniti, ei, qui profcriptus
eft, injuriam in calamitate ejus ab hujus
familia factam effe dixiftis. Ab nullo ille
liberalius, quam a Cluentio, tractatus eft.
hujus illum opes in rebus ejus incommodis
fublevarunt. Atque hoc cum ipfe, tum
omnes ejus amici, neceffariique cognorunt.
Ancarii & Paceni paftoribus hujus villicos
vim & manus attuliffe. Cum quædam in
collibus (ut folet) controverfia paftorum
effet orta; Aviti villici rem domini, & privatam poffeffionem defenderunt. cum effet
expoftulatio facta, caufa illis demonftrata;
fine judicio, controverfiaque difceffum eft.
162 P. Aelii teftamento propinquus exheredatus
cum effet, heres hic alienior inftitutus eft.
P. Aelius Aviti merito fecit: neque hic in
teftamento faciendo interfuit; idque teftamentum ab hujus inimico Oppianico eft

obfignatum.   Florio legatum ex teftamento
mento infitiatum effe. non eft ita. fed cum
H-S x x x fcripta effent, pro H-S c c c,
neque ei fatis cautum videretur; voluit eum
aliquid acceptum referre liberalitati fuæ.
primo deberi negavit: poft fine controverfia
folvit.   Cœlii cujusdam Samnitis uxorem
poft bellum ab hoc effe repetitam.   Mulierem cum emiffet de fectoribus, quo tempore eam primum liberam effe audivit, fine
judicio reddidit Cœlio.   Ennium effe quen- 163
dam, cujus bona teneat Avitus.   Eft hic
Ennius egens quidam, calumniator, merce-
narius Oppianici, qui permultos annos quie-
vit: deinde aliquando cum fervo Aviti furti
egit: nuper ab ipfo Avito petere cœpit.
Hic illo privato judicio, (mihi credite,)
nobis iisdem fortaffe patronis, calumniam
non effugiet.   Atque etiam, ut nobis re-
nuntiatur, hominem multorum hofpitum,
A. Binnium quendam, cauponem, de via La-
tina, fubornatis: qui fibi a Cluentio, fer-
visque ejus, in taberna fua manus allatas
effe dicat.   Quo de homine, nihil etiam
nunc dicere nobis eft neceffe.   Si invitaverit,
id quod folet, fic hominem accipiemus, ut

164 molefte ferat, fe de via deceffiffe. Habetis, judices, quæ in totam vitam de moribus A. Cluentii, quem illi invidiofom reum volunt effe, annos octo meditati accufatores collegerunt. quam levia, genere ipfo! quam 60 falfa, re! quam brevia, refponfu! Cognofcite nunc id, quod ad veftrum jusjurandum pertinet, quod veftri judicii eft, quod vobis oneris impofuit ea lex, qua coacti huc conveniftis, de criminibus veneni : ut omnes intelligant, quam paucis verbis hæc caufa perorari potuerit, & quam multa a me dicta fint, quæ ad hujus voluntatem maxime, ad veftrum judicium minime pertinerent.

165 Objectum eft, C. Vibium Capacem ab hoc A. Cluentio veneno effe fublatum. Opportune adeft homo fumma fide & omni virtute præditus, L. Plætorius, fenator, qui illius Capacis hofpes fuit & familiaris. apud hunc ille Romæ habitavit, apud hunc ægrotavit, hujus domi eft mortuus. At heres eft Cluentius. Inteftatum dico effe mortuum, poffeffionemque ejus bonorum, prætoris edicto, huic, illius fororis filio, adolefcenti pudentiffimo, & in primis honefto,

equiti Romano datam, Numerio Cluentio, quem videtis.

Alterum veneficii crimen, Oppianico huic 166 adolefcenti, cum ejus in nuptiis, more Larinatium, multitudo hominum pranderet, venenum Aviti confilio paratum: id cum daretur in mulfo, Balbutium quendam, ejus familiarem, intercepiffe, bibiffe, ftatimque effe mortuum. Hæc ego fi fic agerem, tamquam mihi crimen effet diluendum, hæc pluribus verbis dicerem, quæ nunc paucis percurrit oratio mea. Quid umquam Avi- 167 tus in fe admifit, ut hoc tantum ab eo facinus non abhorrere videatur? quid autem magnopere Oppianicum metuebat, cum ille verbum omnino in hac ipfa caufa nullum facere potuerit: huic autem accufatores, matre viva, deeffe non poffent? quod jam intelligetis. An ut de caufa ejus periculi nihil decederet, ad caufam novum crimen accederet? quod autem tempus veneni dandi illo die? in illa frequentia? per quem porro datum? unde fumtum? quæ deinde interceptio poculi? cur non de integro autem datum? Multa funt, quæ dici poffunt: fed non committam, ut videar non dicendo

Z 5

voluiſſe dicere. res enim jam ſe ipſa defen-
168 dat. Nego, illum adoleſcentem, quem ſtatim epoto poculo mortuum eſſe dixiſtis,
omnino illo die eſſe mortuum. magnum &
impudens mendacium. perſpicite cetera.
dico, illum, cum ad illud prandium cru-
dior veniſſet, &, ut ætas illa fert, ſibi tamen non peperciſſet; aliquot dies ægrotaſſe,
& ita eſſe mortuum. Quis huic rei teſtis
eſt? idem, qui ſui luctus, pater: pater,
inquam, illius adoleſcentis: quem, propter
animi dolorem, pertenuis ſuſpicio potuiſſet
ex illo loco teſtem in A. Cluentium conſti-
tuere: is hunc ſuo teſtimonio ſublevat. quod
recita. Tu autem, niſi moleſtum eſt, pau-
liſper exſurge, & perfer hunc dolorem com-
memorationis neceſſariæ: in qua ego diutius non morabor, quoniam, quod fuit viri
optimi, feciſti, uti ne cui innocenti mœror tuus calamitatem & falſum crimen afferret. TESTIMONIVM BALBVTII
PATRIS.

61 Unum etiam mihi reliquum ejusmodi
169 crimen eſt, judices, ex quo illud perſpicere
poſſitis, quod a me initio orationis meæ
dictum eſt: quidquid mali per hos annos

A. Cluentius viderit, quidquid hoc tempore
habeat follicitudinis ac negotii, id omne a
matre effe conflatum. Oppianicum veneno
necatum effe, quod ei datum fit in pane per
M. Afellium quendam, familiarem illius;
idque Aviti confilio factum effe, dicitis. In
quo primum illud quæro, quæ caufa Avito
fuerit, cur interficere Oppianicum vellet.
Inimicitias enim inter ipfos fuiffe confiteor:
fed homines, inimicos fuos morte affici volunt, vel quod metuunt, vel quod oderunt.
Quo tandem igitur Avitus metu adductus, 170
tantum in fe facinus fufcipere conatus eft?
quid erat, quod jam Oppianicum pœna affectum pro maleficiis, ejectum e civitate,
quisquam timeret? quid metuebat? ne op-
pugnaretur a perdito? an ne accufaretur a
condemnato? an ne exfulis teftimonio læ-
deretur? Sin autem, quod oderat Avitus,
idcirco illum vita frui noluit; adeone erat
ftultus, ut illam, quam tum ille vivebat,
vitam effe arbitraretur, damnati, exfulis,
deferti ab omnibus? quem propter animi
importunitatem, nemo recipere tecto, nemo adire, nemo alloqui, nemo refpicere
vellet? hujus igitur vitæ Avitus invidebat?

171 Hunc fi acerbe & penitus oderat; non eum quam diutiffime vivere velle debebat? huic mortem maturabat inimicus, quod illi unum in malis perfugium erat calamitatis? qui fi quid animi ac virtutis habuiffet, (ut multi faepe fortes viri in ejusmodi dolore,) mortem fibi ipfe confciffet: huic quamobrem id vellet inimicus offerre, quod ipfe fibi optare deberet? Nam nunc quidem quid tandem illi mali mors attulit? nifi forte ineptiis ac fabulis ducimur, ut exiftimetis, illum apud inferos impiorum fupplicia perferre, ac plures illic offendiffe inimicos, quam hic reliquiffe: a focrus, ab uxorum, a fratris, a liberûm poenis actum effe praecipitem in fceleratorum fedem atque regionem. quae fi falfa funt, id quod omnes intelligunt, quid ei tandem aliud mors eripuit, praeter fen-

172 fum doloris? Age vero, venenum per quem

62 datum? per M. Afellium. Quid huic cum Avito? nihil; atque adeo, quod ille Oppianico familiariffime eft ufus, potius etiam fimultas. Eine igitur, quem fibi offenfiorem, Oppianico familiariffimum fciebat effe, potiffimum & fuum fcelus & illius periculum committebat? cur deinde tu, qui pietate

ad accufandum excitatus es, hunc Afellium
effe inultum tamdiu finis? cur non Aviti
exemplo ufus es, ut per illum, qui attuliffet venenum, de hoc præjudicaretur? Jam 173
vero illud quam non probabile, quam inufitatum, judices, quam novum, in pane datum venenum? Faciliusne potuit, quam in
poculo? latius potuit, abditum aliqua in
parte panis, quam fi totum colliquefactum
in potione effet? celerius potuit comeftum
quam epotum in venas atque in omnes partes corporis permanare? facilius fallere in
pane (fi effet animadverfum) quam in poculo, cum ita confufum effet, ut fecerni
nullo modo poffet? At repentina morte pe-
riit. Quod fi effet ita factum: tamen ea 174
res, propter multorum ejusmodi mortem,
fatis firmam veneni fufpicionem non haberet. fi effet fufpiciofum, tamen ad alios potius, quam ad Avitum pertineret. Verum in
eo Ipfo homines impudentiffime mentiuntur.
Id ut intelligatis: & mortem ejus, &, quemadmodum poft mortem, in Avitum fit crimen
a matre quæfitum, cognofcite.

Cum vagus & exful erraret, atque un- 175
dique exclufus Oppianicus, in Falernum fe

ad C. Quintilium contuliſſet; ibi primum in morbum incidit, ac ſatis vehementer diuque ægrotavit. Cum eſſet una Saſſia, & Statio Albio quodam, colono, homine valente, qui ſimul eſſe ſolebat, familiarius uteretur, quam vir diſſolutiſſimus, incolumi fortuna, pati poſſet: & jus illud matrimonii caſtum atque legitimum, damnatione viri ſublatum arbitraretur: Nicoſtratus quidam, fidelis Oppianici ſervulus, percurioſus & minime mendax, multa dicitur renuntiare domino ſolitus eſſe. Interea Oppianicus cum jam convaleſceret, neque in Falerno improbitatem coloni diutius ferre poſſet, & huc ad urbem profeſtus eſſet, (ſolebat enim extra portam aliquid habere conduſti,) cecidiſſe ex equo dicitur, & homo infirma valetudine latus offendiſſe vehementer, &, poſteaquam ad urbem cum febri venerit, paucis diebus eſſe mortuus. Mortis ratio, judices, ejusmodi eſt, ut aut nihil habeat ſuſpicionis, aut, ſi quid habet, id intra parietes in domeſtico ſcelere verſetur. Poſt mortem ejus Saſſia ſtatim moliri nefaria mulier cœpit inſidias filio: quæſtionem habere de viri morte conſtituit.

emit de A. Rupilio, quo erat ufus Oppianicus medico, Stratonem quendam, quafi ut
idem faceret, quod Avitus in emendo Dio-
gene fecerat. De hoc Stratone & de af-
fecla quodam fervo fuo quæfituram effe dixit. præterea fervum illum Nicoftratum,
quem nimium loquacem fuiffe, ac nimium
domino fidelem arbitrabatur, ab hoc adolefcente Oppianico in quæftionem poftulavit.
Hic cum effet illo tempore puer, & illa
quæftio de patris fui morte conftitui diceretur: etfi illum fervum, & fibi benivolum
effe, & patri fuiffe arbitrabatur; nihil tamen eft aufus recufare. Advocantur amici
& hofpites Oppianici, & ipfius mulieris
multi, homines honefti, atque omnibus rebus ornati. tormentis omnibus vehementiffi-
mis quæritur. Cum effent animi fervorum
& fpe & metu tentati, ut aliquid in quæftione dicerent: tamen (ut arbitror) auctoritate advocatorum, & vi tormentorum adducti, in veritate manferunt, neque fe quidquam fcire dixerunt. Quæftio illo die de 177
amicorum fententia dimiffa eft. Satis longo
intervallo poft iterum advocantur. habetur
de integro quæftio: nulla vis tormentorum

acerrimorum prætermittitur: averſari advocati, & jam vix ferre poſſe: furere crudelis
atque importuna mulier, ſibi nequaquam,
ut ſperaſſet, ea, quæ cogitaſſet, procedere.
Cum jam tortor, atque eſſent tormenta ipſa
defeſſa, neque tamen illa finem facere vellet: quidam ex advocatis, homo & honoribus populi ornatus, & ſumma virtute præditus, intelligere ſe dixit, non id agi, ut
verum inveniretur, ſed ut aliquid falſi dicere cogerentur. Hoc poſtquam ceteri com-
probarunt: ex omnium ſententia conſtitu-
178 tum eſt, ſatis videri eſſe quæſitum. Red-
ditur Oppianico Nicoſtratus: Larinum ipſa
proficiſcitur cum ſuis, mœrens, quod jam
certè incolumem filium fore putabat, ad
quem non modo verum crimen, ſed ne ficta
quidem ſuſpicio perveniret: & cui non modo aperta inimicorum oppugnatio, ſed ne
occultæ quidem matris inſidiæ nocere po-
tuiſſent. Larinum poſtquam venit: quæ a
Stratone illo venenum antea viro ſuo datum,
ſibi perſuaſum eſſe ſimulaſſet, inſtruĉtam ei
continuo & ornatam Larini medicinæ exer-
64 cendæ cauſa tabernam dedit. Unum, alterum, tertium annum Saſſia quieſcebat, ut
velle

velle atque optare aliquid calamitatis filio potius, quam id ftruere & moliri videretur. Tum interim Hortenfio, Metello, confuli- 179 bus, ut hunc Oppianicum aliud agentem, ac nihil ejusmodi cogitantem, ad hanc accufationem detraheret, invito defpondit ei filiam fuam, illam, quam ex genero fufceperat, ut eum nuptiis alligatum fimul, & teftamenti fpe devinctum, poffet habere in poteftate. Hoc ipfo fere tempore Strato ille medicus domi furtum fecit & cædem ejusmodi. Cum effet in ædibus armarium, in quo fciret effe nummorum aliquantum & auri: noctu duos confervos dormientes occidit, in pifcinamque dejecit: ipfe armarii fundum exfecuit, & H-S * & auri quinque pondo abftulit, uno ex fervis puero non grandi confcio. Furto poftridie cognito, omnis fufpi- 180 cio in eos fervos, qui non comparebant, commovebatur. Cum exfectio illa fundi in armario animadverteretur, quærebant homines, quonam modo fieri potuiffet. Quidam ex amicis Saffiæ recordatus eft, fe nuper in auctione quadam vidiffe in rebus minutis aduncam, ex omni parte dentatam, & tortuofam venire ferrulam, qua illud potuiffe

Cicero. T. VI.   A a

ita circumfecari videretur. Ne multa; per-
quiritur a coactoribus: invenitur ea ferrula
ad Stratonem perveniffe. Hoc initio fufpicionis orto, & aperte infimulato Stratone,
puer ille confcius pertimuit : rem omnem
dominæ indicavit : homines in pifcina inventi funt: Strato in vincula conjectus eft :
atque etiam in taberna ejus nummi , ne-
181 quaquam omnes, reperiuntur. Conftituitur
quæftio de furto. nam quid quisquam fufpicari aliud poteft? An hoc dicitis? armario
expilato, pecunia ablata, non omni recupe-
rata, occifis hominibus, inftitutam effe quæftionem de morte Oppianici? cui probatis?
quid eft, quod minus verifimile proferre
potuiftis? Deinde, ut omittam cetera, triennio poft mortem Oppianici de ejus morte
quærebatur? Atque etiam incenfa odio pri-
ftino, Nicoftratum eundem illum tum fine
caufa in quæftionem poftulavit. Oppianicus primo recufavit. pofteaquam illa, ab-
ducturam fe filiam, mutaturam effe teftamentum, minaretur ; mulieri crudeliffimæ
fervum fideliffimum, non in quæftionem tu-
65 lit, fed plane ad fupplicium dedit. Poft
182 triennium igitur agitata denique quæftio de

viri morte habebatur : & de quibus fervis habebatur? Nova, credo, res objecta, novi quidam homines in fufpicionem vocati funt. de Stratone, & de Nicoftrato. Quid? Romæ quæfitum de iftis hominibus non erat? Itane tandem? mulier jam non morbo, fed fcelere furiofa, cum quæftionem habuiffet Romæ, cum de T. Annii, L. Rutilii, P. Saturii, & ceterorum honeftiffimorum virorum fententia conftitutum effet, fatis quæfitum videri: eadem de re triennio poft, iisdem de hominibus, nullo adhibito, non dicam viro, (ne colonum forte abfuiffe dicatis) fed bono viro, in filii caput quæftionem habere conata eft. An hoc dicitis? 183 mihi enim venit in mentem, quid dici poffet, tametfi adhuc non effet dictum: cum haberetur de furto quæftio, Stratonem aliquid de veneno effe confeffum? Hoc uno modo, judices, fæpe multorum improbitate depreffa veritas emergit, & innocentiæ defenfio interclufa refpirat: quod aut ii, qui ad fraudem callidi funt, non tantum audent, quantum excogitant; aut illi, quorum eminet audacia, atque projecta eft, a confiliis malitiæ deferuntur. Quodfi aut confidens

aftutia, aut callida effet audacia, vix ullo
obfifti modo poffet. Utrum furtum factum
non eft? at nihil clarius Larini fuit. An ad
Stratonem fufpicio non pertinuit? at is &
ex ferrula infimulatus, & a puero confcio
eft indicatus. An id actum non eft in quæ-
rendo? Quæ fuit alia igitur caufa quæren-
di? an, id quod dicendum vobis eft, &
quod tum Saffia dictitabat, cum de furto
quæreretur, tum Strato iisdem in tormentis
184 dixit de veneno. En hoc illud eft, quod
ante dixi: mulier abundat audacia: confilio
& ratione deficitur. Nam tabellæ quæftionis
plures proferuntur, quæ recitatæ, vobisque
editæ funt, illæ ipfæ, quas tum non obfig-
natas effe dixi: in quibus tabellis de furto
littera nulla invenitur. Non venit in mentem, primam orationem Stratonis confcri-
bere de furto, poft aliquid adjungere dictum
de veneno, quod non percontatione quæfitum, fed dolore expreffum videretur. Quæftio de furto eft, veneni jam fufpicione, fuperiore quæftione, fublata; quod ipfum hæc
eadem mulier indicarat: quæ ut Romæ de
amicorum fententia ftatuerat fatis effe quæfitum, poftea per triennium, maxime ex

omnibus fervis Stratonem illum dilexerat,
in honore habuerat, commodis omnibus af-
fecerat. Cum igitur de furto quæreretur, 185
& eo furto, quod ille fine controverfia fecerat: tum ille de eo, quod quærebatur, verbum nullum fecit? de veneno ftatim dixit?
de furto, fi non eo loco, quo debuit, ne in
extrema quidem, aut media, aut in aliqua
denique parte quæftionis, verbum fecit ullum? Jam videtis, illam nefariam mulie- 66
rem, judices, eadem manu, qua, fi detur
poteftas, interficere filium cupiat, hanc fi-
ctam quæftionem confcripfiffe. Atque iftam
ipfam quæftionem, dicite, quis obfignavit?
Unum aliquem nominate. neminem reperietis, nifi forte ejusmodi hominem, quem ego
proferri malim, quam neminem nominari.
Quid ais, T. Atti? tu periculum capitis, 186
tu indicium fceleris, tu fortunas alterius litteris confcriptas in judicium afferes; neque
earum auctoritatem litterarum, neque ob-
fignatorem, neque teftem ullum nominabis?
&, quam tu peftem innocentiffimo filio ex
matris finu depromferis, hanc hi tales viri
comprobabunt? Efto: in tabellis nihil eft
auctoritatis: quid? ipfa quæftio, ajudicibus:

Aa 3

quid? amicis, hofpitibusque Oppianici, quos
adhibuerat antea : quid? huic tandem ipfi
tempori cur non refervata eft? quid iftis hominibus factum eft, Stratone & Nicoftrato?

187 Quæro abs te, Oppianice, fervo tuo Nicoftrato quid factum effe dicas: quem tu, cum
hunc brevi tempore accufaturus effes, Romam deducere, dare poteftatem indicandi,
incolumem denique fervare quæftioni, fervare his judicibus, fervare huic tempori de-
buifti Nam Stratonem quidem, judices,
in crucem actum effe exfecta fcitote lingua :
quod nemo eft Larinatium, qui nefciat. Timuit mulier amens non fuam confcientiam,
non odium municipum, non famam omnium :
fed, quafi non omnes ejus fceleris teftes effent
futuri, fic metuit, ne condemnaretur extrema
fervuli voce morientis.

188   Quod hoc portentum, dii immortales!
quod tantum monftrum in ullis locis? quod
tam infeftum fcelus & immane, aut unde
natum effe dicamus? Jam enim videtis profecto, judices, non fine neceffariis me ac
maximis caufis, principio orationis meæ de
matre dixiffe. Nihil eft enim mali, nihil fceleris, quod illa non ab initio filio voluerit,

optaverit, cogitaverit, effecerit. Mitto illam primam libidinis injuriam: mitto nefarias generi nuptias: mitto cupiditate matris expulfam ex matrimonio filiam: quæ nondum ad hujusce vitæ periculum, fed ad commune familiæ dedecus pertinebant. Nihil de alteris Oppianici nuptiis queror: quarum illa cum obfides filios ab eo mortuos accepiffet, tum denique in familiæ luctum atque in privignorum funus nupfit. Prætereo, quod Aurium Melinum, cujus illa quondam focrus, paulo ante uxor fuiffet, cum Oppianici effe opera profcriptum, occifumque cognofceret, eam fibi domum, fedemque conjugii delegit, in qua quotidie fuperioris viri mortis indicia & fpolia fortunarum videret. Illud primum queror, de illo fcele- 189 re, quod nunc denique patefactum eft, Fabriciani veneni: quod jam tum recens, fufpiciofum ceteris, huic incredibile, nunc vero apertum jam omnibus ac manifeftum videtur. Non eft profecto de illo veneno celata mater: nihil eft ab Oppianico fine confilio mulieris cogitatum: quod nifi effet; certe poftea, deprehenfa re, non illa ut ab improbo viro difceffiffet, fed ut a crudeliffimo

hoſte fugiſſet, domumque illam, in perpetuum, ſcelere omni affluentem, reliquiſſet.
190 Non modo id non fecit, ſed ab illo tempore
nullum locum prætermiſit, in quo non in-
ſtrueret inſidias aliquas, ac dies omnes ae
noĉtes tota mente mater de pernicie filii co-
gitaret. quæ primum ut iſtum confirmaret
Oppianicum accuſatorem filio ſuo, donis,
muneribus, collocatione filiæ, ſpe heredita-
67 tis obſtrinxit. Itaque apud ceteros, novis
inter propinquos ſuſceptis inimicitiis, ſæpe
fieri divortia atque affinitatum diſcidia videmus; hæc mulier ſatis firmum accuſatorem
filio ſuo fore neminem putavit, niſi qui in
matrimonium ſororem ejus ante duxiſſet. Ceteri, novis affinitatibus adduĉti, veteres inimicitias ſæpe deponunt; illa ſibi, ad confir-
mandas inimicitias, affinitatis conjunĉtio-
191 nem pignori fore putavit. Neque in eo ſolum diligens fuit, ut accuſatorem filio ſuo
compararet; ſed etiam cogitavit, quibus
eum rebus armaret. hinc enim illæ ſollicita-
tiones ſervorum & minis & promiſſis: hinc
illæ infiritæ, crudeliſſimæque de morte Oppianici quæſtiones: quibus finem aliquando non muliebris modus, ſed amicorum

auctoritas fecit. Ab eodem fcelere illæ triennio poft habitæ Larini quæftiones: ejusdem amentiæ falfæ confcriptiones quæftionum: ex eodem furore etiam illa confcelerata exfectio linguæ: totius denique hujus ab illa eft & inventa & adornata comparatio criminis. Atque his rebus cum inftructum ac- 192 cufatorem filio fuo Romam ipfa mififfet: paulifper, conquirendorum & conducendorum teftium caufa, Larini eft commorata: poftea autem, cum appropinquare hujus judicium ei nuntiatum eft, confeftim huc advolavit, ne aut accufatoribus diligentia, aut pecunia teftibus deeffet; aut ne forte mater hoc fibi optatiffimum fpectaculum hujus fordium atque luctus, & tanti fqualoris amitteret. Jam vero quod iter Romam ejus mu- 68 lieris fuiffe exiftimatis? quod ego, propter vicinitatem Aquinatium & Venafranorum, ex multis audivi & comperi: quos concurfus in his oppidis? quantos & virorum & mulierum gemitus effe factos? mulierem quandam Larino, atque illam ufque a mari fupero Romam proficifci, cum magno comitatu & pecunia, quo facilius circumvenire judicio capitis, atque opprimere filium poffit.

193 Nemo erat illorum, pæne dicam, quin ex-
piandum illum locum effe arbitraretur, quacumque illa iter feciffet: nemo, quin ter-
rám ipfam violari, quæ mater eft omnium,
veftigiis confceleratæ matris putaret. Itaque nullo in oppido confiftendi poteftas ei
fuit : nemo ex tot hofpitibus inventus eft,
qui non contagionem adfpectus fugeret. No-
cti fe potius ac folitudini, quam ulli aut
194 urbi aut hofpiti committebat. Nunc vero
quid agat, quid moliatur, quid denique quotidie cogitet, quem ignorare noftrûm putat? quos appellarit, quibus pecuniam pro-
miferit, quorum fidem pretio labefactare conata fit, tenemus. Quin etiam nocturna fa-
crificia, quæ putat occultiora effe, fcelera-
tasque ejus preces, & nefaria vota cogno-
vimus : quibus illa etiam deos immortales de fuo fcelere teftatur, neque intelligit, pietate, & religione, & juftis pre-
cibus, deorum mentes, non contamina-
ta fuperftitione, neque ad fcelus perficien-
dum cæfis hoftiis poffe placari. cujus ego
furorem atque crudelitatem deos immortales a fuis aris atque templis afpernatos effe
confido.

Vos , judices , quos huic A. Cluentio 69
quosdam alios deos ad omne vitæ tempus 195
fortuna effe voluit , hujus importunitatem
matris a filii capite depellite. multi fæpe in
judicando peccata liberûm parentum miferi-
cordiæ concefferunt : vos , ne hujus honeftiffime actam vitam matris crudelitati condonetis , rogamus : præfertim cum ex altera parte totum municipium videre poffitis.
Omnes fcitote , judices , (incredibile dictu
eft , fed a me veriffime dicitur ,) omnes La-
rinates , qui valuerunt , veniffe Romam , ut,
hunc ftudio , frequentiaque fua , quantum
poffent , in tanto ejus periculo fublevarent :
pueris illud , hoc tempore , & mulieribus
oppidum fcitote effe traditum , idque in præfentia , in communi Italiæ pace , domefticis copiis effe tutum. quos tamen ipfos
æque , & eos , quos præfentes videtis , hujus exfpectatio judicii dies , noctesque folli-
citat. Non illi vos de unius municipis for- 196.
tunis arbitrantur , fed de totius municipii
ftatu , dignitate , commodisque omnibus fententias effe laturos. Summa eft enim , judices , hominis in communem municipii rem
diligentia , in fingulos municipes benignitas,

in omnes homines juftitia & fides. præterea
nobilitatem illam inter fuos, locumque a
majoribus traditum, fic tuetur, ut majorum
gravitatem, conftantiam, gratiam, liberali-
tatem affequatur. Itaque iis eum verbis
publice laudant, ut non folum teftimonium
fuum, judiciumque fignificent, verum etiam
curam animi ac dolorem. quæ dum laudatio
recitatur, vos quæfo, qui eam detuliftis,
affurgite. LAVDATIO CLVENTII, EX
DECVRIONVM LARINATIVM DE-
197 CRETO. Ex lacrymis horum, judices, exiftimare poteftis, omnes hæc decuriones de-
creviffe lacrymantes. Age vero, vicinorum
quantum ftudium, quam incredibilis beni-
volentia, quanta cura eft? non illi in libellis laudationum decreta miferunt, fed homines honeftiffimos, quos noffemus omnes,
huc frequentes adeffe, & hunc præfentes
laudare voluerunt. Adfunt Ferentani, homines nobiliffimi, Marrucini item pari dignitate: Theano Apulo, atque Luceria equites
Romanos, honeftiffimos homines, laudatores videtis: Boviano, totoque ex Samnio
cum laudationes honeftiffimæ miffæ funt, tum
homines ampliffimi, nobiliffimique venerunt.

Jam qui in agro Larinati prædia, qui nego- 198
tia, qui res pecuarias habent, honefti homines, & fummo fplendore præditi, difficile dictu eft, quam fint folliciti, quam la-
borent. Non multi mihi ab uno fic diligi
videntur, ut hic ab his univerfis. Quam 70
non abeffe ab hujus judicio L. Volufienum,
fummo fplendore hominem ac virtute præditum, vellem? quam vellem præfentem
poffe P. Helvidium Rufum, equitem Romanum, omnium ornatiffimum, nominare: qui,
cum, hujus caufa, dies, noctesque vigila-
ret, & cum me hanc caufam doceret; in
morbum gravem, periculofumque incidit: in
quo tamen non minus de capite hujus, quam
de fua via laborat. Cn. Tudicii fenatoris,
viri optimi & honeftiffimi, par ftudium &
teftimonio & laudatione cognofcetis. Eadem fpe, fed majore verecundia, de te,
P. Volumni, quoniam judex es in A. Cluentium, dicimus. Et, ne longum fit, omnium
vicinorum fummam effe in hunc benivolentiam, confirmamus. Horum omnium ftu- 199
dium, curam, diligentiam, meumque una
laborem, qui totam hanc caufam, vetere inftituto, folus peroravi, veftramque fimul,

judices, æquitatem & manfuetudinem una
mater oppugnat. At quæ mater? quam cæ-
cam crudelitate & fcelere ferri videtis: cujus cupiditatem nulla umquam turpitudo
retardavit: quæ vitiis animi in deterrimas
partes jura hominum convertit omnia: cujus ea ftultitia eft, ut eam nemo hominem;
ea vis, ut nemo feminam; ea crudelitas,
ut nemo matrem appellare poffit. atque etiam
nomina neceffitudinum, non folum naturæ
nomen & jura mutavit; uxor generi, no-
verca filii, filiæ pellex: eo jam denique ad-
ducta eft, ut fibi, præter formam, nihil ad
200 fimilitudinem hominis refervarit. Quare,
judices, fi fcelus odiftis, prohibete aditum
matris a filii fanguine: date parenti hunc
incredibilem dolorem ex falute, ex victoria
liberûm: patimini, matrem, ne orbata filio
lætetur, victam potius veftra æquitate difcedere. Sin autem, id quod veftra natura
poftulat, pudorem, bonitatem, virtutemque
diligitis: levate hunc aliquando fupplicem
veftrum, judices, tot annos in falfa invidia,
periculisque verfatum, qui nunc primum
poft illam flammam, aliorum facto & cupiditate excitatam, fpe veftræ æquitatis erigere

animum, & paulum refpirare a metu cœpit;
cui pofita funt in vobis omnia; quem ferva-
tum effe plurimi cupiunt, fervare foli vos
poteftis. Orat vos Avitus, judices, & flens 201
obfecrat, ne fe invidiæ, quæ in judiciis valere non debet; ne matri, cujus vota &
preces a veftris mentibus repudiare debetis;
ne Oppianico, homini nefario, condemnato
jam & mortuo, condonetis. Quodfi qua ca- 71
lamitas hunc in hoc judicio afflixerit innocentem: næ ifte mifer, judices, fi, id quod
difficile factu eft, in vita remanebit, fæpe
& multum queretur, deprehenfum effe illud
quondam Fabricianum venenum. quodfi tum
indicatum non effet, non huic ærumnofiffi-
mo venenum illud fuiffet, fed multorum medicamentum laborum: poftremo etiam for-
taffis mater exfequias illius funeris profecuta, mortem fe filii lugere fimulaffet. Nunc
vero quid erit profectum, nifi ut hujus ex
mediis mortis infidiis vita ad luctum refervata; mors fepulchro patris privata effe videatur? Satis diu fuit in miferiis, judices: 202
fatis multos annos ex invidia laboravit. nemo huic tam iniquus, præter parentem,
fuit, cujus animum non jam expletum effe

putemus: vos, qui æqui eſtis omnibus, qui,
ut quisque crudeliſſime oppugnatur, eum le-
niſſime ſublevatis, conſervate A. Cluentium:
reſtituite incolumem municipio: amicis, vi-
cinis, hoſpitibus, quorum ſtudia videtis,
reddite: vobis in perpetuum, liberisque veſtris obſtringite. Veſtrum eſt hoc, judices,
veſtræ clementiæ: recte hoc repetitur a vobis, ut virum optimum atque innocentiſſi-
mum, plurimisque mortalibus carum atque
jucundiſſimum, his aliquando calamitatibus
liberetis; ut omnes intelligant, in concionibus eſſe invidiæ locum, in judiciis veritati.

CPSIA information can be obtained at www.ICGtesting.com
Printed in the USA
BVOW07s1435110214

344617BV00009B/148/P